Zu diesem Buch

«‹Hausbesuche› ist ein fesselndes Buch» (RAI – Radio Televisione Italiana).

«Ein wunderschönes Buch zum Verschenken, das man dann doch selber behält, weil man sich nicht davon trennen kann» («Neue Westfälische Zeitung»).

Birgit Lahann, geboren 1940 in Hamburg, studierte Theaterwissenschaft, Germanistik sowie Kunstgeschichte. Sie war zunächst Regieassistentin am Theater der Hansestadt Bremen bei Peter Zadek und Kurt Hübner, war dann freie Mitarbeiterin beim Südwestfunk, der «Frankfurter Rundschau» und der «Frankfurter Allgemeinen Zeitung», der «Welt» und der «Welt am Sonntag». Seit 1979 ist sie Reporterin beim «Stern», für den sie vor allem Porträts von Politikern und Künstlern geschrieben hat. 1982 erschien ihr Buch «Abitur» mit Aufsätzen aus anderthalb Jahrhunderten von prominenten Deutschen zur Reifeprüfung.

Birgit Lahann

HAUSBESUCHE

Zu Gast bei Künstlern,
Stars und Literaten

rororo

Rowohlt

Veröffentlicht im Rowohlt Taschenbuch Verlag GmbH,
Reinbek bei Hamburg, Januar 1989

Umschlaggestaltung Walter Hellmann
(Foto von Friedrich Dürrenmatt mit seinem Kakadu «Lulu»
von Robert Lebeck/Stern)
Gesetzt aus der Garamond (Lasercomp)
bei LibroSatz, Kriftel
Gesamtherstellung Clausen & Bosse, Leck
Printed in Germany
980-ISBN 3 499 12294 4

Für Ingeborg

Inhalt

Vorwort

«Man kann den Hals noch so lang machen», heißt ein chinesisches Sprichtwort, «hinter den Berg guckt man nicht.» Ich habe den Hals lang gemacht und ihn in viele Wohnungen bekannter Persönlichkeiten hineingesteckt. Und habe gemerkt, daß man dort zwar auch nicht ganz hinter den Menschen guckt, aber doch mehr sieht als draußen vor der Tür.

Die Schauspielerin Elisabeth Bergner ist in der Hamburger Hotelsuite ein Fremdkörper. Nichts klappt. Mit den Telefonknöpfen kommt sie nicht zurecht, und als sie im Bad den Hahn aufdreht, um die Wanne vollaufen zu lassen, schießt das Wasser aus der Dusche. Da möchte sie schnurstracks abfahren – nach Hause. Zu Hause ist sie genauso ungeschickt. In ihrer Hand wird alles, was Knöpfe und Schalter hat, zur Bombe. Aber das stört sie dort nicht. Da liegt sie im Daunensofa, da kriecht sie unter den polierten Flügel, um ein Gedicht von Morgenstern zu suchen, da spuckt sie vom ersten Stock Kirschsteine auf den Eaton Square, da raucht sie auch aus Jux mal eine Zigarette mit. Der jugoslawische Maler Ivan Generalić hockt auf seinen Vernissagen eher gelangweilt im Eck. Sekt zu Smalltalk mag er nicht. Er mag Slibowitz zu Hause. Da sitzt er mit seinen Freunden in der Küche, trinkt und tanzt mit der Nachbarin um die geröstete Sau herum, die duftend auf dem Tisch liegt. An der Wand lehnen drei große Hinterglasbilder, das Stück gut und gerne 50 000 Mark wert. Und ich bin die einzige, die fürchtet, daß die Schnapsseligen hineintorkeln könnten.

Der Dramatiker Friedrich Dürrenmatt ist im Zürcher Schauspielhaus bei Proben seines Stücks «Achterloo» ganz stumm, murmelt mal zwei Wörter oder drei und schlurft davon, wenn er sich von Journalisten bedrängt glaubt. Zu Hause lagert er in Kipp- und Klappstühlen, erzählt die kühnsten Geschichten von Geistern und die komischsten von Idi Amin, serviert Bordeaux dazu, schwimmt auch mal eine Runde zwischendurch im Pool, balanciert ein Weinglas auf dem Kopf, führt einem gar die Geliebte Lulu vor, seinen Kakadu.

Die Schauspielerin Hildegard Knef trägt in der Öffentlichkeit Masken. In Los Angeles hat sie Wimpern, Tusche und Puder abgelegt. Doch ein wirkliches Heim ist das Haus nicht, das sie da frisch gemietet hat. Sie bewegt sich wie im Niemandsland zwischen Felsbrockenwand und weißgelackten Schnitzmöbeln. Am liebsten hält sie sich im begehbaren Kleiderschrank auf. Dort hängen ihre «Fummel», wie sie sagt, dort riecht es nach ihr, dort ist sie zu Hause. In dieser Plastik-Kulisse von Beverly Hills soll ein Gespräch zustande kommen? Sie wirft mir ihre verletzte Seele vor die Füße.

Nicht alle Prominenten wollen die Nähe, die Journalisten zu ihnen suchen. Über Wochen habe ich mich am Telefon mit einer ängstlichen Gudrun Landgrebe vertraut gemacht. Ja, im Café könnten wir sprechen oder im Hotel. Überall, nur nicht zu Hause. Ich bin dann die erste in ihrer Wohnung – sagt der Filmstar.

Horst Janssen brüllt nach vorsichtiger Anfrage «nein». Dann kommt ein Billett mit Telefon-Geheimzeichen. Aber Janssen geht einfach nicht an den Apparat. Ein zweites Kärtchen kommt, darauf ein zartes Kleeblatt mit roter Träne und kurzer Frage: «Wer ruft wen?» Ich zeichne ein verzweifeltes Selbstbildnis mit Telefon zurück: «Warum hebt denn da niemand ab?» Am nächsten Morgen greift der Meister zum Telefon, seiner Nabelschnur zur Welt, und fragt: «Wo bleiben Sie? Ich öffne das Tor um halb elf.» Und dann sitzt er barfuß im Fellsessel, nur ein weißes Kragenhemd mit blauem Bademantel um den monströsen Leib gebunden, den Stift in der Rechten, den Korn in der Linken, und Lydia, die seidenweiche Katze, lümmelt lasziv an seiner Seite.

Auch die Bergner sagt zuerst «nein». Da schreibe ich ihr, daß ich schon vor vielen Jahren über sie geschrieben habe:

Seminararbeiten und Rundfunkporträts zur Aufbesserung meines Taschengeldes im Studium. Sie antwortet. Ich telefoniere. Sie schickt Telegramme. Und eines Tages sagt sie: «Jetzt kenne ich Sie, jetzt können Sie kommen.»

Zu Heinz Rühmann darf ich nicht kommen. Für ihn sind Hausbesuche Einbrüche. Also gehen wir essen. Roman Polanski führt gerade in München Regie. Ein guter Grund für ein Porträt – im Restaurant. Und Fellini? Fellini findet überhaupt jedes Interview schizophren, egal, ob es zu Hause geführt wird oder im Filmstudio. Also läßt er erst gar niemanden zu sich. Ich treffe ihn dennoch zu Hause – bei seinem Verleger.

Fragen sind ihm lästig. «Da müßte man ja behaupten, über sich Bescheid zu wissen», sagt er. Also antwortet er auf Fragen erst gar nicht. «Die wollen doch nur Ordnung in meine Welt bringen.» Das will er nicht. Er will das Chaos. Am besten läßt man Fellini reden. Er redet mit seiner schnarrenden Falsettstimme ohnehin jeden in Grund und Boden. Und man weiß bald, daß die meisten seiner Geschichten erfunden sind. Das ist das Wahre an Fellini, das Witzige, das Wüste.

Wie bei ihm, so sind alle Porträts Schnappschüsse, Spotlights, Skizzen, Impressionen. Sinnlos, den Leuten in die Seele sehen zu wollen. Genug, wenn man den meisten in die Wohnung gucken kann.

Die Tür geht auf: Und da steht ein Möbel aus dem 17. Jahrhundert oder Barockes aus dem Atomzeitalter. Oder in den Ecken dösen Heilige aus Holz. Oder Lenin steht stramm in der Schrankwand. Hier liegt eine Maus neben der Butter, dort kein Staubkorn im Regal, da türmen sich Bücher an der Tür, die weggeworfen werden sollen. Ballast für den einen, Besitz für den anderen.

Für mich Informationen. Stichwörter für Fragen. Eindrücke. Einblicke. Festgehaltene Augenblicke. Mehr nicht. «Wer den Menschen studieren und erkennen will», sagt Reformator Zwingli, «der unternimmt ein so schwieriges Werk wie einer, welcher Tinte anfassen möchte, ohne sich zu beschmutzen.»

Birgit Lahann

Elisabeth Bergner

«Komm, ich werf dir die Sonne»

Sie erwartet uns in London. An ihrer Wohnungstür. Königin Elisabeth. Symbol der wohl größten Minute des deutschen Theaters. Keine Taube würde es wagen, sich auf ihr niederzulassen. Sie ist kein Denkmal. Sie ist erst achtzig.

«Rosemarie!» ruft sie und umarmt Rosemarie Clausen, die einzige Fotografin, der sie «stehen, sitzen oder liegen» will – ganz egal.

Sie schiebt uns ins Wohnzimmer: Da stehen Bücher bis unter die Decke, Bücher auf allen Tischen, Bücher unterm Flügel, Liv Ullmann, Zuckmayer, Gandhi, Hegel, Beckett, Hesse und Aladin und die Wunderlampe.

Dazwischen Blumen, Dosen, Postkarten, Skulpturen: die Duse, der weise lächelnde Brecht von Seitz, ein Bronze-Eselchen von Renée Sintenis. Antike Möbel, 15., 16. Jahrhundert, chinesische Vasen auf alten Folianten, Bilder von Chagall und Cézanne, Graphiken von Lehmbruck, Sofas zum Verkriechen und Licht und Luft vom Eaton Square.

«Christel», ruft sie, «bringst du uns Kaffee?» Und Christel, die Haushälterin, die ihr in den zwanziger Jahren in Berlin zu Füßen lag, die Abend für Abend am Bühnenausgang wartete, um ihren Schwarm aus gebührender Distanz bewundern zu können, die sich heimlich die Bergner-Locke ins Gesicht kämmte, die nach dem Krieg ihre Garderobiere wurde und später dann ihre Hausdame, Christel kommt mit dem Silbertablett.

Wir trinken Kaffee. Die Bergner schenkt ein, gießt Milch dazu, wirft Zucker hinterher, drückt uns Kuchen in die Hand: «Da, den müßt ihr probieren.» Und Rosemarie Clausen erzählt, warum sie sich mit siebzehn Jahren entschloß, Fotografin zu werden: Sie hatte 1924 Elisabeth Bergner in Shaws «Heilige Johanna» gesehen. Von da an wollte sie solche Augenblicke im Bild festhalten. Die Bergner schlägt die Hände zusammen und lacht: «Rosemarie, das glaub ich nicht!»

Rainer Maria Rilke pflanzte kurz vor seinem Tod ein Kirschbäumchen – denn Kirschen sind die Lieblingsfrüchte der Bergner – für sie in seinen Garten, nachdem er ihr eine Nacht lang Gedichte vorgelesen hatte. Else Lasker-Schüler schrieb 1931 in einem Essay: «Der berufenste Kritiker, ist er kein Dichter, stolpert über Elisabeths Sternenschleppe.» Star-Kritiker Alfred Polgar prophezeite schon 1918: «Es wetterleuchtet von Zukunft um diese Elisabeth.» Da ist sie gerade einundzwanzig. Kurt Tucholsky jubelte 1923: «Bergner! Bergner! Wie das blüht und duftet! Wie das im höchsten Sinne Kunst ist und im höchsten Sinne Natur!» Und George Bernard Shaw schrieb ihr: «Silly goose, I will murder you», dumme Gans, ich werde dich umbringen.

Eine Bergner, die gibt es wie eine Duse nur alle hundert Jahre einmal. Sie wurde am 22. August 1897 in Drohobycz geboren. Das ist eine Kleinstadt in Galizien, die damals zu Österreich, heute zu Sowjetrußland gehört.

Moreno, ein spanisch-jüdischer Medizinstudent, gibt der Zehnjährigen Privatunterricht. Er ist schön und dreiundzwanzig und trägt einen Bart. «Damals trugen junge Leute noch keinen Bart. Ich dachte, er ist hundert.»

Er nimmt ihr alle Märchenbücher weg, schenkt sie armen Kindern auf der Straße, sagt: «Du, denk dir selber Geschichten aus», und verschenkt auch ihr Spielzeug. «Du brauchst doch keinen Ball, komm, ich werf dir die Sonne.» Und er wirft ihr die Sonne zu, und Elisabeth schreit: «Au, ich hab mich verbrannt», und Moreno macht ihr einen Verband und tröstet: «Bis wir zu Hause sind, ist das längst abgekühlt.»

Später, als die Bergner zum erstenmal das Wort «abstrakt» hört und sich erkundigt, was denn das schon wieder Neues sei, muß sie lachen: «Das hab ich als zehnjähriges Kind schon vergessen! Abstrakt, so bin ich doch erzogen worden.»

Mit fünfzehn nimmt sie gegen den Willen der Eltern am Wiener Konservatorium dramatischen Unterricht, lernt den Schriftsteller Albert Ehrenstein kennen, der ihr den Zugang zur Literatur öffnet. Der damals schon berühmte, aber unattraktive Satiriker mit den rötlichen Haaren und den abstehenden Ohren liebt sie. Aber die Liebe bleibt einseitig. Und Ehrenstein leidet darunter. Noch fünfunddreißig Jahre später, kurz vor seinem Tod, notiert er in sein Tagebuch: «Träumte von Lisl.»

Sie spielte zuerst in Innsbruck. Aber nur vier Monate. Dann kommt Zürich. Und sie wird entdeckt. Sie spielt dort mit Alexander Moissi, später auch mit ihm in Wien. Danach geht sie nach München, und dann ist der Sprung nach Berlin fällig.

Sie spielt Shakespeares Hosenrollen, Dumas' Kameliendame, Nestroys Jux, Strindbergs Fräulein Julie. «Die hab ich immer halb besoffen gespielt. George hat doch keine Bühnengetränke erlaubt. Das mußte alles echt sein! Rotwein, Schnaps und Bier. Alles gleichzeitig!»

Paul Czinner, der Filmregisseur, den sie 1933 heiraten wird, holt sie Anfang der zwanziger Jahre zum Stummfilm. «Nju», «Donna Juana», «Liebe», «Der Geiger von Florenz«. Und er holt sie zum Tonfilm, «Ariane» und «Der träumende Mund». Welterfolge werden sie alle.

Der Kritiker Arthur Eloesser will ein Buch über sie schreiben. Sie sagt: Das kommt gar nicht in Frage! Er: Aber, mein Kind, das bringt doch Geld. Sie: Ich brauch kein Geld. Er: Aber ich. Da läßt sie ihn schreiben. Heute sagt sie: «Ich hab keinen Schimmer mehr, was drin stand. Aber er hat sich sehr gütig, sehr freundlich und väterlich am Rande bewegt.»

Sie ist der Liebling der Presse, der Schwarm der Berliner. Teenager imitieren ihren Gang, ziehen wie sie die Schultern hoch und Schwärme von Studenten, die ihr von der Galerie zujubeln, schieben sie Abend für Abend nach den Vorstellungen im blumengeschmückten Automobil bis vor die Haustür ihrer Dahlemer Villa im Faradayweg.

Auf den Proben ist das Femme-enfant eine hilflos undiszi-

Elisabeth Bergner hockt
in ihrer Londoner Wohnung am Eaton Square
und zitiert Verse von Morgenstern.

plinierte Schauspielerin. «Ich konnte einfach nicht probieren.» Erst Heinz Hilpert hat sie davon geheilt. Er will mit ihr O'Neills «Seltsames Zwischenspiel» inszenieren. Sie sagt: «Aber du weißt doch, Gefühle, die kann ich nicht probieren! – ‹Quatsch mich nicht an›, hat der nur gesagt. Das hat mich aufgeweckt. ‹Quatsch mich nicht an.› Und auf einmal konnte ich probieren.»

Inzwischen schließt Paul Czinner ein Filmprojekt bei Alexander Corda in London ab. Sie geht vorher nach Bad Reichenhall, um sich zu erholen. Da ruft Werner Krauss aus Berlin an. Gerhart Hauptmann hätte Geburtstag, man wolle für ihn am Staatstheater «Gabriel Schillings Flucht» geben, sie müsse das mit ihm spielen. – Aber sie könne doch nicht, sie müsse doch nach England, sagt sie. Egal, antwortet Krauss. «Sieben Vorstellungen. Du mußt mir helfen, du mußt, du mußt.» Sie sagt schließlich zu, spielt mit Krauss «Gabriel Schillings Flucht», sieben Abende lang. Das war Ende Oktober 1932.

Kurz vor Beginn der Aufführung holen die Schauspielerkollegen sie auf die Bühne, zeigen ihr durch das Loch im Vorhang Hitler und Göring, die im Parkett sitzen. Sie sagen: «Sieh sie dir an. Das sind sie.» Später kommt der Schauspieler Hans Otto in ihre Garderobe und warnt: «Elisabeth, hau ab. Mach, daß du wegkommst.» Die Bergner hat es nicht ernst genommen. «Ich war nur erstaunt», sagt sie.

Plötzlich, nach ein paar Tagen, kommt Werner Krauss in ihre Wohnung. Er will sie nicht gehen lassen, will noch ein paar Tage rausschinden. Sie telefoniert mit London. Geht das noch? Ein paar Tage? – Vier. Höchstens vier. Gut, also vier Tage. Und keinen länger. Krauss jubelt, geht zur Direktion – kommt fassungslos zu ihr zurück, stammelt: «Sie wollen deinen Vertrag nicht verlängern, Elisabeth», und wiederholt immer nur die zwei Worte: «Ich ersticke, ich ersticke.»

Und nach den sieben Vorstellungen ist die Bergner dann eben nach London abgereist. Das war im November 1932. Zwei Monate später, nach der Machtergreifung der Nazis, hätte sie nicht mehr zurückkommen können.

Sie beginnt ihre zweite Karriere in einem fremden Land, in einer fremden Sprache, die sie zwei Jahre zuvor in einem Sommerkurs in England gelernt hat. Sie ist bald akzeptiert, künstlerisch und gesellschaftlich, ist der Liebling von Queen Mary, und die Presse himmelt sie an, genau wie in Deutschland.

Sie springt aus ihrem Sofa auf. «Was wollt ihr haben? Einen Sherry? Kuchen? Nüsse? Oder Kirschen? Ja, Kirschen.» Sie holt eine Schale voll aus der Küche. «Rosemarie», sagt die Bergner, «heute tu ich für dich alles. Soll ich rauchen?»

Sechzig Jahre lang ist die Bergner den Fotografen davongelaufen. Als sie ihren ersten Film drehte, «Nju», mit Emil Jannings und Conrad Veidt, wurden Probeaufnahmen gemacht, die besprochen und korrigiert werden sollten. Regisseur Paul Czinner sagte: «Die ist doch intelligent, ich zeig es ihr einfach, dann sieht sie selber . . .» Als man das Licht im Vorführraum wieder andreht, ist die Bergner längst weg. Geflohen vor ihrem eigenen Gesicht.

Es dauert fünf Wochen, bis Czinner sie wieder ins Atelier bekommt. Aber heute fragt sie die Clausen:

«Und wie willst du mich jetzt? Unterm Flügel?» Schon hockt sie im Lotussitz unter dem blanken Stück, greift sich ein Buch, zitiert: «Dinge gehen vor im Mond, die das Kalb selbst nicht gewohnt.» Morgenstern.

Noch immer scheint sie ihren Text mehr zu kauen als zu sprechen, noch immer schleift sie die Sätze wie eine Schleppe hinter sich her und dehnt die Wörter lang auf, bis sie wie Schwanenhälse aus der Sprache ragen.

«So, und nun? Willst du mich mit Brecht? Oder mit der Duse? Soll ich meine Sonnengläser anziehen?» Sie geht auf den Balkon, kaut Kirschen, spuckt die Kerne auf den Eaton Square.

Dann erzählt sie von Amerika, damals, während des Krieges. Sie sieht Albert Einstein wieder, der in Princeton lebt. Sie kennt ihn aus Berlin. Aber hier, in der Emigration, entsteht eine tiefe Freundschaft zwischen beiden. Und alle Theaterstücke, die die Bergner damals spielt, werden zuerst in Princeton aufgeführt. Für Einstein. «Bei ihm», sagt sie, «bin ich endlich wirklich erwachsen geworden.» Das Wesentliche war plötzlich nicht mehr der Ruhm und der Erfolg. «Das alles fiel mit einemmal wie billiger Christbaumschmuck ab.»

Damals fängt sie auch an, die Bibel zu lesen. «Und ich hab mich in sie verliebt. Und als ich dann noch anfing, sie zu verstehen, war es um mich geschehen. Bis heute.»

Ich frage sie nach Shaw. «Oh, dieser Teufel», sagt sie, kramt das alte Rollenbuch der «Heiligen Johanna» hervor, schlägt es auf, liest: «Silly goose! Wenn du diese Stelle streichst, kriegt dein Dienstmädchen die Rolle. And anyway. I will murder you. Ich werde dich umbringen! – Da, das steht da wirklich!» Sie zeigt uns die Stelle und sagt: «So ein Genie – und so eitel.»

Das war in England. Vor dem Krieg. Die Bergner dreht gerade mit ihrem Mann einen Film. Da kommt der Anruf. Es ist Charlotte, Shaws Frau. «Elisabeth, sagt sie, would you like to make G. B. happy for his birthday? – Ich sage: Aber of course, what can I do? I know, he has one wish; und dieser eine Wunsch ist, daß du seine Johanna spielst.» Sie willigt ein, obgleich sie nur acht Tage proben kann und die Riesenrolle für die Shaw-Festspiele in Malvern während der Dreharbeiten lernen muß. So stellt sie zwei Bedingungen. Erstens: Alle Striche und Stellungen müssen so wie bei Reinhardts Inszenierung in Berlin sein. Und zweitens: Shaw darf in keine Matinee kommen. Die Bergner haßt Matineen. Sie wird in ihnen noch viel mehr streichen als vom Autor gestattet. «Und er hat geschworen, nicht zu kommen. Geschworen! Der Teufel!»

Natürlich kommt er in eine Matinee, wird in der Pause fast ohnmächtig über die Bergner-Version, hat beim Epilog das Theater längst verlassen. «Ich war entsetzt, habe sofort angerufen. Aber Shaw war noch in derselben Nacht nach Droitwich abgefahren, ins Sanatorium, und er hat sich nicht sprechen lassen, der Schuft.»

Versöhnt haben sie sich erst wieder bei den Verhandlungen

zu einem «Johanna»-Film, der nie gedreht wurde. Der Krieg kam dazwischen.

Was hat sich bei jungen Schauspielern im Umgang mit Schauspielern geändert? «Ich bin nicht sicher, ob das heute noch so ist», sagt sie, «aber wir hatten damals einen ungeheuren Respekt – vor Steinrück oder Bassermann oder der Eysoldt. Und wenn ich den Namen Agnes Sorma hörte, fiel ich um.»

Sie sieht, wo immer sie heute ins Theater geht, «strotzende Talente, größer als jemals zuvor».

Da ist André Serban, ein Schüler von Peter Brook. «Aber verglichen mit Serban ist Brook stehengeblieben, wenn nicht zurückgestolpert.» Da ist Ingmar Bergman, «ein Genius und ein Riese», da ist Liv Ullmann, «die größte Filmschauspielerin heute, die ich kenne». Von Giorgio Strehlers Goldoni-Inszenierungen war sie «absolut betäubt», und als sie Ulrich Plenzdorfs «Leiden des jungen W» bei uns im Fernsehen sah, war sie «tief erschüttert und begeistert und beglückt».

Theater sieht Elisabeth Bergner sonst fast nur in London. Jede Woche zwei, drei Aufführungen. Gute und schlechte. Und demontierte Klassiker gibt es dort wie bei uns. «Da, das steht heute in der Zeitung», sagt sie. «Hamlet beginnt mit dem Monolog ‹Sein oder nicht sein›. Aber er sagt ihn nicht zu sich, er sagt ihn zu Ophelia. Ist das nicht toll? ‹To be or not to be› sagt der zu Ophelia! Wenn das Shakespeare eingefallen wäre. Nicht auszudenken.»

Hätte sie so etwas früher mitgemacht? «Es ist zu einfach zu sagen: Nie. Aber ich glaube sicher zu sein, ich hätte nicht.»

Elisabeth Bergner schreibt gerade an ihren Memoiren. Schwerarbeit für sie. «Ich habe nie Tagebuch geführt.» Und dann, meint sie, werden die Leute beim Lesen auch furchtbar enttäuscht sein, weil sie denken, nun endlich würden sie die ganze Wahrheit erfahren und alle Liebesgeschichten – mindestens. Und dann käme so überhaupt nichts Pikantes. «Ich habe immer ein großes Talent für Freundschaften gehabt», sagt sie, «und gar kein Talent für Liebschaften.»

Sie hat keinen Ghostwriter. Sie schreibt selbst. Jedes Wort, «long hand», wie ein Schulkind und liest den Text in einen Kassettenrecorder. «Und dann stehe ich diesem Teufel – wie nennt man so eine Maschine? – gegenüber, und mir frieren die Hände und Zähne ein, wenn ich die vielen Knöpfe sehe.» Sie ballt die Faust, sagt: «So eine Drecksmaschine gibt mir so ein Inferiorgefühl.»

Am 22. August wird Elisabeth Bergner achtzig Jahre, die ihr keiner glaubt, wie ihr keiner die siebzig Jahre glaubte, wie ihr keiner die neunzig glauben wird. Sie hat noch den Spaß und Jux und die Lust an Literatur und den Appetit auf Theater. Und sie erzählt ihr Leben mit demselben Charme, mit dem sie ihren Anbetern seit sechzig Jahren ganz leicht, ganz locker den Boden unter den Füßen wegzieht.

Da ist nichts Divenhaftes, Theatralisches, nichts Pompöses um sie, wie man es bei einem alternden Jahrhundertstar vermuten möchte. Nein, sie ist bescheiden, sie ist witzig. Und wenn sie ihre Rolle spielt, ist sie auf die natürlichste Weise von der Welt unnatürlich.

Vor fünf Jahren ist ihr Mann gestorben. Aber sie ist nicht allein, sie hat Freunde, sie geht ins Theater, sie geht spazieren, sie reist nach Berlin oder München und fährt noch immer leidenschaftlich gern Taxi, weil sie nie Autofahren gelernt hat. Für Gesellschaften ist sie nicht zu haben. Früher nicht, heute nicht. «Mein Freunde haben das akzeptiert.»

Als wir gehen, zieht die Bergner mein Samtjackett an, mit dem sie schon den ganzen Tag kokettiert hat. «Das paßt ja, das brauche ich. Sie kriegen ein anderes von mir.» Sie läuft ins Schlafzimmer, bringt zwei Jacken, eine rote, eine schwarze. Ich nehme die rote. «Sieht doch auch sehr hübsch aus», lacht sie und steht da wie Shakespeares Rosalinde.

Friedrich Dürrenmatt

«Ich bin nicht rechts und nicht links, ich bin quer»

Es ist kurz vor Mitternacht. Friedrich Dürrenmatt schleicht hinauf ins Atlier, wo Lulu, die Geliebte, wartet. Er streichelt sie, und sie flüstert ihm etwas ins Ohr, «unmöglich», sagt er und schüttelt den Kopf, aber Lulu insistiert und küßt ihn, daß er kichert, «hör auf», sagt er, «du siehst doch, wir sind nicht allein», aber Lulu ist das egal. Ob sie eine Frau ist oder ein Mann, weiß Dürrenmatt nicht. «Dabei haben wir seit fünfundzwanzig Jahren ein Verhältnis.»

Lulu ist ein Kakadu und telefonierte dem Dichter früher die Haare vom Kopf. Sie wählte wild an der Telefonscheibe, bis Amerika oder Australien in der Leitung waren, und führte Gespräche zu 500 Franken und mehr. «Deshalb habe ich sie eingesperrt», sagt Dürrenmatt, als wir wieder hinuntersteigen.

Es ist der helvetische Nationalfeiertag und Vorabend zur ersten Theaterprobe seines Stücks «Die Panne». Es sei das letzte, das er in seinem Leben inszenieren wird, sagt Dürrenmatt. Und das soll gefeiert sein – neben Feuerwerk und Rütli-Schwüren. So hat er alle Schauspieler in sein Haus hoch über dem See von Neuchâtel geladen, Ellen Frank, Karlheinz Stroux, Peer Schmidt, Wolfgang Preiss, hat seinen vier Meter langen Schreibtisch freigeräumt für Weine, Forellen, Schinken, Früchte, Käse, Eis und Champagner. Und da liegt er nun in blauer Hose und blauem Hemd unter burgunderfarbener Weste, liegt satt und wach im weißen Ledersofa zwischen Ölgiganten seines Malerfreundes Varlin, ein Bein über der Lehne, eine Siamkatze im Arm, ein gefülltes Weinglas frei auf dem Kopf balancierend, und wenn sein Koch vorbeikommt, sagt er jedem: «Er war der Koch vom Idi Amin.»

Friedrich Dürrenmatt
an seinem meterlangen Schreibtisch,
umgeben von Bildern
seines Freundes Varlin.

Lulu, der Kakadu,
küßt mit Vorliebe seinen
Herrn.

Und dann erzählt er die Geschichte, die der ihm erzählt hat: Amin hatte zu einer afrikanischen Konferenz in Kampala drei Jets mit schwedischen Callgirls einfliegen lassen, nachts sei der Koch hochgeschreckt, weil die Mädchen schrien. Jetzt sticht er sie ab, dachte er, stand auf, lief hin – und sah Idi, der die Damen ausgezogen, mit Honig beschmiert und dann mit Hühnerfedern beklebt hatte. «Sie mußten mit Hennengeschrei vor ihm fliehen, und Amin machte den Gockel», sagt Dürrenmatt und schüttelt sich vor Lachen, sieht den Koch an und ergänzt: «Ja, ja, Herr Graf, ich weiß, Sie Armer mußten den Dreck wieder wegsaugen.»

Das Fest dauert bis zwei. Danach steigt der Dichter mit dem Koch ins Allerheiligste hinab, den Weinkeller, probiert ein paar Flaschen, die älter sind als beide zusammen. Und am nächsten Morgen um zehn sitzt er am Regietisch, als sei nichts gewesen.

«Die Panne» ist ein Stück mit klassischen Dürrenmatt-Helden, mit Richter und Staatsanwalt, Henker und Rechtsanwalt. Die vier sind längst pensioniert, sind Greise kurz vor hundert, das Nesthäkchen um die Neunzig. Sie spielen alte Kriminalfälle durch. Aber das langweilt sie. Sie wollen einen echten Fall. Da hat Alfredo Traps, Reisender in Textilien, eine

Panne just vor ihrem Haus. Natürlich will Traps den vieren Angeklagter sein. Freimütig gibt er Seitensprünge zu mit der Frau seines Chefs, nicht aber einen Mord am Gehörnten, nein, der hat ja auch ihn betrogen – mit seiner Frau. Sein Jüngstes sei sogar ein Chef-Kind. Na, wenn das kein Motiv sei, johlen die Alten. Unmöglich, kontert der in Widersprüche verhedderte junge Mann, sein Chef sei am Herzinfarkt gestorben, wie sich das für einen Manager gehöre. Doch die Alten verhängen die Todesstrafe über ihn, und der nimmt sie an, schwingt sich in den Kronleuchter und erschießt sich.

Dürrenmatt läßt den Sargdeckel fallen, gibt ein Zeichen, das Spiel beginnt. «Darf ich ein bißchen Arthrose haben?» fragt Stroux als Richter Wucht. «Was mußt du da machen?» will Dürrenmatt wissen. «Mich kratzen», sagt der Theaterhase, der das Regieführen nicht lassen kann. Dürrenmatt aber manövriert ihn auf den Sarg. Da oben will er ihn haben. Locker und ohne Zipperlein. «Aber ich bin doch alt», sagt Stroux. Da lehnt Dürrenmatt sich zurück und erzählt von einem, den er oft besucht, einem Mathematiker, der Spinoza auf lateinisch liest und sich selbst kocht. «Der ist achtundneunzig», sagt er. «Du erst neunzig. Du kratzt dich nicht.»

Dürrenmatt ist unbestechlich. Auch, wenn Stroux buhlt, schmeichelt, den «Könner» mit Wörtern streichelt, anerkennend aus den Anmerkungen zitiert. «Wo steht das?» fragt Dürrenmatt dann mit seinem Lächeln, das wohl nur so aussieht, als verdecke es eine Hemmung. «Im Textbuch», sagt Stroux überrascht. «Ach, steht das alles drin? Ich muß es wohl mal lesen», sagt Dürrenmatt. Und es klingt wie eine Drohung. Wieder lesen heißt bei ihm: wieder schreiben. Umschreiben. Neu schreiben. Ändern.

Dabei gibt es «Die Panne» bereits in Variationen: als Hörspiel, als Kurzgeschichte, als Fernsehstück. Und vom Schauspiel existieren bereits drei Fassungen. «Und die letzte ist noch nicht dabei», sagt der Autor nach der Probe auf der Terrasse seines Hauses.

Warum beutet er sich selbst so schamlos aus? Er fragt

zurück: «Kennen Sie einen alten Meister, der nur eine Madonna gemalt hat?» Und lehnt sich weit in seinen Liegestuhl. Er ist ein Lagerer. Er lehnt sich wo er kann, macht Sitze zu Sofas, Hocker zu Liegen, Stühle zu Betten. Wenn er lagert, ist er entspannt.

«Wir sind vom Zeitalter der Schuld ins Zeitalter der Katastrophe geraten», sagt er. «Und im Zeitalter der Katastrophe kann man nicht mehr schuldig werden.» Das wüßten auch seine vier Greise. «Sie glauben doch längst nicht mehr ans Gericht.»

Aber sie richten.

«Und pöbeln danach die Götter an, die die Welt so verkorkst haben.»

Zuvor aber fällen sie ein Urteil. Ein Todesurteil.

«Weil sie nicht wissen, daß sie einen vor sich haben, der schuldig sein will.»

Dürrenmatt greift zur Thermosflasche, schenkt sich Nescafé nach, sagt: «Heute fühlt sich doch jeder unschuldig. Jeder Dieb und jeder Terrorist. Und dann kommt so ein Traps daher und sagt: ‹Wer schuldig ist, ist auch ein Held.›»

Und erschießt sich.

«Das ist die Panne», sagt Dürrenmatt und schickt seine Schäferhunde Bet und Dina weg, die ihre Häupter auf des Dichters Bauch gebettet haben. Der eine habe ihm vor Monaten die Urkunde seines hebräischen Doktors aufgefressen, erzählt er. Danach habe dieser sich vom anderen decken lassen und sieben Hündinnen bekommen.

Alle seine Geschichten klingen erfunden. Egal, wie wahr sie sind.

Seine früheste Erinnerung ist die an einen schwarzen Tunnel. Er sieht Lastwagen auf sich zufahren, seine Mutter packt ihn, zerrt ihn aus dem Dunkel. «Mein erster Ausbruch», sagt Dürrenmatt. «Ich muß zwei gewesen sein.» Er ist ein «früh aufgeklärtes», kriegerisches Kind, kämpft im elterlichen Pfarrgarten von Konolfingen im Kanton Bern mit Bohnenstangen, bis er zusammenbricht und der Mutter meldet: «Der letzte

Österreicher ist erschlagen.» Dann metzelt er mit Buntstiften, läßt Blut und Eiter fließen. Entsetzt zeigen die Eltern die Schlachtenbilder dem Lehrer. Der sagt: «Der wird Oberst.»

Der wird aber Schriftsteller. Komödienschreiber. Ersticht, erdolcht, ermordet mit Wörtern in einer Welt, «die man nicht durchschaut». Zwei Motive tauchen deshalb immer wieder auf: das Labyrinth und die Rebellion. Durch den Zweiten Weltkrieg erlebt er in der neutralen Schweiz eine «Bedrohung, die nicht kam». Das macht ihn radikal im Geist. Ein Mensch, sagt er, der eingeschlossen sei und nicht handeln könne, erdenke sich das Schlimmste. So empfand er sich als einen Rebellen, «gegen den Hitler noch zahm war». Und das Rebellentum, das nie mit einer Ideologie kokettierte, ist noch heute sein Gütezeichen. «Ich bin weder links noch rechts», sagt er, «ich bin quer.»

Nach neun Semestern Philologie, Theologie, Literatur und Kunstgeschichte springt er «ohne Abschluß ins Komödienfach». Sein erstes Stück «Es steht geschrieben» endet 1947 im Zürcher Schauspielhaus mit einem Skandal. «Von diesem glücklichen Start lebe ich heute noch», sagt Dürrenmatt. «Die Leute pfiffen statt zu gähnen.»

Kurz zuvor lernt er seine spätere Frau Lotti Geißler kennen. Die Begegnung zwischen der Schauspielerin und dem angehenden Dramatiker ist von der «Wurst» beherrscht, jener makabren Geschichte, die Dürrenmatt damals zu jeder unpassenden Gelegenheit erzählt: Ein Mann erschlägt seine Frau und verwurstet sie. Er wird verhaftet. Die Wurst liegt vor dem Richter. Nach dem Urteil darf der Lustmörder eine Bitte tun. Sein Wunsch: Er will die Frau in der Wurst essen. Aber die Wurst ist weg. Der Richter hat sie – gedankenabwesend – selbst verzehrt.

Dürrenmatt grient. Seine zarten Haupthaare stehen ab, wie vor Entsetzen. Die weichen weißen Hände, unter deren Nägeln stets Ölreste von nächtlichen Exkursionen an der Staffelei kleben, greifen zur Tasse, als griffen sie zur Wurst.

Bald nach der Hochzeit kauft Dürrenmatt sein erstes Haus

am Berghang von Neuchâtel, ein altes, verwittertes, das sonst niemand wollte. Heute lebt nur noch seine Frau darin zwischen Bücherwänden, französischen Antiquitäten, Piranesis «Carceri» und einer von Dürrenmatt ausgemalten Toilette, in der Molche, Wüstlinge, Urfaune und apokalyptische Reiter in Öl über den Putz toben. «Wer hat heute schon noch eine ausgemalte Kapelle», sagt er. Für sich selbst ließ er das höher gelegene Arbeitshaus bauen mit Atelier und Bibliothek.

Und schließlich kam zwischen das alte und das neue noch ein Musikpavillon. «Unser Kontakthof», sagt er, steht auf und geht, um Wein zu holen.

Warum gab seine Frau nach der Heirat die Schauspielerei auf? Hätte sie des Ehemannes Paraderollen nicht für sich usurpieren können, die Giftmörderin Anastasia aus der «Ehe des Herrn Mississipi» oder den Racheengel Claire Zachanassian im «Besuch der alten Dame»? «Jedesmal, wenn Fritz ein neues Stück geschrieben hatte, war ich schwanger», sagt Lotti Dürrenmatt. «Ich glaube, es war Berechnung.»

Das Theater wird Dürrenmatts Geliebte. Und die Geliebte betrügt ihn mit Krach und unerfüllten Verträgen. Geschuftet hat er für sie. Zum Beispiel in Basel, als er Co-Direktor von Intendant Werner Düggelin wird. Tag und Nacht hat er gearbeitet, hat «Play Strindberg» geschrieben und «König Johann», hat umgeschrieben und inszeniert und geändert und 600 Zucker gehabt, was für einen Diabetiker der Rand des Grabes ist, ist umgefallen – Herzinfarkt. «Den hab ich mir ehrlich verdient.»

Heute betrügt er die Geliebte. Mit Prosa. Genüßlich dreht Dürrenmatt den Korkenzieher in den 66er Château Pape Clément und erzählt vom ersten Band seiner «Stoffe»-Sammlung, vom «Winterkrieg in Tibet». Er beschreibt darin die Welt nach einem Atomkrieg. Die Politiker sitzen in sicheren Bunkern, das Volk macht draußen Revolution. «Die Welt ist eine Panne», sagt er, «ein kolossaler, irrationaler Kollaps. Nehmen Sie doch nur Khomeini.» Und schwenkt den Pape Clément im Glas und schwärmt von Kants Menschenbild als phantasielosem, gefährlichem Wesen. «Deshalb bin ich auch gegen das Prinzip Hoffnung», sagt er. «Damit kann man jede Katastrophe als Notwendigkeit entschuldigen.»

Dürrenmatt liest Denker. Keine Dichter. Er liest Freud, Einstein, Leibniz, Descartes, Spinoza. «Ich kenne keinen Böll, ich konnte nie einen Walser zu Ende lesen, und Grass hat – Gott sei Dank – seinen ‹Dorsch› noch nicht geschickt.»

Er meint den «Butt»? «Butt, Barsch, Bückling – ich wußte doch, es war ein Fisch.»

Wenn Franz Josef Strauß eine Erfindung von Dürrenmatt wäre, hätte er ein Stück aus ihm gemacht? «Sicher. Der ist doch eine tolle Figur», sagt er und erhebt sich aus der Lagerstellung. Eine hochbrisante Mischung sei der, ein Kriegsresultat, «sogar eine Art Kriegsopfer», das vom Feindbild lebt, ein Velo-Fahrer ohne Bremse, der nur Schuß fährt. «Wenn ich mir vorstelle, der würde bei uns die Berge runterkommen . . .» Ja, Politik interessiert ihn. Aber nicht als Kommentar. Drum liest er auch kaum Zeitung, sondern hört Radio, abends, wenn er seiner Frau kocht. Im Fernsehen sieht er am liebsten Fußball. Doch jetzt, wo er durch Verkabelung acht Sender bekommt, stellt er sich sein Programm schon mal selbst zusammen. «Nach einer Liebesszene drücke ich auf Mord.»

Mit seinen – inzwischen drei – Herzinfarkten hat er sich arrangiert. Mit dem Zucker auch. Keine Schokolade, kein Brot, keine Kartoffel, keine Zigarre. «Man sieht es an meinen Figuren. Sie rauchen auch nicht mehr.»

Aber in der «Panne» wird eine Havanna gereicht.

Eine Reminiszenz an Brecht. Dürrenmatt hat ihn 1948 kennengelernt. «Ich war sehr verlegen.» Aber dann machte Brecht einen Fehler. Er behauptete, die stärkste der Welt sei die Brasil. «Die stärkste ist aber die Havanna. Das machte ich ihm klar.» Und rauchte mit ihm eine Nacht lang Havanna.

Schach spielt Dürrenmatt nicht mehr. «Mich ärgert diese ungeheure Verschwendung des Denkens an eine Fiktion.» Und seinen Versuch, Golf zu spielen, tut er mit einer Wegwerfbewegung ab. «Ich dachte, ich könnte dabei nachdenken. Aber ich hatte nur die verdammte Kugel im Kopf.» Er schwimmt lieber. Schwimmt dreimal am Tag. Im eigenen Bad. Um Strom zu sparen, speist er den Pool mit einem Sonnenzellendach. Die Energiekatastrophe, auf die der Westen zusegelt, beschreibt er als die Situation eines Mannes, «der aus dem zwanzigsten Stockwerk springt und auf der Höhe der dritten Etage sagt: Bis jetzt ist ja noch nichts passiert.»

*D*ürrenmatt im Pool
nach einer Probe zur «Panne».

Er nimmt den letzten Schluck Rotwein, geht ins Arbeitszimmer, zieht sich aus und eine Badehose an, kommt zurück in alabasterfarbener Körperpracht, sagt: «Die Geister finden uns grausig so.» Welche Geister? «Alle Toten werden Geister.» Und die, sagt er, sehen durch uns durch, sehen Därme, Nieren, Blut und Blasen. Und das ekelte sie. Im Jura tauche er manchmal in bleierner Tiefseeausrüstung im Wasser eines alten Schlößchens. Dann kämen sie ohne Scheu. Meist Schauspieler. Und unterhielten sich mit ihm. Durch Blei könnten sie eben nicht sehen. Er habe ein gutes Verhältnis zu ihnen. Er wolle die

Geister auch nicht beleidigen. «Aber manchmal sind sie schon ziemlich verblasen.» Und schwingt sich lachend mit einem Sprung ins Wasser, krault, treibt, aalt sich.

Wann hat er das letzte Mal getanzt? Das sei lange her. Mit seiner Frau. Er könne ja gar nicht tanzen, improvisiere einfach so drauf los. Würde er den Nobelpreis annehmen, um mit Königin Sylvia tanzen zu können?

«Da würde ich Max Frisch den Vortritt lassen.» Sagt's, spuckt eine Fontäne und taucht weg.

Martin Benrath

«Soll man doch glauben, ich sei altmodisch»

«Wissen Sie, woher das Wort Schmetterling kommt?» Martin Benrath stutzt. «Wieso fragen Sie das?» fragt er. – «Weil Sie das vor Wochen einen Journalisten gefragt haben. Um ihn loszuwerden.»

Ach, das freut ihn. Benrath sagt, Schmetterling käme aus dem Tschechischen, von smétana, was Sahne heiße, also sei ein Schmetterling ein Sahneschläger, und im Englischen heiße er butterfly, gleich Butterfliege. «Sie sehen», sagt er, «so spannend ist es mit den Wörtern.»

Es ist elf Uhr vormittags. Martin Benrath, seine Frau, der Fotograf Stefan Moses und ich sitzen bei Champagner unter schrägen Wänden zwischen schönen, alten, polierten Bauernmöbeln in Grünwald, Münchens Prominentenvorort. Aber die Wohnung liegt abseits allen Jet-sets. Benrath ist froh darüber. Er mag die exaltierte Society nicht. Seine bürgerlichen Nachbarn sind ihm lieber. «Man kennt sich hier und hilft sich noch.»

Benrath, Jahrgang 1926, erzählt vom Kaufmannsvater, der Rheinländermutter und den drei älteren Schwestern, alle Haus- und Ehefrauen, man sieht sich selten, man telefoniert gelegentlich.

In Berlin ging er aufs Gymnasium. Als er Heinrich Spoerls «Feuerzangenbowle» liest, hängt er eines Tages in aller Frühe ein Plakat ans Schultor. «Wegen Umbau geschlossen.» Sogar die Lehrer fallen darauf rein.

Der Krieg holt ihn in der Oberprima zur Flak. 1946 macht Benrath das Abitur nach, sieht Horst Caspar als Hamlet – das ist der Auslöser für seine Berufswahl.

Er verkauft eine Rolleiflex-Kamera und lebt ein Jahr vom

Erlös; nimmt Schauspielunterricht und wird 1947 ans Ostberliner Schiffbauerdamm-Theater verpflichtet. Für 180 Reichsmark im Monat. 1950 geht er nach Westberlin, spielt am Theater des British-Center Schiller und Shakespeare. Benrath holt die Champagnerflasche, schenkt nach und gestattet sich eine zweite Zigarette. Es ärgert ihn, daß er wieder raucht. Thomas Mann ist schuld daran. Zwei Jahre hatte er keine Zigarette mehr angefaßt. Dann kamen die Dreharbeiten zu den «Buddenbrooks». Und der Konsul, den er darstellt, raucht schwarze Zigarren. Nach ein paar Zügen waren die alten Vorsätze hin. 1948 hatte Benrath die «Buddenbrooks» zum erstenmal gelesen. Den Konsul, einen weltmännischen, preußisch-korrekten Großkaufmann, spielt er mit Vergnügen. «Die Rolle entsprach genau meiner Erziehung» sagt Benrath, «und vielleicht auch meiner Verklemmung.» Er lacht und zitiert einen Satz aus Thomas Manns Roman, den er sich vom Zauberer ins Stammbuch hätte schreiben lassen. «Sei mit Freude bei den Geschäften am Tag, aber mache nur solche, daß du nachts gut schlafen kannst.»

Fotograf Stefan Moses hadert mit dem Licht und dabei stört ihn Benraths schwarzes Hemd. Ob er etwas Helles anziehen kann? Benrath geht, kommt im weißen Pullover zurück. «Gut so?» Und erzählt vom Dramaturgen Rolf Badenhausen, der ihn 1952 in Berlin auf der Bühne sah und Gründgens kabelte: «Habe Schauspieler mit schiefer Nase gesehen. Ist was für den Bacchus.» So kam er zum Theaterzar des Westens, sprach ihm in Düsseldorf den Moor aus Schillers «Räubern» vor, Gründgens engagierte ihn.

Das Theater macht Benrath zum klassischen Jüngling mit Charakter, der Film bringt ihm 1953 mit «Meines Vaters Pferde» Popularität und 12 000 Mark Gage ein. Er heiratet die Schauspielerin Marianne Klein – die Silberhochzeit haben sie längst hinter sich –, liebt schnelle Autos, fährt wohl auch wie der Teufel und hat eines Tages die Karambolage, die sein Gesicht so markant verändert.

Die Furcht, der Triangel im Gesicht würde ihn zumindest

die Filmkarriere kosten, ist falsch. Seit zwanzig Jahren gehört Martin Benrath zur Schauspieler-Creme. Er ist Klassiker, von Shakespeare bis Arrabal. Er dreht fast sechzig Fernsehfilme, steht in «Morituri» mit Marlon Brando vor der Filmkamera und hilft mit «Berlinger» dem deutschen Film wieder auf die Beine.

Nur Hamlet ist an ihm vorübergegangen. Wer steht heute oben auf der Liste? Richard III. «Aber nicht bei Zadek!» Zadek ist für Benrath Synonym für kaputtes Theater, ist Aufbruch in die Demontage.

Martin Benrath lernt schwer Texte:
«Nach einem halben Jahr
ist jede Rolle vergessen.»

Seine Kritik ist Widerstand: Er haßt moderne Klassiker-Inszenierungen, in denen Prinz von Homburg nackt im Kartoffelacker hockt, Ödipus auf der Rolltreppe fährt und Desdemona über der Wäscheleine baumelt. Er will nicht die Collage aus Abfall, das Leben nicht als Schrottplatz. «Stellen Sie sich vor», sagt er, «Karajan soll die Neunte dirigieren – und dann bläst er sie auf dem Kamm.»

Nein, er wird da nie Konzessionen machen. Soll man doch glauben, er sei altmodisch, bitte, das störe ihn nicht. In seiner Verweigerung ist Trotz und Romantik. Er springt auf, holt «Hamlet» aus dem Bücherschrank, setzt die Brille auf, hebt die Stimme und liest mit seinem so typisch durch die Sprache sägenden «S» aus der Szene mit den Schauspielern vor:

«Ich habe Burschen spielen sehn . . . die so gespreizt taten und bellten, daß man dachte, ein Handlanger der Natur habe Menschen herstellen wollen, und sie seien ihm nicht gelungen. So abscheulich ahmten sie die Menschheit nach!»

Bitte, da habe Shakespeare sie bereits beschrieben, die Demontage, man müsse das nur nachlesen.

Wie lernt er Texte?

«Schwer und mit Geduld.» – Behält er, was er einmal im Kopf hat? – «Nein, nach einem halben Jahr ist jede Rolle vergessen.»

Benraths leben bürgerlich. Sie meiden Trubel, pflegen Freundschaften, machen einmal im Jahr Urlaub, zum Beispiel in Norwegen Skilanglauf.

Die nervöse Dauerjugend, der Witz, die Eleganz in Wort und Bewegung machen Benrath zum Typ des Intellektuellen, zum Stilisierer, der ganz und gar untheatralisch ist, der der dramatischen Geste mißtraut und sich das chinesische Sprichwort – «Große Kunst ist dann erreicht, wenn man nichts mehr weglassen kann» – hier wie auf der Bühne zum Credo gemacht.

So kann er denn schon als arroganter Bursche gelten, wenn ihm ein lakonisches «Alle Leute, die nicht denken, halte ich für ein Ärgernis» entfährt.

Und er hält sich an die von ihm geforderte Disziplin: kein

«Derrick» im Fernsehen. «Man muß sich rar machen.» Kein Synchronsprechen. «Zur Einheit der Person gehören Optik und Akustik.» Daß er dabei kein reicher Mann wird – sei's drum. Er hat ja Goethe. Er kauert sich auf den Boden, durchblättert die alte Cotta-Ausgabe. Wie ein greiser Marabu sitzt er da, ein Weiser, entschlossen, dem Ungeist der Welt die Stirn zu bieten.

Als wir am frühen Abend aufbrechen, erschrickt Benrath. «Wir haben ja überhaupt nichts gegessen.» Dafür haben wir gut getrunken.

Auf der Straße am Auto fragt er: «Wissen Sie, woher das Wort verkasematuckeln kommt?»

«Wieso fragen Sie das?» erwidere ich. «Sie sind mich doch schon los.»

«Aber ich frage das ganz im Ernst», sagt Benrath. «Keiner kann mir sagen, woher das Wort kommt.»

Giorgio Strehler

«Jetzt brennt er wieder an zwei Enden»

Giorgio Strehler watet durch Pfützen und Matsch, ordnet Schrott und Blechbüchsen, verputzt die letzten Löcher einer Hütte und sagt zu Andrea Jonasson: «Kannst du dich hier auf dieses Brett legen?» Sie legt sich. Das Brett ist naß und glitschig. Sie liegt fünfzehn Minuten so. Reglos. Bis Strehler den Beleuchtern, den Bühnenarbeitern, den Requisiteuren die letzte Anweisung gegeben hat, in welcher Sekunde welches Licht auf welche Situation über der sich drehenden Bühne zu fallen habe. «Und vergeßt nicht», sagt er, «zwischen ‹Ende Musik› und ‹Vorhang hoch› muß genau ein Atemzug liegen.»

Das Stück, das auf der Bühne des Hamburger Schauspielhauses auf einem naturgetreu rekonstruierten Schrottplatz inszeniert wird, mit wassersprühenden Schläuchen – «Dreht den Hahn doch richtig auf!» sagt Strehler. «Da darf nicht nur Pipi rauskommen» – und abgestürzten Flugzeugteilen, ist kein naturalistisches Drama. Es ist ein Brecht. Eine Parabel. Oder besser, ein Märchen: «Der gute Mensch von Sezuan.»

Es ist die Geschichte von Shen Te, die von den Göttern für ihre Güte belohnt und von falschen Freunden ausgenutzt wird, die den Armen helfen möchte und dafür in die Haut ihres Vetters Shui Ta schlüpft – denn um Gutes tun zu können, heißt es, müsse man zuvor Böses getan haben.

Strehler hat seine entscheidende Begegnung mit Bertolt Brecht im Februar 1956 gehabt. Er inszenierte gerade Brechts «Dreigroschenoper» im Piccolo Teatro von Mailand.

Der damals schon schwerkranke Brecht war auf der Generalprobe dabei, bis nachts drei Uhr. Strehler hatte die letzten Nächte kaum noch geschlafen. Wie ein Besessener arbeitete er, blaß, unrasiert, trank einen Kaffee nach dem anderen, rauchte, kämpfte mit dem Text, der Technik, den Schauspielern. Und einer sagte: «Jetzt brennt er wieder an zwei Enden.»

Brecht aber war beglückt. Noch im gleichen Monat, ein halbes Jahr vor seinem Tod, übertrug er Strehler die künstlerische «Vormundschaft» für alle seine Werke in Italien und möglichst auch in Europa – in einem der ungewöhnlichsten Dokumente der Theatergeschichte: Er tippte das Vermächtnis auf einen Briefumschlag, mit einer kleinen Olivetti, die er kurz zuvor in Mailand gekauft hatte. Unterschrieben ist das Papier nur mit seinem B.

Seit dieser Zeit hat Strehler in Italien fast jeden Brecht gespielt. Sein «Leben des Galilei» ist bereits Theatergeschichte. Er hatte ein ganzes Jahr an dieser Inszenierung gearbeitet. In deutscher Sprache spielt er Brecht jetzt zum erstenmal.

Seine Regieanweisungen – er unterbricht fast jede Minute – kommen oft auf italienisch: «Andrea», ruft er, «dramatico, tragico! Non buffo!» Die Hamburger Schauspielerin lebt mit Strehler zusammen. «Sie ist einfach ein gute Seele», sagt er, «wo gibt es das noch in dieser komplizierten Welt?» Zuweilen aber steht die «gute Seele» der Schauspielerin im Weg. So hat sie in der Doppelrolle Shen Te/Shui Ta Angst, die Witwe Shin zu würgen. Sie packt Margit Carstensen, die die Rolle spielt, vorsichtig beim Kragen, läßt sie langsam nach unten gleiten und Strehler schreit: «Lascia! Lascia! Loslassen!»

Er springt auf. «Du mußt brutaler sein.» Er greift in die Luft, würgt eine imaginäre Figur und brüllt dabei wie ein Löwe. «Du bist zu gentile», sagt er, «du hast immer Mitleid.»

Und dann sitzt er wieder da, in der ersten Reihe, im schönen Plüsch des Schauspielhauses, wie ein barocker Mephisto: weite schwarze Kleidung, buschige schwarze Augenbrauen. Sein Gesicht: eine Vulkanlandschaft in Aktion. Jede gelungene, jede falsche Bewegung spiegelt sich in ihr wider und überträgt sich sofort auf seine schmalen, weichen Hände.

Er spricht den Text mit, jede Zeile, er gibt den Rhythmus an, kurz, hart, präzise, «tack, tack, tack», er setzt sich in den

Rang, um die Wirkung eines Bildes zu überprüfen, korrigiert, sitzt wieder vorn, springt in die Loge, in der später die Kapelle spielt, greift zum Schlagzeug, improvisiert einen Trommelwirbel, sehr zart, weit weg – und auf der Bühne sitzt Shen Te in einer Pfütze und merkt beglückt, daß sie ein Kind erwartet. Er legt die Trommelstöcke beiseite, dirigiert mit großen, weiträumigen Bewegungen den Text weiter, als ob es hier um eine Oper ginge, singt die Wörter, summt die Sätze.

Mit Musik ist Strehler groß geworden, in Triest, wo er 1921 geboren wurde. Der Großvater war Opernimpresario, die Mutter eine bekannte Geigerin. «Als Kind», sagt er, «bin ich jede Nacht mit Musik eingeschlafen.»

Zum Theater kam er durch einen Zufall. Es war Juli, es war heiß, und Strehler war mit Schulfreunden in Mailand. Eigentlich wollte er ins Kino, aber vor dem Theater nebenan stand «Temperatur im Zuschauerraum 20 Grad». So ging er ins Theater. Es gab einen Goldoni, der ihn im dritten Akt so packte, daß er «zu weinen anfing».

Da er fürs Theater kein Geld hatte, verschaffte er sich freien Eintritt als Claqueur, als Klatscher vom Dienst. Und plötzlich, eines Tages, Ende der dreißiger Jahre, stand er vor einem Plakat, das für Schauspielprüfungen warb. Er ging hin, wurde angenommen, bekam Unterricht, bestand das Diplom mit «Sehr gut», spielte in einer Schauspielgruppe.

Zu Hause hatte er eine «universale» Bildung genossen, man sprach Deutsch, Französisch, Polnisch. Er las Dante und Kleist, Lessing und Quasimodo. Und später, während des Zweiten Weltkriegs, trug er die Gedichte von Montale bei sich.

Seine Familie war unpolitisch. «Sie interessierte sich nur für Kunst und Literatur.» Als er seine Mutter einmal zum Friseur begleitete, drückte ihm der Chef die Schriften von Marx in die Hand: «Lies das mal», sagte der. Aber zum Antifaschisten wurde er erst durch die Eltern eines Freundes, die ihm erklärten, Brahms, Heine, Thomas Mann und Picasso, «die Ideale meiner Kindheit», seien «volksverderbend».

Giorgio Strehler zu Birgit Lahann:
«Früher hatte ich kein Geld fürs Theater.
Ich fing als Claqueur an.»

Während des Krieges ging er in die Résistance, «gemäß meiner Überzeugung», emigrierte in die Schweiz, führte dort zum erstenmal Regie in Eliots «Mord im Dom» und in der Welturaufführung von Camus' «Caligula».

1947, wieder in Italien, gründet er zusammen mit seinem Freund Paolo Grassi, dem «Organisator», das Piccolo Teatro, das bald zu einem der berühmtesten Theater der Welt wird. Er inszeniert Pirandello, Goldoni, Shakespeare, Tschechow, Dürrenmatt – nicht mehr als drei Inszenierungen im Jahr.

«Doch zu einem Markstein meines Lebens wurde die ‹Dreigroschenoper›», sagt Strehler. Er nennt sich in seiner Freundschaft zu Brecht den «Schüler», Brecht den «Meister». Ihre Beziehung zueinander war herzliches Understatement. Es gab nie «den Ton, den ich nicht leiden kann, jenen sozialistischen Ton fingierter Kameraderie, oder die Nachäfferei der Arbeiterherzlichkeit so vieler Linksintellektueller».

Als Brecht auf der Generalprobe hinter ihm saß, sagte er: «Kümmern Sie sich nicht um mich, ich störe nicht.» Doch während Pollys Hochzeitsszene fing er an laut zu lachen. Die Schauspieler wurden unruhig. Einer rief über die Rampe: «Wer ist der Kerl mit den schlechten Manieren, der da dauernd lacht?» Strehler kühl: «Es ist Brecht.»

Brecht wollte, daß gelacht wird. Keiner hatte das wirklich begriffen. Strehler aber wußte, daß Brechts «episches» Theater nichts mit Dogma oder Distanz zu tun hatte. «In Deutschland», sagt er, «wird er immer so humorlos inszeniert.» Seinen Schauspielern, die den Unterschied zwischen «epischem» und «dramatischem» Theater auch nicht kannten, erklärte er damals bei den Proben auf die einfachste Weise von der Welt, wie «episch» gespielt werden muß. Er sagte einem: «Gestern habe ich hier auf der Bühne einen Tobsuchtsanfall bekommen. Jetzt spiel du mir diese Szene doch mal vor.» Der spielte den rasenden Strehler – die Rolle Strehler, nicht den Menschen. Und Strehler sagt: «Na bitte, das ist's.» Von nun an konnten sich die Schauspieler über ihre Rollen auch amüsieren.

Nach der Dreigroschenoper-Premiere flüchteten Brecht und Strehler vor dem jubelnden Publikum, schlossen sich in ein Zimmer ein «und sprachen schweigend miteinander». Später sagte Brecht: «Strehler hat mein Stück neu gedichtet.»

Und nun ist wieder Brecht-Premiere. Für Strehler gibt es keinen Schlaf mehr, er ist zehn Stunden ohne Pause im Regiestuhl, ißt nicht, raucht nicht mehr, trinkt nur alle Stunde einen Schluck aus der Wasserflasche. Möchte er unter seiner Regie Theater spielen? Er lacht: «Ja, ja, ich weiß, mit mir ist das schon ziemlich anstrengend.»

Er feilt bis zum letzten Augenblick. «Sprich nicht so akademisch, du bist ein Wasserträger», erklärt jede Szene, noch einmal: «Ihr müßt spielen, was dahintersteckt.» Er springt auf die Bühne, improvisiert Dialoge, macht den Text außerhalb des Textes klar und leidet, wenn die Harmonie gestört ist, wenn die Wörter nicht zum Rhythmus der Bewegung passen.

«Und wenn wir Fehler gemacht haben zwischen uns und unserer Arbeit», sagt er, «sollten wir an jenes Gedicht von Brecht denken, das ich so liebe und das mit den Worten endet: ‹Wir sahen uns an und begannen von vorn.›»

Hildegard Knef

«So niedrig kann man gar nicht schießen»

«Who's there?» ruft sie, wartet, öffnet die Tür, steht da in Lockenwicklern, Bademantel, Tennissocken, das Gesicht bleich wie ein Clown. Sie sei gleich soweit, sagt sie, wir könnten schon mal eine Bluse raussuchen fürs Foto. Sie geht vor uns her durch den krummen Flur ihres gemieteten Bungalows auf den Hollywood Hills von Los Angeles, hockt sich vor den Schminktisch, überläßt sich wieder Teddy, dem Friseur.

Der fönt und bürstet, tuscht und tupft, tönt den Teint fahl und krank. Dabei hat sie am Tag zuvor in kalifornischer Sonne sanftes Braun bekommen, aber der schweigsame Schminker stellt am Ende seiner zwei Stunden Arbeit die Formel auf: (blond + blaß) hoch schwarzbewimpert = Hildegard Knef.

Sie kommt ins Ankleidezimmer, in der ihre Garderobe rund um die Wand an Stangen hängt. Hier ist sie am liebsten. Für die anderen Räume mit den schaurig geschnitzten Mietmöbeln vor Spiegeln und Felsbrockenwand wartet sie auf den Container mit ihrem Berliner Hab und Gut.

Sie fährt mit schlanken Händen durch Chiffon und Seide, schubst eine Boa weg und bleibt beim Yves Saint Laurent stecken. «Diese schönen Fummel sehen einfach unmöglich aus, wenn sie nur so dahängen», sagt die Knef, und wieder steigt Zorn in ihr auf, wenn sie an den «Mist» denkt, der in Deutschland über sie durch den Boulevard-Wald geistert: «Mußte es so enden. Hilde?»

60 000 Mark Schulden bei Yves Saint Laurent und 38 000 bei Balmain. Eine Frechheit. Mit Balmain sei sie bis zu dessen Tod befreundet gewesen, habe Ferien verbracht in seinem Haus auf Elba, habe stets Sonderpreise gezahlt, die weit unter

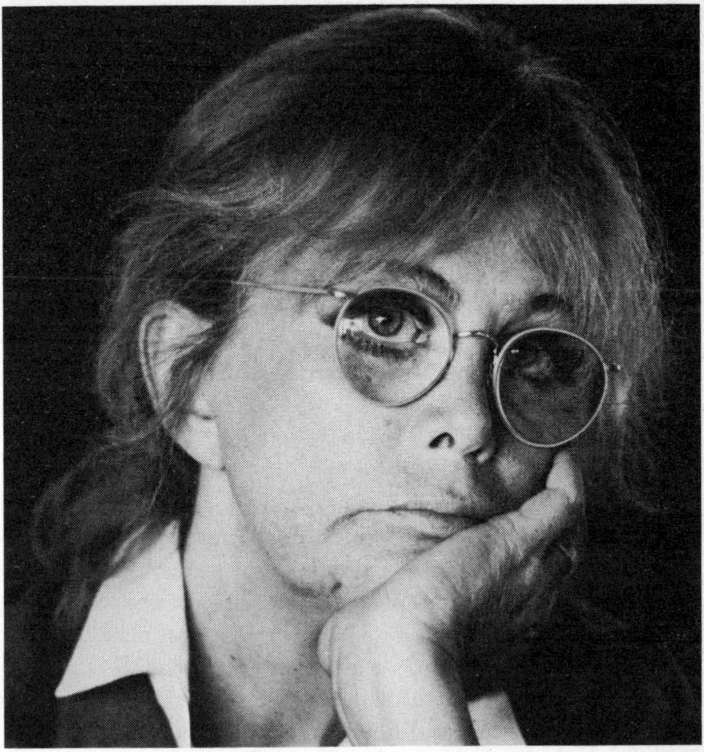

*H*ildegard Knef
im kalifornischen Exil: «Man hat mich
zum Freiwild gemacht.»

den tatsächlichen lagen. Nach Balmains Tod sei sie zu Yves Saint Laurent gegangen, der ihr bis heute Haute Couture zu Prêt-à-porter-Preisen verkaufe, und die seien siebzig bis achtzig Prozent niedriger. «Alles ist bezahlt», sagt sie. «Aber in den Gazetten werde ich zum Freiwild erklärt.»

Die Legende von den Schuldenbergen habe ihr ehemaliger

Manager Martin Biallas aufgebaut, sagt die Knef. Er habe Zahlen ausgeplaudert und gesagt: Sie flog nach Paris, um einen Hut zu kaufen. Dazu nahm sie die ganze Familie mit. Und alle reisten erster Klasse.

«Wem bin ich eigentlich Rechenschaft schuldig», sagt die Knef laut und läuft durchs Zimmer. «Niemanden geht es etwas an, wie ich nach Paris fliege, und ob mein Dienstmädchen zehn Dollar die Stunde bekommt, und ich meinen neuen Mercedes in Berlin verkauft habe und mein Mann hier einen Leihwagen hat. Ich bin Künstlerin. Und daß ich hier nicht im Luxus schwimme, wie behauptet wird, das sehen Sie ja.» Ab geht sie in die Küche, kommt mit einem Napf Hüttenkäse zurück, löffelt, schweigt.

Da sagt ihr Mann Paul von Schell sehr sanft: «Wenn du nichts sagst, Hilde, dann glauben die Leute, was andere sagen.» Natürlich seien sie in Paris gewesen. Aber nicht, um einen Hut zu kaufen. «Laurent-Hüte kauften wir in Berlin für sechs Mark aus der Fabrik», sagt er. Damals aber wurde für die Tournee eingekauft. Und die sollte immerhin zwei Jahre dauern. «Natürlich sind wir mitgeflogen», sagt von Schell. «Aber Biallas auch. Und der flog ebenfalls erster Klasse.»

Der Knef ist das alles zuwider: Unbegreiflich, daß Verleger ihre Opfer erpressen und ihre Kunden für dumm verkaufen, daß «unsagbar reiche Leute Haß schüren», nur damit die Auflage steigt. Früher, sagt sie, gab es Mäzene, heute gibt es Totengräber, die in Austernkellern böse Storys aushecken. «Diese King-Kongs der Druckerschwärze mit den Mickymausgehirnen» sind für sie Scharfrichter. «Nachts haben sie hier bei mir angerufen», sagt sie, «haben gesagt, morgen steht das und das im Blatt. Die Maschinen laufen schon. Bitte, was haben Sie dazu zu sagen.» Das sei ja, als ob früh um vier die Gestapo an die Tür donnert und brüllt: Fertigmachen zum Abtransport.

Sie hat die Nase voll. Wo die Opfer geschlachtet und die Leser zum Henker degradiert werden, da möchte sie nicht leben. «Ich bin emigriert», sagt sie. «Ich bin vor dem Pressefaschismus in Deutschland geflohen.» Der habe nämlich Folgen gehabt. Morddrohungen. «Sie werden den morgigen Tag nicht überleben.» Und die Tochter soll entführt werden. Die Knef geht mit den Briefen zur Polizei. «Muß ich die ernst nehmen?» fragt sie. «Ja», sagen die, «achtzig Prozent ja.» Also monatelang Polizeischutz. «Und immer die panische Angst: Kommt Christina heil nach Hause?» Die Knef will in Amerika bleiben. Sie hat in Kalifornien «permanent residence» beantragt. «In einem Land, wo man Zeitungen macht wie Hitlers ‹Mein Kampf›, möchte ich meine Tochter nicht aufwachsen lassen.»

Dann weint sie. Teddy, der Schminker von Hollywood, hat ihr beißende Mascara in die Wimpern gebürstet. Draußen in der grellen Sonne, wo der Pool das Licht reflektiert, sind die Tränen nicht zu halten. Sie schwemmen Puder weg, hinterlassen Rinnsale auf Starwangen. Also Pause. Und wieder tupfen und tönen und wieder raus zum Fotografen.

Sie lächelt in die Linse. Aus. Neue Tränen. Neue Reparaturen an der Maske. Und lächeln. Ruhig und diszipliniert macht sie das. Kleenex in der Rechten, Spiegel in der Linken. Das Schwarze wird zum Trauerrand um die schönen, kühlen Augen, die langsam schwellen und erröten. Egal. Sie posiert. Sie setzt auf ihr Gesicht. Es ist noch immer ein Markenzeichen. Hildegard Knef – made in Germany.

Christina kommt aus ihrem Zimmer, Tinta, die Tochter, die inzwischen größer ist als ihre Mutter. Sie hockt sich in die Sonne und erzählt von der Schule wie andere vom Urlaub, schwärmt von Lehrern und der neuen Sprache, die sie inzwischen so gut beherrscht, daß sie schon mal nach deutschen Wörtern sucht. «Die Schulen sind viel besser hier», sagt Hildegard Knef. «In Deutschland werden die Kinder ja noch nicht einmal über den Faschismus aufgeklärt.»

Wieder ist sie mitten drin in der eigenen Verletzung. Sie schlägt *Newsweek* auf, sucht die Geschichte über Norman Mailers neues Buch «Ancient Evenings». Mit welchem Respekt man über ihn schreibe! «Hier in Amerika feiert man seine Künstler eben, man verjagt sie nicht.» Und so, wie sie sich im

Gespräch in aller Bescheidenheit als Arbeitskollegin von Marcel Proust und André Gide sieht und Freundin von Henry Miller und Schülerin von Herbert Marcuse, so weiß sie sich auch in der Emigration in bester Gesellschaft: Heinrich Heine – verfolgt, Kurt Tucholsky – verjagt.

«So niedrig kann man gar nicht schießen», hat der gesagt. Das sei der wahre Satz auch für den Grund ihrer Vertreibung. Und denkt sie an Deutschland in der Nacht, ist auch sie um ihren Schlaf gebracht. Sie hat sich ihren Heine aus Frankreich für Kalifornien zurechtgestutzt:

> Gottlob, durch meine Fenster bricht
> südkalifornisches Tageslicht.
> Mein Kind tritt ein, schön wie der Morgen
> und lächelt fort die deutschen Sorgen.

Die meisten der einst verscheuchten großen Geister hätten im Exil nicht die Chance einer Klarstellung gehabt – wie sie jetzt. «In ihrem Namen spreche ich!» sagt Hildegard Knef und katapultiert sich up, up und away ins Paradies der Auserwählten.

Sie schwört, daß der Grund für all die Verleumdungen blanker Neid sei. Die miesen Schreiberlinge ertrügen es einfach nicht, daß eine gute Schauspielerin eine ebensolche Sängerin und Texterin sei und auch noch eine «große Schriftstellerin».

Warum hat sie dann eine so kümmerliche Serie über Romy Schneider geschrieben? «Ich habe dreimal abgelehnt», sagt sie. Aber dann doch geschrieben. «Weil Norman Mailer mir Mut gemacht hat.» Hat sie ihn gefragt? Nein. Aber der hat über Marilyn Monroe geschrieben, ohne sie überhaupt gekannt zu haben. Romy Schneiders Freunde, sage ich, behaupten, auch sie habe Romy nicht gekannt, allenfalls zwischen Tür und Angel, aber auch dafür gäbe es keine Belege, keine Fotos, nichts. «Natürlich habe ich Romy gekannt.» Aber über der Serie stand: «Meine Freundin Romy.» Das sei in der Tat infam, sagt sie. «Romy war nie meine Freundin.» Das sei der schwachsinnig-sentimentale Einfall der Illustrierten gewesen.

Geschrieben hat sie über die tote Romy, weil niemand hätte besser über die labile Seele schreiben können. Sie kenne sich da eben aus, sagt sie, wisse um die «Einsamkeit des Schauspielers vor der Kamera».

Wenn ihr Verständnis für gehäutete Seelen so groß ist, warum hat sie dann die folgende Szene beschrieben: Anfang 1970. Die Knef in Amerika. Promotion-Reise für den Bestseller «Der geschenkte Gaul». Anruf der Assistentin von Dick Cavett. Man möchte sie zur Talk-Show laden, muß aber, bitte schön, zuvor ihr englisches Vokabular testen. Warum? Romy Schneider war kürzlich in der Sendung. Sie hat in fünfzehn Minuten nur dreimal «yes» gesagt. Und das noch am falschen Platz. Cavett mußte das Gespräch unterbrechen. Solche Pannen möchte man vermeiden. Drum die kleine Sprachprüfung – und der Talk wird natürlich ein Erfolg.

Zurück in Deutschland ruft sie Harry Meyen an, damals Ehemann von Romy Schneider. Dem erzählt sie die Geschichte. Romy, sagt sie lachend, hat erreicht, daß jeder Fremdling jetzt getestet wird. Auch Meyen, so schreibt sie weiter, muß lachen. Findet das offenbar auch komisch und ruft: «Moment mal», und erzählt Romy, die im Hintergrund sitzt, kichernd die «Posse». Und durchs Telefon hindurch hört Hilde Knef nur noch eine wütend zugeworfene Tür. Himmel, schreibt sie, sie hatte ja ganz vergessen, daß Romy «fern von Selbstironie» war.

Ich sage der Knef, das sei eine wirklich böse Geschichte, und frage, ob sie die Schneider am Ende vielleicht gehaßt hat?

Da sieht sie mich fassungslos an. Ich sei ja genauso humorlos. Ob ich denn den Witz nicht begriffen hätte? Witz? Nein.

Weil *sie* getestet wurde, die Knef. Ausgerechnet *sie*, von der man in Cavetts Redaktion doch wissen mußte, daß sie lange in New York gelebt hatte und am Broadway gefeiert wurde.

Das ist Egomanie. Und auf ihrem Ego reitet die Knef wie der Teufel auf der armen Seele. Ihre Zügel sind ihre rohen Nerven.

Sie ist vor allem sanft, wenn sie ihre Wahrheit verkauft. Sie redet sich in einen Strudel, wenn sie Gerüchte widerlegt. Sie erzählt Geschichten in Variationen. Sie sagt: So ist das. Denn sie will, es soll so sein. Sie sagt: «Ich habe nie gesagt, ‹Ich hasse die Deutschen›. Das ist eine Diffamierung meiner Intelligenz.»

Es soll den Satz aber auf Tonband geben. «Dann habe ich vielleicht gesagt: ‹Ich hasse alle deutschen Curry-Buden›, und man hat den Rest dann weggeschnitten.» Sie mag keinen Widerspruch. Zitiert man einen, der es anders weiß, fragt sie scharf: «Wer ist das? Kenn ich nicht.»

Sie spricht von der letzten Tournee wie vom Zenit einer Karriere. Sie verdrängt das Desaster. Sie sperrt die Kritik aus wie einen räudigen Hund. «Mein schärfster Kritiker», sagt sie, «bin ich selbst», und öffnet damit Schmeichlern Hirn und Herz. So lebt sie in der dünnen Luft aller Diven, die einst auf dem Olymp gesessen, lebt von Nektar und Ambrosia, von Lob und von Applaus. Das Profane verschwindet im Aschkasten der Sterblichen. Vielleicht sollten die Lieblinge der Leinwand wie einst die römischen Kaiser einen Jüngling hinter sich haben, der ihnen im Triumph zuflüstert: «Bedenke, daß du sterblich bist.»

Denn nach Hosianna-Rufen will die Masse kreuzigen. Und kein Nachkriegsstar ist besser geeignet für den Höllensturz als Hildegard Knef: Sie, die erste Nackte im deutschen Kino, die erste, die am Broadway triumphierte, die eigene Lieder sang, die Memoiren schrieb mit Millionenauflage, die ihren Krebs zu Markte trug und immer frecher und witziger war als die anderen.

Sie sitzt am Boden und hat lauter Zettel auf dem Sofa ausgebreitet. Merkzettel. Sie hat ihre Haare jetzt im Nacken gebündelt, die Augen sind nur noch wenig geschwärzt, der Pony steht struppig über der Stirn. Sie hat die große Sonnenbrille mit dem verrückt geschwungenen Bügel abgelegt, hat eine kleine, runde, intellektuelle aufgesetzt. Sie sieht sehr schmal aus, sehr fremd, sehr gut.

Paul von Schell bringt Saft und Drinks und Käse und Crackers, Christina macht Schulaufgaben, Mathematik mit links, Latein etwas langsamer. Es ist kompliziert, sagt sie, eine

Sprache in eine andere zu übersetzen, in der man noch nicht denkt. Die Knef raucht. Aber der Kaugummi liegt schon auf dem Tisch, mit dem sie sich vom nächsten Tag an die Zigaretten abgewöhnen will.

Ist sie schon einmal auf einer Demonstration gewesen? «Ja, in New York. Gegen die Diffamierung der Homosexuellen.» Welche Tugend besäße sie gern? «Die Tugend der Gleichgültigkeit.» Sie korrigiert sich, sagt: «Die Untugend der Gleichgültigkeit.»

Und über welches Thema würde sie gern in einer Kirche predigen? «Über die mangelnde Demut der Menschen.» Erinnert sie sich an ihren schönsten Fan-Brief? Ja, er kam vor kurzem. Ein Student schrieb, er gehöre zu einer Generation, die die Knef neu zu entdecken bereit sei. Doch nun habe sie Deutschland verlassen, sie, das Opfer der Boulevard-Presse.

Die Verletzung scheint tiefer und schlimmer als all ihre Krankheiten zu sein, auch wenn sie immer wieder sagt: «Es geht nicht um meine Person, sondern um die Millionen Betrogenen.» Es geht natürlich um sie. Denn die Millionen Betrogenen würden sich erst recht betrogen fühlen, wenn man sie um ihre schönen Schauermärchen brächte – egal, wie unwahr sie sind.

Kann sie den Unterschied zwischen einer Aktie und einer Obligation erklären? «Nee», sagt sie und lacht schallend. «Ich bin finanziell einer der unbedachtesten Menschen, die auf Gottes weiter Welt herumlatschen.» Das hätte sie gemein mit Mozart, Proust und Modigliani. Darum sei auch sie immer wieder betrogen worden. Während sie auf der Bühne sang, während sie mehr Text sprach «als Hamlet im ganzen Stück», hatten die Parasiten Zeit, sie auszunehmen. Martin Biallas, ihr letzter Manager, sei halt auch einer von denen.

Warum hat sie damals, 1980, mit dem Einundzwanzigjährigen die Tournee gemacht? Weil er etwas wagte, sagt sie, weil er hungrig war und Mut hatte, weil er ihr mehr bot als andere, nämlich 9000 Mark pro Abend. Und wieviel hat sie bekommen? «Nicht einmal die Neun. Geschweige denn die Nullen.» Paul von Schell korrigiert sie. «Für den ersten Abend hat er symbolisch gezahlt. Dann nicht mehr.» Sie hat also außer einer Abendgage keinen Pfennig für die ganze Tournee bekommen? «Keinen», sagt sie. «Aber ich bin Gott sei Dank nicht pleite.» Dabei habe sie Biallas sogar noch Geld geliehen, damals, in Amsterdam, als er nicht mehr zahlen konnte, als die Tournee zu platzen drohte. Wieviel? «Eine Viertelmillion.» Sie hat gegen Biallas geklagt. Laut Urteil des Landgerichts Berlin vom 14. Januar 1983 unter der Nummer AZ 30 235/82 muß Biallas 250 000 Mark an Hildegard Knef zahlen.

Und warum behauptet er weiterhin stur, sie schulde die Viertelmillion? «Er benimmt sich eben wie eine Ratte in der Ecke», sagt sie, «und die beißt.»

Wir fahren in die Stadt hinunter, fahren den Sunset Boulevard entlang, gehen einkaufen. In Schwab's Drugstore verlangt die Knef nach einem bestimmten Schmerzmittel. Sie bekommt es nicht. «Nur auf Rezept», sagt die Verkäuferin.

Am Grauman's Chinese Theatre, wo alle Großen Hollywoods ihre Fuß- und Handflächen in Gips gedrückt haben, geht sie für den Fotografen in die Knie. Sie legt die Hände in die Form von 1951. «Hildegarde Neff», steht da schräg über Rita Hayworth. «Knef» können die Amerikaner nicht aussprechen.

Ein paar betagte Damen grüßen sie, wühlen nach Papier für Autogramme. Eine einbeinige Farbige auf Krücken fotografiert. Die Knef ist gerührt. Sie nimmt sie in den Arm, küßt sie.

Im Supermarkt kauft sie ihre Lieblingsbonbons. Jelly beans und Hüttenkäse.

Woran die Knef im Augenblick arbeitet, will sie nicht sagen. Sie schreibt. Aus. Aber sie hofft nicht – wie es überall heißt – daß ihr «Geschenkter Gaul» am Broadway als Musical erscheint. Dabei lag ein Angebot vor. Die Manager Crowe und Levy wollten einen rasanten Nazi-Porno aus ihrem ersten Buch machen. Das wollte sie nicht.

«Ich hätte Millionen damit verdient», sagt sie. «Aber ich werde doch nicht die Deutschen im Ausland verkaufen.»

Alberto Moravia

Die Lust an der Revolte

Er hinkt die Wendeltreppe herunter. Er ist schlank, fast schmal, trägt blaue Jeans zu kariertem Hemd und nackte Füße in Sandalen – Alberto Moravia im Urlaub. Aber das Gesicht ist nicht im Urlaub; es ist gespannt, verkniffen, wirkt nervös, mit den zwei Furchen um Mund und Nase. «Was trinken Sie?» fragt er. Kaffee. Er hinkt quer durchs Zimmer in die Küche seines Urlaubshauses in Sabaudia bei Rom. Er sagt, daß wir Kaffee wollen, er aber nichts, hinkt zurück, öffnet das Fenster weit, daß der Meerwind die Gardinen bauscht, stützt sich mit den Armen aufs Polster des Korbsofas, läßt sich nachfallen, sagt: «Bitte fragen Sie», und das klingt so, als würde er sich lieber ohne uns langweilen.

Alberto Moravia ist seit fünfzig Jahren Italiens aufregendster und umstrittenster Romancier. 1929 betritt er die Literaturszene mit «Die Gleichgültigen». Sie werden zu einem Sexualskandal aufgebauscht.

«Dabei war es ein völlig keusches Buch», sagt er. Ein Buch, in dem er die feine, fade, mürbe italienische Gesellschaft, die dem Faschismus den roten Teppich ausrollt, attackiert und analysiert.

Sein letzter Roman kommt 1978 heraus. «Desideria». Wieder gibt es einen Skandal. Vierzehn Katholiken erheben Klage gegen dieses «Machwerk sexueller Perversion», und Donata Massimo Bartolomei, der Staatsanwalt der Stadt L'Aquila, ordnet Druckstopp und Beschlagnahme des Buches in ganz Italien an – wegen «widerwärtiger Obszönität».

Stört Moravia der Vorwurf der Pornographie? «Ja. Weil er mich vulgär macht.» Und weil ihn Pornographie überhaupt nicht interessiert. Sexualität, sagt er, ist für ihn eine Erklärung. In einer Zeit, wo das Wort versagt, wird die Pornographie zur

Ersatzsprache. «Mit Lust hat das in meinem Roman überhaupt nichts zu tun.»

«Desideria» ist jetzt verfilmt worden, die Geschichte eines schönen Mädchens aus reichem Hause, das die Stimme der Revolution hört, eine Stimme, wie sie Jeanne d'Arc einst gehört hatte.

«Desideria» beichtet ihre Lust auf Protest und Revolte gegen die unersättliche Gesellschaft, die sprachlose und ewig besitzergreifende. Sie beichtet Schuld und Laster, Gewalttaten und den Sturm auf die Heiligtümer der Bourgeoisie. Als sie merkt, daß auch die Revolution im Pantoffel steckt, als der Terrorist, dem sich die Jungfrau Desideria sprachlos ergibt, sie unter die muffigen Fittiche seiner Mutter schieben und ihren Revolver mit dem Besen tauschen will, da bäumt sie sich auf gegen die Stimme, gegen Revolution und Terror und erschießt schließlich den Verführer.

Die proletarische Klasse ist für Desideria ein Mythos. «Aber Mythen», sagt Alberto Moravia, «sind nicht die Wirklichkeit. Sie sind immer desillusionierend.»

Nein, bei den Filmarbeiten war er nicht. «Der Autor kann dem Regisseur nicht reinreden.» Das Drehbuch fand er ganz gut. Aber eines störte ihn. Die Stimme fehlt, die Stimme, die Desideria hört.

Er drückt beide Hände in die Kissen, hebt sich schwerfällig, dreht sich langsam, läßt sich wieder sacken, legt die nackten Füße auf den Holztisch, sagt: «Ich habe gelernt, was Schmerz ist», und erzählt von seiner Krankheit.

Er bekam sie mit acht: Knochentuberkulose. Fünf Jahre hat er im Bett gelegen. Übriggeblieben sind eine kaputte Hüfte und ein zu kurz gebliebenes Bein.

Die Mutter und der jüdische Vater, die Pincherle hießen und als Architekten in Rom zur feinsten Gesellschaft zählten, füttern Alberto mit Literatur. Mit acht liest er Homer, mit neun Shakespeare, mit elf Dostojewski, mit vierzehn Rimbaud, Freud, Schiller, Thomas Mann; ein Tag – ein Buch.

Kennt er noch ein Gedicht auswendig, eins von Rimbaud,

dem Dichter der Revolte? Da lehnt Moravia sich weit zurück, lächelt zum erstenmal entspannt und deklamiert auf französisch:

> J'ai perdu ma vie . . .
> Ich habe mein Leben verloren,
> Ach, wenn doch die Zeiten entstünden,
> Die uns zur Liebe entzünden . . .

Er spricht es schnell, kennt jede Zeile, skandiert die Verse von Furcht und Leid:

> Zum Himmel verschwunden.
> Und der Durst, der ungute
> Dunkelt in meinem Blute . . .

Ja, Rimbaud den hat er immer gemocht, geliebt, er kennt all seine Gedichte, aber dieses, das er eben zitiert, das hat ihn begleitet sein Leben lang.

Wann hat er zum erstenmal daran gedacht, Schriftsteller zu werden? «Längst vor der Krankheit», sagt er und erzählt, daß er schon mit fünf Jahren die tollsten Geschichten laut deklamierte: Märchen, Sagen, Abenteuer, Variationen auf alles, was die Eltern ihm vorgelesen hatten.

Daß Alberto Pincherle seinen ersten Roman, den er mit sechzehn beginnt und mit zweiundzwanzig herausbringt, schon unter dem Namen Moravia publiziert, hat seinen Grund. Die Eltern haben damals gerade eine üppige Erbschaft gemacht, dürfen sie aber nur antreten, wenn einer der Familie sich mit dem Namen des Verblichenen schmückt. Und der heißt Moravia.

Der junge Schriftsteller hat im Faschismus keine Chance. Mussolini liest seinen zweiten Roman «Gefährliches Spiel», liest «Die Maskerade», eine Satire auf einen Diktator. Der Diktator Mussolini verbietet die Bücher.

Das bedeutet soviel wie Schreibverbot. Moravia verläßt Italien für ein paar Jahre, geht nach Frankreich, England,

Griechenland, in die USA und nach China, arbeitet für Zeitungen. 1943 kehrt er nach Italien zurück. Es beginnt die Zeit, in der er wirklich arm ist. Ab 1950 verdient er dann mit seinen Büchern. Und er zitiert Stendhal: Hat man zuviel Geld oder zuwenig, denkt man dauernd dran. Man muß soviel haben, wie man braucht, dann denkt man an was anderes.

Aber er mit seinen Millionenauflagen hat doch eher zuviel?

«Vielleicht», sagt Moravia. «Aber ich arbeite heute noch wie ein Zwanzigjähriger. Möglich, daß ich morgen schon mein ganzes Geld für Ärzte ausgeben muß.»

Seit 1925 schreibt Moravia jeden Tag, auch sonntags, auch

Alberto Moravia langweilt sich tödlich, wenn er nicht schreibt; auch im Urlaub in Sabaudia.

feiertags. Immer. Er schreibt von acht bis elf. Manchmal bis zwölf, trinkt eine Tasse Kaffee dazu, und das Rauchen hat er sich schon vor zwanzig Jahren abgewöhnt. Er hat noch nie am Nachmittag geschrieben, noch nie in der Nacht. Früher hat er nur mit der Hand geschrieben, dann nur mit der Maschine, heute mal so, mal so. Wenn er schreibt, stört ihn jedes Geräusch. Er braucht absolute Ruhe für absolute Konzentration.

Seinen ersten Roman hat er ohne Punkt und Komma geschrieben. «Nur mit Rhythmus.» Dann hat er sich das Ganze laut vorgelesen und dabei die Zeichen gesetzt.

«Ich schreibe alles mit der Stimme nieder.»

Mit welcher Stimme?

«Der inneren.»

Der einer Muse?

Er lacht, sagt ein Beispiel, zitiert Proust, «Swanns Welt»: «Lange Zeit bin ich früh schlafen gegangen.» Das «ich», sagt Moravia, ist nicht Proust. Nicht er geht da früh ins Bett. Es ist eine Stimme, die sagt wie die Figur sein soll, die der Schriftsteller zeigen möchte.

Und wenn er die drei, vier Arbeitsstunden hinter sich hat, was tut er dann?

«Dann langweile ich mich bis zum nächsten Morgen – tödlich.» Aber die Langeweile, die *noia*, ist ein «notwendiges Gift», ohne das für ihn keine Kunstwerke entstehen. In der Langeweile liest er, liest Robbe-Grillet, Handke, Nathalie Sarraute, auch Grass, «auch mittelmäßige, auch mediokre Bücher», liest Zeitungen, geht oft ins Kino, sieht selten fern, schreibt kein Tagebuch und nie Briefe. «Moravias gesammelte Telefonate», sagt er, «die wären ganz interessant.» Doch die hat niemand mitgeschnitten.

Moravia hebt nichts von sich auf. Keinen Artikel, kein Foto, auch nicht die eigenen Bücher. Wenn er ein neues geschrieben hat und der Verleger Exemplare schickt, verschenkt er sie oder wirft sie fort. Er schmeißt auch alle Bücher in den Müll, die ihm täglich geschickt werden, politische Broschüren, Romane, Gedichte. «Da ist wieder so ein Stapel», sagt er und zeigt auf einen Bücherhaufen an der Tür. «Weg damit, man soll sich nicht belasten.»

Kennt er denn von seinen eigenen Büchern, die er nicht mehr besitzt, wenigstens noch die Anfänge?

«Da muß ich nachdenken», sagt er und sagt ohne nachzudenken: «Mein Name ist Desideria. Ich hatte eine Stimme.»

Dann fällt ihm genauso schnell der Beginn seines witzigsten Romans «Ich und Er» ein, das Wortduell zwischen dem Hirn eines fünfunddreißigjährigen Mannes, klein, kurze Beine, kahler Schädel, und dem unerträglich einsatzfreudigen, fleischgewordenen Trieb desselben kleinen, kahlen

Mannes. Sex als Widersacher des Geistes und der Geist ist selten Sieger.

Dann muß er schon nachdenken. Doch, den Anfang von «La Noia» weiß er noch: «Ich erinnere mich genau, wie das war, als ich aufhörte zu malen.»

Malen, sagt Moravia, zieht er jeder Kunstart vor. Kann er seinen Schreibstil mit dem eines Malers vergleichen? Vielleicht mit dem des zeitgenössischen Malers Francis Bacon, sagt er. Er selbst hat in seinem Leben nur Köpfe gezeichnet. «Nur Köpfe, nie Körper.»

Er drückt die Arme in die Kissen, stemmt sich hoch, steht auf, hinkt die Treppe hoch, kommt mit Köpfen zurück, mit bärtigen Gesichtern, die Dreiecksnasen haben und Wulstlippen oder Strichmünder. Daß er kein Maler ist, findet er ziemlich bedauerlich. Maler können unpolitisch sein. Schriftsteller müssen immer gleich Stellung beziehen. Dabei ist er kein Voltaire, kein Sartre, er glaube nicht daran, daß ein Gedanke die Welt verändern kann. «Sartre ist sein ganzes Leben lang immer vom Himmel herabgestiegen», sagt er. Für Moravia ist Politik ein Beruf. Fahndung nach dem Möglichen. Nicht Suche nach dem Absoluten.

Bei den italienischen Parlamentswahlen 1976 bot ihm die KPI eine Kandidatur für den Senat an. Er hat abgelehnt. «Ich bin kein Kommunist», sagt er. Moravia ist Marxist. Denn der Marxismus basiert für ihn auf der Befreiung der Freiheit. Die Sowjets haben die Russische Revolution vergewaltigt. Und an Stalin denkt Moravia mit Schaudern. Daß er zu den italienischen Kommunisten eine «ästhetische Beziehung» pflegt, liegt einfach daran, daß sie für ihn nicht so nationalistisch denken und vor allem weniger spießig und provinziell sind als die Vertreter anderer Parteien in seinem Land.

1976 war Moravia auf dem Schriftstellerkongreß in Moskau. Er wollte keine Rede halten, hatte keine Lust, zum sozialistischen Realismus Stellung zu nehmen. Aber der Präsident sagte, er müsse eine Rede halten. Da sei er aufgestanden und habe vor der ganzen Versammlung gesagt: sie kennten keinen

Proust, keinen Joyce, keinen Kafka, und Freud sei bei ihnen kein Psychoanalytiker, sondern ein simpler Sexologe. Und von all diesen Schriftstellern sei bei ihnen nicht einer übersetzt. Das sei eine Schande. Sie lebten noch immer im 19. Jahrhundert, lebten in der Welt von Tolstoj.

«Das war ein Skandal», sagt Moravia. «Die Schriftsteller haben geklatscht und der Präsident hat mich beschimpft. ‹So eine Rede›, hat er gesagt, ‹hält man im Wirtshaus. Aber nicht auf diesem Kongreß.›»

Ob er Lust hätte, Breschnjew zu interviewen?

Nein, er hat überhaupt keine Lust mehr, die Großen dieser Welt zu befragen. Er hat es ja getan, hat Pasternak in Moskau interviewt, Nehru, Tito, Arafat in Damaskus, der war «so, so», nicht ganz so langweilig, aber eigentlich sind sie alle eine Enttäuschung gewesen. «Man sitzt sich gegenüber, man sieht sich an, und dann kommt nichts.» Sie sind programmiert, sind Formeln, laufen ihrem Bild immer nur hinterher. «Mit Tito habe ich wenigstens gut gegessen.»

Da schlägt er sich lieber mit seinen Romanfiguren herum. Träumt er von ihnen?

«Nie. Aber während des Tages, wenn ich nicht schreibe, schleichen sie schon mal um mich herum.»

Hat er schon einmal Drogen genommen? «Genug», sagt er. «Morphium. Gegen meine Schmerzen. Es war angenehm.»

Und daß sich junge Leute heute mit dem Zeug umbringen? «Ich habe nichts dagegen. Drogen sind Ausflüchte für gewöhnliche Menschen. Künstler brauchen keine. Sie haben ihre Welt, in die sie fliehen können.»

Weiß er, wie teuer ein halbes Pfund Butter ist?

Moravia lacht, daß die schönen braunen Augen das ganze Elend der zwei schmerzverzerrten Falten um den schmalen Mund vergessen lassen.

«Ich bin nicht weltfremd», sagt er. «Ich habe erst vorhin eingekauft.» Ein halbes Pfund Butter? Er dividiert murmelnd etwas, sagt «1100 Lire». Und erzählt, daß er sich drei Jahre in Venedig selbst versorgt hat, Wohnung geputzt, Bett gemacht und jeden Tag gekocht. Kein Fleisch, das mag er nicht, und keine Makkaroni, aber Fisch und vor allem Gemüse. Morgens braucht er kaum etwas. Ein Tee und ein Joghurt, das genügt, und abends nur Brot und Obst.

Wenn er eingeladen ist, ißt er gern und gut, mit Pasta und allen Gängen. «Italien», sagt er, «ist ein Land der Freunde und Familie.» Zu Freunden geht er gern. Ein Freund war Pier Paolo Pasolini. «Mehr noch, er war ein Bruder.»

Und er erzählt von Pasolini, dem Dichter, dem Regisseur der «120 Tage von Sodom», der 1975 am Strand von Ostia erschlagen wurde. Er hat über dessen Tod viel nachgedacht. Ein vorsätzlicher Mord scheint es ihm nicht gewesen zu sein. Es war wohl eine schlimme Prügelei, die tödlich endete. Pier Paolo habe einfach nicht begreifen wollen, daß die Strichjungen aus dem Untergrund voll Haß und Aggression waren. Stieg da so ein steinreicher, feiner, weltberühmter Römer in ihre Kreise hinab. «Er mußte mit dem Leben dafür bezahlen, daß er sich in eine Gesellschaft begab, der er nicht angehörte.»

Wir nehmen Moravia mit in den nächsten Ort, nach Sabaudia. Seine Frau und ein paar Freunde warten dort auf ihn. Die Sonne ist untergegangen. Aber die Hitze brütet. «Hier können Sie halten», sagt Moravia, lächelt, steigt aus und hinkt langsam über den Dorfplatz davon.

Horst Janssen

«Allein bin ich gut, zu zweit eine Katastrophe»

Wer hat Angst vorm Zeichner Janssen? Er empfängt niemanden. Er gibt keine Interviews. Seit Jahren nicht. Er mag keine Frager. Keine Fremden. Er schmeißt alle raus. Trotzdem soll ich am Mittwoch kommen. Um elf Uhr. Ratschläge von allen Seiten: Ich soll jeden Satz von ihm lesen und jeden von Humboldt und jeden von Thomas Mann. Ich soll seine Bilder studieren, witzig fragen, zurückhaltend sein und aggressiv. Ich soll damit rechnen, erschossen zu werden – eventuell.

Horst Janssen wohnt in Hamburgs Nobelgegend Blankenese in einem winkeligen, leicht verwitterten Haus mit Hang zur Elbe direkt am Wald. Die Sonne scheint, die Tür ist offen. «Kommen Sie rein», ruft er, «das Haus gehört Ihnen!»

Da steht der Zwei-Zentner-Koloß. Blauer Bademantel über weißem Oberhemd. Haare wirr, Kragen hoch, Ellipsenbrille mit Sprung im Glas. Und das von schütter emporsteigendem Gelock eingerahmte Gesicht ist die Kraterlandschaft, die er in Hunderten von Selbstbildnissen seziert hat. Er geht auf Socken und hinkt zum Erbarmen. «Ich bin gestern aus dem Fenster gesprungen», klagt er. «Ich wollte einigem Jungvolk da draußen das Tischtennisspielen beibringen.»

Er humpelt zum Plattenspieler. «Was wollen Sie hören? Horn oder Flöte?» Er hebt einen Mozart auf, wischt den Staub mit dem Ärmel ab, säubert den Saphir mit einer alten Zahnbürste, legt die Platte auf, greift zum Korn und sagt: «Kommt jemand, an den meine Physis nicht gewöhnt ist, muß ich mich auf – sagen wir mal polizeilich 0,5 – rauftrinken. Sicherheitshalber. Weiß ich, was das wird, was da auf mich zukommt?»

Er kommt 1929 in Hamburg zur Welt. Als die Mutter – «Wer mein Vater ist, weiß ich nicht» – 1941 stirbt, holt Tantchen ihn zu sich. Er geht auf die Napola, auf die staatliche Kunstschule, ist Schüler von Alfred Mahlau. Und Tantchen trinkt, und er lernt es von ihr, denn was er trinkt, kann Tantchen nicht mehr trinken.

1951 eröffnet er eine Kneipe, macht Holzschnitte, und «dann kam die Liebe, die mich, bevor noch recht erblüht, ins Gefängnis brachte». Er hat im Rausch seine erste Leidenschaft mit dem Messer angefallen. Eifersucht. Das macht sieben Monate mit Bewährung. «Allein bin ich gut», sagt er, «zu zweit bin ich eine Katastrophe. Ich kann nicht allein sein.» Dann kommt die Zeit des ersten Ruhms. Er zeichnet. Jeden Tag. Er macht Gedichte. Jeden Tag eins.

Janssen hatte wieder seinen bösen
Beelze-Tag
wo er absolut nicht dösen
oder schlafengehen mag.
Resultat: 2 Freunde schmollen
ein, zwei Wochen.
Janssens Knie ist angeschwollen
fast gebrochen.

Er lebt damals mit seinem Freund, dem Galeristen und Kunsthändler Brockstedt und dessen Frau Maria zusammen. Freunde gehen ein und aus. Wer betrunken ist und umfällt, kommt in die gefüllte Badewanne.

Sie machen wilde Autofahrten. Einer sagt: «Die nächste Kurve erkennen wir nicht an.» Und fahren geradewegs hinein in Büsche und Bäume. Immerhin, sie leben noch.

Und dann will Maria Brockstedt mit Janssen nach Paris fliehen und ihn berühmt machen. Er ist einverstanden. Verkauft ihrem Mann für 10 000 Mark seinen Dachboden. «Und ich ab mit Maria zum Flughafen.»

Sie essen Forelle blau mit Radieschen. Aber fünfzehn Minuten vor Abflug der Maschine sagt er ihr: «Ich muß mal.» Rast raus, ins Taxi, zurück zu Brockstedt, knallt ihm die restlichen 9500 Mark auf den Tisch. Sagt: «Ich will nicht nach Paris.»

Janssen bleibt in Hamburg und zieht in die Warburgstraße 33. Er heiratet Verena, eine Enkelin des Reichskanzlers von Bethmann Hollweg, er bekommt einen Sohn, Philip, für ihn schreibt er Märchen, er zeichnet für ihn, er dichtet für ihn:

Tausend Füße
tausend Grüße
von deinem Vater
tausend Mark später
weil er nicht beichtet
sondern zeichnet

Der Ruhm kommt. Brockstedt arrangiert Ausstellungen, die Kestner-Gesellschaft in Hannover veranstaltet 1965 mit 180 Werken die erste Gesamtausstellung, die Janssen in Gummistiefeln eröffnet. Ein Jahr später teilt er sich mit dem Lithographen Paul Wunderlich den Kunstpreis von Hamburg. Die Senatoren der Hansestadt rümpfen die Nase. «Das ist doch der, der immer seine Frau verprügelt.» Jetzt steigen die Preise. Die Fünfzig-Mark-Holzschnitte klettern auf das Zwanzigfache. Radierungen in kleinen Auflagen kosten schon 500 Mark. Zeichnungen kommen gar nicht mehr an die Öffentlichkeit. Janssen verschenkt sie an Freunde und an Parasiten. Und die hüten sich, sie zu verkaufen. Sie horten sie.

Der Bürgerschreck, der Exzentriker, der Zwei-Zentner-Zeichner mit der zarten Feder ist gesettled. Aber die Frau läuft ihm fort. Es kommen Gesche und Birgit Jacobsen. Auch sie gehen wieder. Es kommt der Schiller-Preis. Es bleibt die Berühmtheit.

Und da sitzt er jetzt in der Eremitage an der Elbe im Fellstuhl an seinem Arbeitsplatz, der überschwemmt ist von Tuben, Stiften, Dosen, Tassen und Gläsern mit welken Veilchen. Und vor ihm hängt ein toter Vogel mit ausgebreiteten Schwingen, den er, Gott-Janssen, auf vergilbtem Papier wieder zum Leben erweckt.

Horst Janssen ist Europas begabtester Zeichner. Er muß

nicht mehr verglichen werden, nicht mit Rembrandt, nicht mit Picasso. Janssen ist Janssen.

Ich frage nach seinem neuen Buch, nach den «Kopien», frage nach der Verdauung des In-sich-Hineinfressens von Kultur, frage nach Gott und der Angst und dem Tod. Und er brüllt mich gewaltig an, und ihm schwellen die Adern: «Verdammt, schreiben Sie doch, Janssen sei ein Irrtum der Natur! Oder wenn Sie schon fragen müssen, dann tun Sie doch wenigstens so, als sei ich Heinrich Mann! Claro?»

Also frage ich ihn, warum er den «Professor Unrat» geschrieben hat. Und er brabbelt, das habe doch nichts mit ihm zu tun. Aber ich sage, doch, gerade da seien erotomanische Parallelen, und er kichert und ist zufrieden mit der Version, daß Heinrich Mann seinen Roman geschrieben haben könnte, weil er auf diese Weise erfuhr, welche Farbe die Strumpfbänder von Marlene Dietrich haben. Und dann redet er, raucht weiter an seinen täglichen achtzig bis neunzig Filterzigaretten, trinkt weiter am Korn, zitiert Humboldt und Heisenberg und Newton. Und daß er Rembrandt nicht kopiert, hat seinen Grund. «Sein göttlicher Schlendrian ist mir zu nahe», sagt er, «den kopier ich nicht.»

Janssens Haus ist zusammengehalten von Janssen-Stilleben: ein Spinnengewebe überm Sekretär, ein paar Knöpfe auf der Konsole, eine tote Ratte am Haken der Tür. Alles Profane im Hause Janssen ist von der Kunst berührt. Skizzen auf jedem Fetzen Papier, auf jeder Streichholzschachtel. Und in der Küche liegt ein geköpftes Schwanenei, auf das er sein Bildnis gezeichnet hat.

«Es ist das Selbstporträt, was mich ja seit dreißig Jahren begleitet. Das nehme ich nicht als Janssen, sondern als Stilleben. Das sind die ernsthaften Zeichnungen. Dann gibt es die zweite Kategorie. Ich kenne natürlich meine Fresse ebenso wie Rembrandt, und ich schrubbe sie runter, halb im Spiegel, halb in Selbstgefälligkeit. Und dann gibt es die dritte Kategorie. Ich darf, wie der alte Hokusai, mein Selbstporträt zur Chiffre machen. Es ist mein Stempel.»

Er lebt wie Arno Schmidt und Ezra Pound, wie Heine oder Keller, stets im Dreiklang Gott, dem Ich und dem Du. Er lebt in völliger Unabhängigkeit von Äußerlichkeiten und bürgerlichen Ordnungsvorstellungen. Die Sauberkeit, die Klarheit hat er wie sie im Wort, im Text, im Gedicht, in der Zeichnung.

Horst Janssen steht morgens um fünf Uhr auf, schreibt einen Liebesbrief und macht eine kleine Zeichnung, die etwa zwanzig, dreißig Minuten dauert. «Danach kommt der Profikram», sagt er.

500 Selbstbildnisse, 10 000 Zeichnungen: nackte Mädchen, Kopien der alten Meister, Landschaften, Spitzmaulfrösche, Schachteln, Wespen, Blüten, Bleistifte. Zeichnen bedeutet für Janssen höchstes Vergnügen. Keine seiner Zeichnungen ist ohne Widmung – und wenn er sie dem Wasserzeichen auf dem Blatt vermacht.

Anregungen bekommt er im Handumdrehen. Da ist eine bombastische Komposition von Füssli, eine Reminiszenz an Caravaggio, Architektur von Piranesi «so als Vorlage für die nächste Sehnsucht», da ist ein Grinsen von Breughel, eine Maske von Goya, ein Aphorismus von Lichtenberg, Falten im Auge, die letzten, lockeren Zähne im Gesicht.

«Aber fangen Sie um Gottes willen nicht an, mich zu interpretieren! Es kommt bei der Journaille doch nur ballaballa dabei heraus.» Wer seine Bilder begreifen will, der soll bei ihm selbst nachlesen, in seinen Reden, seinen Aufsätzen, seinen autobiographischen Geschichten und im «November», der Elegie eines sehr sinnlichen Menschen auf den Tod.

Fünfundsiebzig Prozent aller Arbeiten macht Janssen fürs Volk. Er sagt: «Ich war elf, als ich wußte: Was das Volk will, kriegt es. Immer.»

Der Rest ist Janssen. Und allein mit diesem Rest könnte er Millionär sein. Aber was tut er? Er verschenkt die Originale an seine Freunde. «Pfundweise», sagt er, «liegen sie bei ihnen unterm Bett.»

Wie viele Janssen-Zeichnungen könnte sich Janssen heute kaufen? Wenn er sich ruinieren wollte, sagt er, zwei. Denn zwei seiner großen Zeichnungen kosteten 14 000 Mark, und er hätte im Moment nur dreizehn.

Dafür gehört ihm die Klause an der Elbe. Er hat sie Ende der sechziger Jahre für 50 000 Mark erworben und ist mit den Möbeln aus der Warburgstraße in der S-Bahn umgezogen. Tantchen legte sich damals zum Sterben. Weil sie nicht mitdurfte. Das Haus war zu klein. Und Janssen hatte Frau und Kind.

Die paar Bauernhäuser, die er sich dann später in Dithmarschen kaufte, hat er wieder verschenkt. An seine Frauen. «Ich brauche nur Schnaps, Zigaretten, Quark und Tee.»

Hartmut Frielinghaus besorgt ihm das Nötigste. Der Maler, Holzschneider und Janssen-Drucker kommt täglich bei ihm vorbei. Für Botengänge sind die acht Taxifahrer vom Blankeneser Bahnhof da. Janssen wählt die 86 06 02 und gibt seine Bestellung auf: zwei Schampus, eine halbe Flasche Korn, eine Tafel Schokolade, Vollmilch Nuß, und Kekse, die weichen, die man ohne Zähne zermalmen kann. In Null Komma nichts sind die Fahrer da. Ihr Trinkgeld ist fürstlich. Meist ein Drittel des Gesamtpreises. 4000 Mark gehen auf diese Weise im Monat weg.

Janssen liebt die Idylle, in der er lebt. Was draußen los ist, erfährt er durchs Fernsehen. «Ich seh ab sieben alles. Im Halbschlaf.» Und welche Zeitungen liest er? «*Elbe-Wochenblatt, Hamburger Abendblatt, Frankfurter*.» Die *Rundschau*? Nein, das sei das Blatt seiner Freunde. «Meine Freunde sind fast alle rötlich. Ich rötel im Hirn ein bißchen. Mein Herz aber ist schwarz.»

Im *Elbe-Wochenblatt* zum Beispiel steht nie etwas von ihm, weil er hier, wie er sagt, man gerade eine Lokalgröße ist. Dafür sei aber durch die acht Taxifahrer seine Beerdigung gesichert, auch wenn sie wohl noch eine Weile auf sich warten lasse, denn er, Janssen, der «soziale Kretin», der «verhinderte Diktator», der «Gargantua von einem Zeichentalent» würde 91 Jahre alt werden – mindestens. Und was werden seine letzten Worte sein? «Mehr nicht.» Und hat er noch nie Selbstmordgedanken

Horst Janssen zu Birgit Lahann:

«Ich werde Ihnen Ihr Manuskript um die Ohren schlagen.»

gehabt? Hat er. Hat's auch versucht. Zweimal. Aber nicht geschafft. «Aber ich werde es tun, wenn der Tod glaubt, mich zu erwischen. Vorher hat er keine Chance.» Wenn der Gevatter Hein sage: «Komm», dann werde er ihm antworten: «Mein Gott, hast du mich warten lassen. Ich sitze hier rum, ich werd schon sauer, ich wollte schon 'ne Flasche Wodka bestellen.» Also sein Suizid sei sein natürlicher Tod.

Und setzt sich in den Garten und trinkt seinen Korn aus der Mokkatasse und liest aus einem Papierbündel Verse vor:

Wegen der Ehre
kann die Drahtschere
es nicht leiden
Papp zu schneiden

Da sitzt er, Horst Janssen, ein Irrtum der Natur, groß und knorrig wie ein Mensch gewordener Affenbrotbaum, ein Urfaun, der Kultur frißt und Kunst spuckt, ein wilder, weicher Kerl, dem die rohen Nerven um die Stirn gebunden sind.

Wer hat Angst vorm Zeichner Janssen?

«Ich werde Ihnen Ihr Manuskript, wenn Sie es überhaupt schreiben, um die Ohren schlagen», sagt er.

Na bitte.

André Previn

«Als Pflaume kann man keine Karriere machen»

Wir fahren aufs Land zum «Hafen» von Previn. Er liegt sechzig Meilen südlich von London. Zwischen Reitställen, Waldstücken, Herrenhäusern, Golfplätzen, Wiesen. Im Dörflein Leigh wissen die Leute Bescheid. «The Haven?» Am Ende der Landstraße. Links.

Die grüne Hecke ist so hoch, daß man Previns Haus nicht sehen kann, den mit Schindeln und Reet gedeckten zweihundertfünfzig Jahre alten Besitz aus Holz und Backstein. Er öffnet die Tür. Lächelt. Watteweiches, schwer zu bändigendes Haar fällt ihm in die Stirn. Am Hinterkopf lichtet sich der napoleonische Schnitt. «Ich koche gerade Tee», sagt er in akzentfreiem Deutsch. «Sie trinken einen mit?» Er ist blaß und klein und wirkt merkwürdig gnomenhaft mit seinen knapp einhundertsechzig Zentimetern.

Er bittet ins Kaminzimmer, entschuldigt sich für das türkis leuchtende Schwimmbad im Garten, das wie ein Fremdkörper durchs Fenster schimmert. «Barbarei», murmelt er. Aber das sei schon dagewesen, als er das Haus vor zehn Jahren erwarb. Und für die Kinder sei es sehr schön. Nein, er selbst bade kaum im Becken. «Zu kalt», sagt er und verschwindet in der Küche.

Die alten gedrungenen Räume mit Holzwänden und Deckenbalken sind vollgestopft mit Gemütlichem: auf poliertem Klavier Partituren und blühende Zweige, auf Orientteppichen englische Ledersessel, Holztische, Sitzkissen, Lampen aus antikem Porzellan. Morsche Holzfiguren dösen in den Ecken, lehnen an Bücherwänden, wo Bände von Graham Greene und Aldous Huxley, Maugham, Galsworthy, Jenkins und Dickens meterweise stehen.

Überm mächtigen Kamin hängen Bilder von Pascin, überm

Daunensofa Max Weber, Marin und Matisse, im Eßzimmer drei frühe Hinterglasbilder von Ivan Generalić. «Ich hatte während eines Konzerts in Jugoslawien eine große Ausstellung von ihm gesehen und war so begeistert, daß ich Generalić einen Brief schrieb», erzählt Previn. Der Maler nannte seine Preise, der Dirigent kaufte.

«Heute», sagt Previn, «kann ich mir Generalić nicht mehr leisten.» Aber das wird ihm kaum einer glauben. Er gilt als vielfacher Millionär.

Er sitzt im Sofa, ganz uneitel, mit viel zu großer brauner Strickjacke überm gelbgestreiften Hemd und zündet sich eine Zigarette an: André Previn, Superstar mit Hollywood-Touch, vierfacher Oscar-Preisträger, Jazz-Pianist a. D., Komponist, Dirigent, Chef des Londoner und des Pittsburgher Sinfonieorchesters, Top-Entertainer der BBC-Fernseh-Musik-Sendungen, Freund von Edward Heath und Leonard Bernstein, Ehemann von Polanskis Film-«Rosemarie» Mia Farrow, Vater von drei Söhnen und Ziehvater von drei kleinen vietnamesischen Mädchen. «Wie die Leute doch leichtfertig mit den Wörtern Genie und Wunderkinder umgehen», sagt er. «Ich war wirklich nie so ein gräßlicher Kleiner im Samtanzug.»

Er war begabt, und er hatte Eltern, die diese Begabung unterstützten. Der Vater, ein Musiklehrer, schickte den 1929 in Berlin geborenen André mit acht aufs Konservatorium. Als er neun war, flüchtete die jüdische Familie Prewin aus Hitler-Deutschland über Frankreich nach Amerika. «Dort schrieben wir unseren Namen dann mit ‹v›. Man hätte ihn sonst ‹prun› ausgesprochen – wie Pflaume. Und als Pflaume kann man keine Karriere machen.»

Mit siebzehn schreibt er Filmmusiken. Mit einundzwanzig kommt er zu Hollywoods berühmter Filmfirma Metro-Goldwyn-Mayer. Mit dreißig erhält er für die Musik zu «Gigi» seinen ersten Oscar. Drei weitere folgen für die musikalische Bearbeitung der Verfilmungen von «Porgy and Bess», «Irma la Douce» und «My Fair Lady». Mit einunddreißig ist er der populärste Jazzpianist in New Yorks 52. Straße, macht mit

André Previn
im Kaminzimmer seines Landhauses
bei London.

Benny Goodman und Benny Carter Schallplatten. Und mit dreiunddreißig schaut er in den Spiegel und sagt: «Junge, du vergeudest deine Zeit.»

Er geht nach Kalifornien und läßt sich von dem französischen Komponisten Pierre Monteux über den Umgang mit klassischen Partituren belehren. Jahrelang dirigiert er kleine Orchester – bis 1967 der Ruf zum Chef der renommierten Sinfoniker in Houston kommt.

Doch Previns Wechsel zur Klassik wird im texanischen Houston auch mit der Elle der Moral gemessen. Und der Lebenswandel des Dollar-Millionärs von MGM nimmt für die auf Tradition Bedachten Hollywood-Dimensionen an: Previn, seit 1959 mit der Kunstsammlerin Dorothy Langan verheiratet, hat ein Verhältnis mit der Schauspielerin Mia Farrow, die sechzehn Jahre jünger ist als ihr Liebhaber und noch mit Frank Sinatra verheiratet.

Als sich schließlich – vor Scheidung und neuer Eheschließung – Zwillinge ankündigen, löst Previn mit Vergnügen seinen Houston-Vertrag, zumal ein Angebot vom Londoner Sinfonieorchester auf dem Tisch liegt. Er übernimmt das Orchester 1968, kauft den Landsitz «The Haven», läßt sich scheiden, heiratet 1970 die Mutter seiner Zwillingssöhne Matthew und Sacha.

Inzwischen sind vier Kinder hinzugekommen: Fletcher, der dritte Sohn, und drei adoptierte Mädchen, vietnamesische Waisen: Summer, Lark und Soon-y. Die Adoption war die Konsequenz auf seine Kritik am Vietnam-Krieg. Es war das einzige Mal, daß sich der amerikanische Staatsbürger Previn in der Öffentlichkeit politisch äußerte. «Das hat mir viel Kritik eingebracht», sagt er und fügt hinzu, daß er sich mit Unterschriften noch immer für menschenrechtliche Forderungen einsetze. «Ich tu es nur nicht so laut wie Vanessa Redgrave, die Arafat interviewt und sagt, sie kämpfe gegen den Antisemitismus.»

Das findet er unmöglich. Aber er echauffiert sich nicht. Er ist von stoischer Ruhe, ist diszipliniert in seinen Bewegungen und gewählt in seinen Worten. Ganz anders sind ihn die Briten im Fernsehen gewöhnt, wenn er als geistreicher Entertainer plaudernd, klavierspielend und Anekdoten erzählend klassische Musik in die Wohnstuben transportiert. Wenn er Skizzen des letzten Satzes von Beethovens Neunter – die er in einem Londoner Museum gefunden hat – erklärt: so und so hatte Beethoven den Schluß der Sinfonie ursprünglich gedacht. Wenn er Fotokopien der Museumsblätter zeigt, dann das Orchester bittet, die verschiedenen Versionen zu spielen. In England kennt ihn jedermann. In England ist er berühmter als Bernstein und Karajan zusammen.

In den eigenen vier Wänden aber kultiviert Previn den Asketen, den Spartaner, der er wohl tatsächlich ist: Nur fünf Stunden Schlaf braucht er, der einhundertfünfzig Konzerte im Jahr gibt. Wenn er Wochen hintereinander siebzehn bis neunzehn Stunden pro Tag gearbeitet hat – an eigenen Kompositionen und seinem Essay-Band über Musik und Moderation für die BBC –, macht er eine Schlafkur, um sich zu regenerieren.

Ein Jet-setter, wie ihn die internationale Gesellschaftspresse gern hätte, ist er nicht. Er geht kaum auf Parties, macht keinen Urlaub. Urlaub ist für ihn Spiel mit den Kindern, Schach zum Beispiel.

Urlaub ist auch ein Theaterbesuch, eine Nacht mit Freunden, ein Museumsgang. Er unternimmt ihn in jeder Stadt, sieht gern Constable, Turner, Feininger. Noch lieber aber Klimt und Egon Schiele. Nein, er hängt nicht an Besitz und Luxus. «Wenn unser Haus morgen abbrennen würde», sagt er, «würde ich mich ärgern, und ein paar Dinge würde ich bis an mein Lebensende vermissen.»

Entbehren kann er sie. Nicht entbehren kann er die Natur. «Ohne Wasser, Berge, Bäume und Blumen wäre ich hilflos.» Und in einem Hochhaus würde er künstlerisch verkümmern.

Seine Frau, sagt er, denke genauso. Sie, die sich vor ihrer Hochzeit stark mit östlichem Mystizismus beschäftigte, pfeife auf schicke Kleider, es sei ihr egal, welches Auto sie führe und Juwelen besäße sie nicht. Auch ihm sei es «völlig

Wurst», wie seine Garderobe geschnitten sei. Er sagt wirklich «Wurst».

Er sitzt da, greift mit seinen starken, kurzen Fingern zum Teebecher, sagt: «Aber ich habe gern Freunde um mich herum.» Zum Beispiel den Autor Tom Stoppard. «Er ist ein sehr enger Freund. Wir sehen uns mindestens einmal in der Woche und reden über die unwichtigsten Dinge miteinander.» Er stoppt. Als hätte er zuviel ausgeplaudert. Wird wieder allgemein. Sagt: «Ich behalte jedes Gespräch. Ich erinnere mich an jedes Wort, was einer wann, wo und warum zu mir gesagt hat.»

Dann wäre er ja ein fabelhafter Memoirenschreiber. Er zögert einen Augenblick. Ja, er kaufe sie alle, die Produkte der Kollegen. Aber gefesselt habe ihn bisher noch kein einziges. Nein, er wird keine Memoiren schreiben. Jedenfalls nicht in den nächsten zehn Jahren.

Gerade und bewußt kommen die Antworten. Ohne Unlust. Ohne Staunen. Diplomatisch. Freundlich. Beunruhigt ihn sein Erfolg? Aber nein, er habe doch gar nicht nur Erfolg. Wenn er ein Jahr ins Gefängnis müßte, welche Platte mit welcher Musik würde er einpacken?

«Nehmen wir lieber ein Jahr Insel», lächelt er und sagt: «Es ist zu schwer.» Dabei weiß er längst, was er will. Schuberts C-dur-Quintett mit den zwei Celli. «Ich bin glücklich», sagt er unvermittelt und schüttelt den Kopf über einen «so lächerlichen Satz». Aber er präzisiert: «Glücklich im Beruf, im Ehrgeiz, in der Familie.»

Wie ein Eremit sitzt er jetzt da. Als gäbe es all den Luxus um ihn herum nicht, die kostbaren Bilder, die Bücher, die Antiquitäten. Und er sagt nochmals, als ob er das Resultat einer Rechenaufgabe preisgäbe: «Selbst wenn etwas passieren würde, müßte ich sagen: Ich bin glücklich.»

Er genießt die Glätte, die schläfrige Lässigkeit, mit der er diese scheinbar so private Aussage macht. «Wofür», frage ich, «würden Sie Ihren kleinen Finger opfern?» – «Das können Sie doch keinen Pianisten fragen!» sagt er zum erstenmal laut.

«Doch», antworte ich, «gerade.» Zum erstenmal ist er betroffen. Zum erstenmal ist er beunruhigt. Zum erstenmal arbeitet es in seinem Gesicht.

Die Antwort ist nicht im Repertoire. Er schweigt. Er zögert. Er sagt: «Natürlich für meine Kinder.»

Liv Ullmann

«Ich will mein Leben nicht verspielen»

Sie sitzt am Tisch vor ihrem Manuskript. Rechts Sprudel und ein Glas mit flüssigem Honig für den kaputten Hals. Sie liest mit verrosteter Stimme eine Passage aus ihrem neuen Buch, eine Szene, in der sie sich von ihrem Geliebten trennt.

«I have no more time . . .» Bitte, Sie möchte das gern wörtlich übersetzt haben für die deutsche Ausgabe. Sie habe keine Zeit mehr, seine Mutter zu spielen, sein Kind zu sein, sich von ihm gängeln zu lassen.

Aber der Verleger denkt eher an etwas im übertragenen Sinne. O nein, sagt sie und zertrennt mit einem fast flehenden Blick seinen fertigen Wörterfaden. Das muß ganz einfach sein. «I have no more time . . .»

Und erzählt, wie sie den Begriff «Zeit» zum erstenmal begriffen habe. Sie dreht 1978 mit Ingrid Bergman «Herbstsonate». Jeder weiß, wie krank die Schwedin ist. Krebs. Eine Frage der Zeit. Und dann Ingmar! Ingmar Bergman, der Regisseur, redet und erzählt und zeigt jeden Abend seine alten Filme und will darüber reden. Wie immer. Nur er. Der Egomane.

Ingrid Bergman ist am zweiten Abend aufgestanden und gegangen. Sie hat gesagt, sie habe dafür wirklich keine Zeit mehr.

Solche Geschichten sind für Liv Ullmann Beschwörungsformeln. Ihr Deutsch, 1977 in München während der Dreharbeiten zum «Schlangenei» gelernt, reicht für keine Übersetzung. Aber sie hat den Rhythmus der Sprache erkannt. Und für den opfert sie so manches Wort.

Ihr neues Buch hat die Norwegerin auf englisch geschrieben. «Das war einfacher», sagt sie. «In meiner Muttersprache geniere ich mich nämlich eher.» So erzählt sie von ihrem New Yorker Freund, einem Wissenschaftler, der dauernd so kluge Sachen sagt, daß sie sie aufschreibt, sobald sie allein ist. Sie will behalten, um ihm gewachsen zu sein. Aber er verläßt sie, weil er ihr nicht gewachsen ist, dieser starken Natur.

Die anderen kommen ihr immer zuvor. Verlassen sie. Darunter leidet sie. Sie kann nicht verletzen, mag sich nicht entscheiden, sagt viel zu oft ja. Redet, wenn sie schweigen will. Und auf Cocktailparties lacht sie und hebt ihr Glas, «und eigentlich war ich voller Wut». Und die Leute lächeln und sagen, sie sei so wundervoll sanft. Da weiß sie, daß sie lernen muß, nein zu sagen.

Zu dieser Zeit sammeln Prominente in New York für UNICEF. Sie bringen 200 000 Dollar zusammen. Liv Ullmann überreicht den Scheck, sagt dem Chef des Hilfskomitees: «Wenn ich etwas tun kann, lassen Sie es mich wissen.» Der zeigt ihr Kinderzeichnungen. Menschen mit abgeschlagenen Köpfen, mit Dolchen im Bauch, ermordet von Pol Pots Schergen.

Da macht sie ihre erste Reise in die Dritte Welt. Nach Kambodscha. Mit Elie Wiesel, einem Überlebenden von Auschwitz, mit Alexander Ginsberg, einem Überlebenden des Archipel Gulag. Die Reise zu den Opfern der Roten Khmer ist ihre erste Fahrt ins Elend.

Auf Makao trifft sie im Flüchtlingslager eine Leprakranke. Die hat keine Finger mehr und keine Zehen, und eine Gesichtshälfte ist wie weggefressen, und sie weint und stöhnt. «Süße alte Frau», sagt Liv Ullmann zu ihr. Und sie nimmt sie in den Arm, wie einst ihre Großmutter sie in den Arm genommen hat. Und die alte Frau aus Vietnam seufzt erleichtert «wie ein weinendes Baby, wenn man es hochnimmt».

Am nächsten Morgen, als Liv Ullmann in Hongkong aufs Flugzeug nach New York wartet, notiert sie in ein Buch: «Ich danke Dir, Gott, für diese Reise.» Und nachts im Flugzeug: «Ich habe mich gerade bei der Stewardess beschwert, daß der Kaffee nach Chlor schmeckt.»

Sind das Tagebücher, die sie auf ihren Reisen in die Dritte

Welt schreibt? «Nein», sagt sie. «Ich mache mir nur Notizen.» Wenn sie später die Wörter sieht, erinnert sie sich an alles. Tagebücher hat sie nie geschrieben. Schreibt sie denn noch Briefe mit der Hand? Auch nicht. Sie schickt Telegramme. Kurze und lange. Und telefoniert. «Dafür gebe ich enorm viel Geld aus.»

Wenn sie von einer Reise aus der Dritten Welt zurückkommt, ist sie entsetzt über Diät- und Schlankheitskuren in der Werbung. «Diät-Bücher sind Bestseller», sagt sie. «Der Hunger dagegen verkauft sich nicht.»

Wenn sie auf Festen in New York eingeladen ist, sucht sie immer nach alten Frauen. Aber die gibt es nicht mehr. Es gibt nur noch geliftete, gebügelte Gesichter. «Da hat sich eine ganze Generation kaputtgemacht.»

Als Liv Ullmann bei Dreharbeiten in London Abel zum erstenmal sieht, sagt sie zu ihrem Maskenbildner: «Vielleicht ist er der Mann meines Lebens.» Abel ist im Buch ein tschechischer Journalist. Er macht ein Interview mit der Schauspielerin. Sie verliebt sich in ihn. Er ist es längst in sie.

Sie erzählt ihm von Ingmar Bergman, der sie einst ermutigte zu schreiben. Sie tut es. Schreibt ein ganzes Drehbuch. Bergman liest es, sagt, das sei viel zu persönlich, und überhaupt habe sie keine Ahnung von Dialogen. Danach sei ihr aufgefallen, daß Bergman sie ständig beim Schreiben beobachtete, und das, wie ihr schien, in höchster «Irritation».

Es gibt in ihrem Buch ein paar Dialoge, die Bergmans Verwirrung erklären. Es sind Szenen einer Ehe, Existenzkämpfe zwischen Liv Ullmann und ihrem Geliebten Abel. Sie signalisieren das Ende einer großen Liebe. Der Grund dafür ist die Dritte Welt.

Liv Ullmann wird UNICEFs erster weiblicher «Botschafter des guten Willens». Abel beschließt, sie nach Indien zu begleiten. Auf dem New Yorker Flughafen gehen beide an einer Bettlerin vorbei. Abel sagt: «Du siehst, es gibt überall arme Leute.» Sie sagt: «Jeden Tag sterben 40 000 Kinder, also jede zweite Sekunde, jetzt und jetzt und jetzt . . .»

Abel sagt: «Das ist Schicksal.» Liv Ullmann aber denkt an eine Frau mit einem verdurstenden Baby im Arm vor einem Brunnen. Das Wasser darin ist verseucht. Die Frau weiß es. Sie entschließt sich, dem schreienden Kind zu trinken zu geben. Es stirbt. So oder so.

Abel sagt: «Ich möchte, daß du den Geist dieser Länder spürst. Erst dann wirst du verstehen.» Sie will, daß er die Menschen spürt. Aber Abel sagt, sein Leben sei zu kurz, um die Suche bis nach Indien auszudehnen.

Sie kehren nach Hause zurück. «Bitte rede mit mir», sagt sie. «Warum mußt du immer reden?»

«Können wir denn nicht schlafen gehen?»

«Warum mußt du immer Fragen stellen?»

«Ich möchte dich lieben, Abel.»

«Du vergeudest dein Leben. Und meins.»

Sie verläßt das Zimmer. Geht ins Bad, putzt die Zähne, wäscht das Gesicht, dreht den Wecker auf, schiebt den Riegel vor die Tür, zieht die Telefonschnur aus der Buchse. Früher hat sie den Apparat immer in den Kühlschrank gestellt. Da konnte er zwischen Gurken und Tomaten läuten. Abel fand das nicht komisch. Da ließ sie es.

Gibt es noch andere Leute, die glauben, sie solle lieber Filme machen und vergeude mit den Reisen in die Dritte Welt ihre Zeit? Ingmar Bergman hat sie beschimpft. «Du verschwendest dein Talent», hat er ihr gesagt. Heute denkt er anders. Als sie sich das letzte Mal sahen, hat sie sich furchtbar über seine Frau geärgert. Die meinte: Dann sollen die Leute eben keine Kinder mehr kriegen. «Und sie hat vier!» sagt Liv Ullmann. Aber dann greift Ingmar Bergman ein und erklärt, man kann doch den Leuten, verdammt noch mal, nicht verbieten, Babies zu bekommen. Und unsere Aufgabe sei es, denen dort erst einmal den Weg für das Leben wieder lebenswert zu machen.

«Das von Ingmar!» sagt Liv Ullmann und strahlt. Und sitzt da im blauen Wollkleid, das ihr zu groß ist, bis zum Knöchel reicht. In Amerika ist sie zum schlechtest angezogenen Star gewählt worden. Ist ihr so egal. Sitzt da und lacht, und die

Augen bestrahlen das ganze Gesicht, das kaum geschminkt ist.

Ihre Augen sind tatsächlich das schaurige Klischee vom Spiegel, in dem jede Emotion ablesbar ist. Wut und Ärger und Lust und Rührung, und sie füllen sich sekundenschnell mit Wasser, wenn sie über Linn spricht, ihre Tochter von Ingmar Bergman, die jetzt volljährig ist, und in New York studiert, und damit aus ihren Händen geglitten ist, weg.

Ihr Gesicht ist immer in Bewegung. Und die festen, gar nicht zarten Hände mit den kurzgeschnittenen Fingernägeln begleiten jede dieser Bewegungen im Takt.

Liv Ullmann, das ist wirklich wie Natur. Es gibt einen Film über sie: «Look at Liv». Da geht sie über Felsen, steht am Wasserfall, schaut aufs Meer hinaus. Sie ist das alles. Ist die Erdgebundene und die Schaumgeborene.

In ihren Filmen wird die Natur zur Kunst. Da transportiert sie mit Instinkt, Kenntnis und Technik Psychoanalyse ins sinnlich Erfaßbare. Da wird sie zum Urschrei ihres Lieblingsmalers Edvard Munch.

Wie ist das, wenn sie alte Filme von sich sieht? «Ach, das passiert so selten», sagt sie. Und lacht dann plötzlich hell auf. Doch, in New York hat sie neulich «Persona» wiedergesehen. Da spielt sie eine Schauspielerin, die in Apathie verfällt, kein Wort mehr redet, schweigt. Bibi Anderson pflegt sie, und beide verschmelzen zeitweise zu einer Person.

Da hat sie nun wirklich lachen müssen, denn das waren doch gar nicht ihre Probleme damals, sondern die Probleme von Ingmar Bergman. «Bibi und ich waren junge Mädchen. Mitte Zwanzig. Wir sprachen über die Zukunft und wie viele Babies wir haben wollten.» Aber das ernsthaft Entschlossene ihres Spiels, das hat sie auch wieder berührt.

Welche Schauspieler hat sie früher am liebsten gesehen? Bette Davis. Susan Hayward. James Stewart.

Und heute?

Woody Allen wohl. Weil er witzig und ernst ist und Charme hat. Einmal holt er sie in New York vom Theater ab. Er will

Liv Ullmann über ihre ersten Filme mit Ingmar Bergman: «Das waren doch alles seine Probleme.»

ihr seinen neuesten Film zeigen. Er sagt ihr, daß sie nicht lachen soll. Unter keinen Umständen. «Er hatte Angst, daß ich an den falschen Stellen lache.» Also hockt sie da und nagt an Hühnerbeinen, die seine Haushälterin zurechtgelegt hat. Und er liegt am Boden, den Rücken zur Leinwand, und am Ende bringt er einen stummen Gast nach Hause.

Würde sie einen Film mit Ronald Reagan machen? Ausgeschlossen. Sie findet ihn einfach furchtbar. Ein zu banaler Spieler. Und dann dieser ewige Stolz auf Amerika, das ist ihr so fremd. Also da würde sie eher mit Helmut Schmidt drehen.

Und mit welchem Politiker möchte sie am liebsten reden? Mit Henry Kissinger. Das kommt spontan. Kissinger ist für sie ein echter Entertainer. Was er ihr so alles über Chruschtschow erzählt hat. Sie will sich weglachen. Aber er hat ihr auch viel klargemacht, das ganze Elend von Kambodscha. «Er ist wie ein toller Journalist.»

Träumt sie vom Elend in der Dritten Welt? «Ja», sagt sie. «Noch immer.»

In ihrem Buch sind die Alpträume zornige und traurige Geschichten:

Äthiopien. Eine von Somaliern zerstörte Stadt. Sie geht durch Ruinen. Ein alter, fast nackter Mann folgt ihr. «Ich habe Hunger», sagt er. Sie hat nichts zu essen. «Warum besuchst du uns und bringst nichts mit?» Sie ist hilflos, will ihm Tröstliches sagen, zeigt auf seinen hübschen Wollhut. Bewundernd. Da reißt er ihn vom Kopf, stopft ihn in den Mund, zieht ihn wieder raus, schreit: «Glaubst du, ich kann ihn fressen?»

Somalia. Wüste in Afrika. Ein kleiner, nackter Junge packt mit der Linken ihren Finger, krallt sich fest, zieht sie ziellos durch das Flüchtlingslager. In der Rechten schleppt er seinen leeren Teller. Der Hintern winzig und runzlig wie der eines Greises. Die Augen – hundert Jahre alt.

Diesem Jungen, der sicher nicht mehr lebt, schreibt Liv Ullmann, möchte sie ihr Leben widmen. Nach diesem Erlebnis glaubt sie nicht mehr an Anne Franks Worte: «Tief drinnen sind alle Menschen gut.»

Nach diesem Erlebnis lernt sie, zornig zu sein. Der Zorn wird ihr Garant für Entscheidungen. Ihr Beruf rückt in den Hintergrund. Sie kann eine Zeitlang ohne ihn leben. Sie sagt: «Ich möchte mich nicht am Ende meines Lebens fragen lassen, was ich damit gemacht habe, und antworten müssen: ‹Ich habe gespielt.›»

Hat sie ein Vorbild, nach dem sie leben möchte? Nicht eigentlich. Albert Schweitzer hat sie natürlich stark beeindruckt. Früher. Aber auch Peter Palitzsch, der Brecht-Regisseur, bei dem sie 1962 in Oslo die Grusche im «Kaukasischen Kreidekreis» spielte und die Eva im «Puntila». Palitzsch, sagt sie, hat sie stärker beeinflußt als Ingmar Bergman.

Ihre Heldin von heute ist Mutter Teresa. «Ich wünschte, ich könnte so leben», sagt sie. «Mit sanftem Lächeln der Welt helfen.» Aber es ist nicht die Zeit, daß Frauen wie Mutter Teresa Helden werden. «Die Helden von heute sind die Reagans.»

Wen würde sie für einen Kreuzzug in die Dritte Welt mitnehmen wollen?

Einen bekannten Sportler, es fällt ihr im Moment keiner ein, aber Sportler sind wichtig. Leute hören auf sie. Und einen Talkmaster. Dick Cavett vielleicht. Zwei Fotografen, vier Journalisten, die das Elend wirklich beschreiben können. Und Nancy Reagan. Ja, die vor allem möchte sie dabeihaben. «Ich glaube, sie kann mehr, als nur ihren Mann anhimmeln.»

Aber sie würde sie in den Dreck mitnehmen, in die Misere, ein paar Tage nur, und sie würden wie Flüchtlinge in Hütten schlafen, zwanzig in einem kleinen Raum. Und sie ist sicher: sie würden verändert zurückkommen. Würden begreifen, würden handeln.

Wenn ihr jetzt einer sagte: Die letzte halbe Stunde unseres Gesprächs habe Ingmar Bergman zugehört und sie beobachtet. Würde sie das irritieren?

Da lacht sie laut auf. Im Gegenteil. Sie wäre begeistert: «Aber Sie kennen Ingmar nicht», sagt sie. «Der hätte nie eine halbe Stunde still dagesessen. Der hätte sich schon nach einer Minute eingemischt.»

Roman Polanski

Napoleon führt Regie

Sie warten auf Roman Polanski – der Herzog von Mantua, die Gräfin Ceprano, der Hofnarr Rigoletto. Sie warten auf der Probebühne des alten Prinzregententheaters auf den 1,53 Meter kleinen Regie-Napoleon – dem sie verfallen sind.

«So hat noch keiner eine Oper inszeniert», sagt Vasile Moldoveanu, der Heldentenor, «so hat noch keiner Musik spielerisch in sichtbare Kunst verwandelt.»

Polanski verspätet sich um zwanzig Minuten. Das ist nicht die Norm, ist nicht Privileg eines von Thalia gehätschelten Schoßkindes, das ist die Folge von Föhn und Straßenverkehr. Er grüßt mit internationalem «Hallo», grüßt einzeln dann englisch oder italienisch, setzt sich auf einen abgeschabten Holzstuhl, die Probe beginnt.

Noch ist alles roh, ohne Kostüme, ohne Kulisse, ohne Orchester – nur der Mann am Klavier ist da. Der Herzog und sein Höfling betreten die Szene, plaudern singend über dies und das. Polanski läßt sie machen, hört, beobachtet, sagt: «Bravo – und jetzt machen wir es ganz anders.»

Dann steht er da: Locken, Seidenhemd und blauer Blazer, steht da und erklärt dem Höfling Untertanentum. «Du kannst neben dem Herzog nicht so erhobenen Hauptes einherschreiten. Du bist ein Bediensteter», sagt er. «Aber trotzdem mußt du den Degen nicht wie ein Küchenmesser halten, *capisci?*», nimmt denselben, schnallt ihn um, hakt den Herzog unter. «Vasile, wir machen das mal vor», singt ein paar Takte Höflingspart mit schöner, weicher Stimme, spielt Untertan mit zwei, drei rhythmussicheren Bewegungen, reicht den Degen zurück – und da capo.

Er gibt die Anweisungen auf englisch und auf italienisch.

Für die deutschen Sänger übersetzt ein Dolmetscher. Das geht ganz locker, ganz spielerisch, denn Polanski erklärt nie theoretisch, er erklärt erzählend in Bildern und Geschichten. «Gehe doch mal in die Alte Pinakothek, da hängt ein Gemälde vom Herzog von Mantua, sieh dir das an, dann weißt du, was ich meine.»

Aber da ist nichts von Überheblichkeit. Er weiß, wie schwer es für Sänger ist, Konzentration für Einsätze und Gesang – noch dazu im italienischen Original – plötzlich auf Schauspiel und Typenanalyse erweitern zu müssen. Er läßt ihnen Zeit und probt eine Szene nie so lange, daß die Sänger vom Erfolgszwang bedrängt, unsicher werden. Und so kommt denn die Lust auf Veränderung des Spielstils am Ende von den Sängern selbst, die Vergnügen haben an der Doppelrolle ihres Parts.

Nächste Szene. Das Fest. Graf von Monterone will den herzensbrecherischen Herzog zur Rede stellen, weil der Rigolettos Tochter entehrt. Jetzt bringt Polanski ihnen Benehmen bei, höfisches Benehmen, Etikette. «Etikette», sagt er, «ist hier angeborene Höflichkeit.»

Er korrigiert jede nicht im Kopf nachvollzogene Geste, er überführt jede Scheinbewegung, er nimmt die Sänger bei der Hand, «du bist nervös, weil du glaubst, du verpaßt deinen Einsatz», spielt simultan mit ihm, stellt Kontakte zu den anderen auf der Bühne her. Bei ihm steht keiner einfach nur so rum, da reagiert jeder auf jeden, das ist doch klar, und so lockert er langsam das Opernkorsett.

Jetzt ist er mitten drin in der Geschichte von Verführung, Liebe, Mord. Er wirft seine Jacke fort, knöpft das Hemd auf. Rigoletto ist nun dran, Rigoletto ist sein Mann. Und er wütet mit Peter Glossop, dem rothaarigen, bärtigen Engländer, der exakt den angelsächsisch schwarz-gefärbten Humor zu haben scheint, den Polanski so liebt. Wie ein unerzogener Vampir zieht und dreht er den auf der Erde hockenden Hofnarren am Ohr hoch. Der Herzog macht es nach, vorsichtig, ängstlich. «Na, nun zieh doch schon, tira, tira!» ruft Polanski und «facciamo tutto da capo.»

Er verkriecht sich auf seinen Stuhl und hört die ganze Szene an, ohne in die Partitur zu sehen, er hat keine, benutzt keine. Die Finger sind unruhig, er kaut an den Nägeln, greift sich ins Haar, ganz mechanisch, ganz untheatralisch, und bei der geringsten Unruhe zuckt es um Mund und Augen. Aber dann gefällt es ihm, was die Sänger da machen, er entkrampft sich, die Hände werden locker, öffnen sich aus der Faust, ja, so hat er es gemeint, genauso, verschränkt die Arme hinter dem Kopf, die ganze Konzentration liegt im Blick, er hört mit den Augen, lächelt.

«Bravo», sagt er und «very good» und lacht jetzt sein rostiges Reibeisen-Lachen. «Bravo. Gehen wir nun in die Kantine.»

Warum inszeniert Polanski Opern? Warum läßt er sich mit Sängern ein, die keine Schauspieler sind? «Theater ist für mich eine Art Urzelle», sagt er. «Theater ist alles, der Geruch von Schminke, der Geruch von Kostümen, vom staubigen Vorhang, von Texten, von Wörtern. Das gibt es nirgends sonst. Und das vermisse ich oft.» Aber warum dann Oper und nicht Schauspiel? «Weil Oper für einen Regisseur eine wirkliche Herausforderung ist.»

Doch es muß eine dramatische Oper sein, am besten eben ein Verdi. Alban Bergs «Lulu», die er vor Jahren in Spoleto inszeniert, hat ihn eigentlich gar nicht interessiert. «Ich mag keine Zwölftonmusik», sagt er. «Und ich mag auch Wedekinds *‹Lulu›* nicht.» Er mag Shakespeare. Der war schon immer sein Favorit. «Als Teenager habe ich Laurence Oliviers *‹Hamlet›* zwanzigmal gesehen. Da wußte ich schon, daß ich Shakespeare einmal verfilmen würde.»

Und warum dann nicht «Othello»? Warum nicht Shakespeare und Verdi in einem? «Othello», sagt er dramatisch mit zugekniffenen Augen, «ist ganz unshakespearisch, der ist wie ein Monolog von Corneille, den könnte ich mir nur von Sammy Davis jr. gesungen vorstellen», verzieht das Gesicht total zur Grimasse und mimt eine Kreuzung aus Faust und Glöckner von Notre-Dame. Und dann wird er ganz ruhig und sagt sehr einfach: «Ich glaube, am liebsten würde ich Mozart inszenieren, Mozarts ‹*Don Giovanni*›.» In der Kantine geht er schnurstracks hinter den Tresen und küßt die alte Kantinenfrau, die ihn «Chef» nennt. Was hat sie für ihn? Frischen Apfelkuchen, noch warm, noch im Ofen. Ja, den möchte er und Tee.

Wir hocken am Tisch und essen und trinken und der mittelalterliche Knabe Roman fängt vom Tischrand aus hochkatapultierte Bierdeckel auf, erst fünf, dann acht, dann zwölf, dann kommt der Aschenbecher dran, den fängt er auch noch gerade, und als er den heißen Tee ganz ruhig an den Rand stellt, schreit die Runde auf. Voilà. Das war's. Das wollte er.

Die Kantinenfrau kommt kassieren. «Chef», sagt sie, «Sie haben noch Schulden von Freitag.» – «Von Freitag?» fragt er mit seiner geräucherten Stimme nun zum erstenmal auf deutsch, «ich denke, freitags ist alles frei?» Sie lacht und besteht auf ihren 2 Mark 50. Er greift in die Tasche, zieht ein Bündel verknüllter Scheine raus, nimmt 100, 200, 250 Mark. «Ist das genug?» Sie weist das Geld erschrocken zurück, doch nicht 250 Mark, nur 2 Mark 50, bitte. Also nimmt er 20 Mark. Darunter tut er's nicht. Sie muß es nehmen. Und sie fragt, ob er morgen wieder probe. Ja? Dann würde sie also einen neuen Kuchen backen.

Was da an einem Probentag passiert, das sieht so leicht, so locker, so wie von ungefähr aus: Da sitzt ein junger Mann, klein und schmal, der auch mit fünfzig noch wie ein komischer Romeo aussehen wird, der am 18. August 1933 in Paris geboren wurde, in Krakau aufwuchs, der Jude ist, der Leichenkarren schob, als er mit der Eisenbahn hätte spielen sollen, dessen Mutter in Auschwitz vergast wurde, der im Getto lebte, dort ausbrach und im Dschungel des Krieges ein paarmal knapp den Todeskommandos entkam, worüber er ganz leidenschaftslos spricht, der dann zwanzig Jahre später – noch in Polen – «Das Messer im Wasser» drehte, nach England ging und nach Amerika und mit den Filmen «Ekel», «Wenn Katelbach kommt» – über dessen hochtrabend intellektuelle Interpretationen mit Hinweisen auf Beckett er sich öffentlich amüsierte –, mit «Tanz der Vampire» und «Rosemary's Baby» eine Karriere machte, die einzigartig ist und ihn in den Ruf eines höchst begabten Regisseurs brachte, der die schöne Sharon Tate aus seinem parodierten Transsylvanien heiratete, die einzige Frau, bei der das Wort Glück für ihn «eine existentielle Bedeutung» hatte, die – hochschwanger – in einer Augustnacht des Jahres 1969, ein paar Tage bevor Polanski von London nach Amerika zurückfliegen wollte, von Charles Mansons Mörderkommune bestialisch erstochen wurde.

Da sitzt dieser junge Mann auf einem abgeschabten Holzstuhl im Münchner Prinzregententheater, dieser Kobold des Makabren, dieser Apostel des Schreckens mit der jungen Seele, von dem ein Freund, der polnische Autor Jerzy Kosinski sagt, daß das sogenannte normale Leben für ihn, den Überlebenden aus dem Schlachthaus Polens, nur ein Leben der Brutalität und des Unheils sein kann, daß für ihn Frieden und Ruhe immer etwas höchst Exzentrisches, ja Unnormales bleiben muß.

Da sitzt also dieser Roman Polanski und probt mit aller Akribie und aller Lust und Hingabe für das Theater. Er spielt kein Instrument. Klavier und Gitarre hat er irgendwann einmal angefangen, richtig konnte er es nie. Und Noten lesen kann er auch «immer weniger». «Ich kann nicht einmal eine viertel Note von einer halben unterscheiden», sagt er und fügt hinzu, daß dies keine Koketterie sei. Aber das ist ja wirklich so nebensächlich. Was sollen ihm viertel und halbe Noten. Er hat schließlich die Begabung, die immer ein bißchen erschrecken läßt, weil sie anarchisch ist, unerklärbar, absolut.

Und da sitzt er auch am nächsten Tag wieder auf seinem Stuhl und probt stundenlang, probt den letzten Akt. Der Herzog singt das wohl berühmteste Stück Rigoletto: «La donna è mobile». Er sitzt und singt. «Das hat noch niemand gewagt», sagt Moldoveanu später, «gerade bei dieser Arie stehen die Tenöre doch breit da und schmettern die trügerischen Weiberherzen nur so heraus.» Aber Jung-Roman? «Der setzt mich hin und läßt mich ganz einfach dahersingen. Das ist schwer. Aber wunderbar.»

Roman Polanski
liebt den Geruch von Schminke
und Kostümen:
«Theater ist die
Urzelle.»

Dann kommt der Mörder Sparafucile. Dem erklärt Polanski die Faszination der Waffe an einem leicht verrosteten Requisit. «Die echte», sagt er, «wird einen goldenen Griff haben, und du wirst sie wundervoll finden, ziehst sie aus der Scheide, prüfst, was das für eine Marke ist . . .»

Er spielt das vor, der komische Kauz. Die Sänger lachen,

natürlich, kann man doch gar nicht anders machen, wiederholen es, und dann die ganze Szene. Gilda sitzt draußen vor der Tür, Gilda, die vom Herzog verführt wurde, wofür Gildas Vater Rigoletto ihn töten will. Doch sie, die den Mordplan heimlich mit anhört, opfert sich, läßt sich erstechen, abschlachten, ganz brutal.

Und wieder werden die Leute sagen: «Aha!» Und werden darauf bestehen, daß auch dies wohl – wie schon das mörderische Schlachten bei «Macbeth», wie die Geschichte mit der erstochenen «Lulu» – ein Stück Bewältigung des Verbrechens von Los Angeles sein muß. Und wieder wird Polanski sein Vorurteil gegen die «Journaille», die dies verbreitet, bestätigt sehen, die vor lauter «selbstbespiegelnder Interpretationsgelüste» vom Wichtigsten überhaupt nichts begriffen hat.

Aber seine gähnende Langeweile der Presse gegenüber hat noch einen anderen Grund. «Wem nützt ein Interview?» fragt er. «Doch nie mir. Doch nur dem, der fragt. Aber was passiert nun? Die wollen auch noch, daß ich dankbar bin, wollen, daß ich denke, die ebneten mir den Weg zum Erfolg. Wenn die wüßten, wie gräßlich das für mich ist.» Wir gehen zu Fuß in ein Restaurant in der Nähe des Theaters und einigen uns darauf, nur zu essen und zu klönen. Was fährt er im Augenblick überhaupt für einen Wagen? Einen Mercedes. Die Zeit der Sportwagen sei vorbei, die Zeit der Ferraris und der Porsches. Unfälle? Hach, da hat er so einige gehabt. Aber harmlose Blechgeschichten. Nur einmal sei es schlimm gewesen, da ging's an einen Baum, aber da habe er nicht am Steuer gesessen. Dabei sei dann seine Nase kaputtgegangen, und er zeigt die Stelle, wo das war und wo man überhaupt nichts mehr sieht.

Was essen wir? Er geht die Speisekarte durch. «Wenn die Staatsoper zahlt, können wir nur eine Suppe essen», sagt er. «Wenn Sie zahlen, wohl zwei Gänge. Wenn ich zahle, werden wir satt.»

Wir werden trotzdem satt. Und dann erzählt er, daß er schon als Kind auf der Bühne gestanden und daß ihm der Direktor nach der Vorstellung gesagt habe, daß er nie ein guter Schauspieler würde, weil er sich einfach dauernd um alles drum herum, nicht aber um sich kümmere. Er meinte dann, daß vielleicht ein Regisseur in ihm stecke.

Und er fragt, ob die Deutschen eigentlich nie im Bett telefonierten? Wie kommt er denn darauf? Weil bei ihm im Hotel, im gemieteten Appartement, das Telefon auf dem Flur stünde, da müsse er dann immer aufstehen und in diesem gräßlichen Flur herumhocken. Da soll er doch eine längere Schnur beantragen. Habe er doch längst. Aber die sei noch immer zu kurz, dabei sei es schon die längste, sechs Meter nämlich, mehr gebe es nicht. «In Frankreich», sagt er, «krieg ich sechzig Meter, wenn ich will.»

Das sei wohl etwas Deutsches, sagt er, diese Sparsamkeit. Sogar für die Premiere seines eigenen «Rigoletto» bekomme er nur eine einzige Freikarte. «Alle anderen muß ich zahlen.» Er bestellt sich ein neues Bier und lacht plötzlich auf. «Vielleicht habt ihr aus diesen Gründen auch den Krieg verloren, Gott sei Dank!» Und sagt, daß er trotz seiner schlimmen Kindheitserinnerungen in Krakau später eigentlich nie Vorurteile gehabt habe, daß man eben das Nazitum im nachhinein nicht ganz Deutschland überstülpen könnte, erzählt, daß er nach dem «Rigoletto» nach Polen gehen würde, er sei so lange nicht mehr dort gewesen, ja, und dann habe er überhaupt ganz tolle Pläne für eine ganz verrückte, schaurig-schöne Piratengeschichte.

Zwei Stunden später sitzt er wieder auf seinem abgeschabten Stuhl. Und wieder beißt er sich auf die Nägel und verkrampft die Hände, und wieder entspannt er sich völlig, wenn Musik und Spiel und Bewegung harmonieren. «Die schönsten Augenblicke», sagt er, «sind die, wenn ich ganz allein mit einem oder zwei Sängern probiere, und wenn ich dann spüre, daß sie genau das umsetzen, was ich fühle. Dann sitze ich da und weine.»

Heinz Rühmann

«Ich bin kein liebenswerter Mensch»

Von der Straße röhrt ein mörderischer Auspuff hoch. Neue Klappe. Alte Szene. 36 die dritte. «Du hast doch was mit deiner Haushälterin.» – «Nein», sagt Heinz Rühmann. Aus. Der Wohnungsfahrstuhl fährt mitten in den Ton hinein. Sie haben vergessen, ihn abzuschalten. Also muß einer die Marmorstufen runter und Wache stehen. Und neue Klappe. «Du hast doch . . .» Prompt fangen die Bauarbeiter unterm Fenster wieder an zu hämmern. 36 die fünfte. Er sitzt gottergeben da, der Rühmann. Sitzt in der kostbaren Speisezimmer-Kulisse einer französischen Prinzessin, die ihr Pariser Zweit-Château zum Drehen preisgegeben hat. Sitzt auf einem Louis-Quinze und einer zusammengefalteten Wolldecke und einem Kissen. Er braucht das. Er muß ja richtig über den Tisch gucken können. Rühmann ist schließlich so klein wie so viele Große. «Meine Haushälterin ist . . .» Er unterbricht. «Was ist sie?» fragt er. «Anziehend.» Neue Klappe. «Meine . . . was ist sie?» – «Anzie-hend», flüstert es noch einmal. «Ach so», sagt Rühmann. Ach so, wie er das lakonisch knapp über die Lippen schubst, macht ihm keiner nach.

Also alles noch einmal. Mühselige Arbeit, denke ich. Nick ihm nett zu, wenn er kommt. Er kommt. Guckt glatt vorbei. Steinernes Gesicht. Steifer Gang. Entlang an Spiegeln, Lüstern, Gobelins. Setzt sich an den Schreibtisch. Da liegt sein Textbuch. Er blättert, liest, murmelt, steht auf.

Er ist wirklich nicht der Hoppla-jetzt-komm-ich-Akteur. Er ist der Noli-me-tangere-Typ, er will in Frieden gelassen werden. Heinz Rühmann, der Komiker der Nation, ist für Eindringlinge ein gnadderiger alter Herr.

Er beendet gerade in Paris und Hamburg die Dreharbeiten

zum Fernsehfilm «Es gibt noch Haselnußsträucher». Die Erzählung ist von Georges Simenon. Das Drehbuch von Herbert Asmodi – geschrieben unter Anleitung des Hauptdarstellers Heinz Rühmann. Er spielt da einen pensionierten Bankier, einen Franzosen der feinen Gesellschaft.

«Das gehobene Milieu hat mich gereizt», sagt Rühmann. «Sonst habe ich doch immer nur den Mann aus dem Mittelstand gespielt.»

Doch zum Bankier Perret-Latour treibt ihn nicht die Lust, einmal der Heinz im Luxus zu sein. Den achtzigjährigen Rühmann verbindet mehr mit dem siebzigjährigen Teufelskerl von Simenon, der seine leicht ausgeflippte Enkelin gegen den Willen der Familie bestärkt, das uneheliche Kind zu bekommen, das sie erwartet. Und weil das in seinen Kreisen eigentlich unmöglich ist, erklärt er sich am guten Ende selbst zum Vater. Sollen sich die feinen Leute doch den Mund zerreißen. Perret-Latour hat das alles wieder jung gemacht, und Symbol dieser Jugend ist ein Haselnußstrauch, den er findet, und den er doch als Kind so sehr geliebt.

Was ist Rühmanns Symbol für Kindheit? «Ein Spielzeugpferd», sagt er und lächelt. «Es war klein und hatte echte Haare und kam nachts mit mir ins Bett. Ich habe es unerhört geliebt.»

Simenons Bankier Perret-Latour hat so seine Riten. Er schwimmt jeden Morgen. Rühmann tut das auch. Früh um sieben läuft er auf die Wiese raus vors Haus, rein in den Tau, in die Kälte, und dann ab ins warme Wasser.

Perret-Latour liebt Kunst und kauft nur, was ihm Spaß macht, etwa die «Badende» von Renoir. «Die würde ich mir auch gern aufhängen», sagt Rühmann.

Perret-Latour sagt: «Die Kunst von heute läßt mich kalt.» Rühmann sagt: «Moderne Kunst hat mir nicht viel zu sagen.»

Perret-Latour liebt Kaviar, Trüffel und Champagner. Rühmann mag nur Kaviar. Trüffel sind ihm langweilig, und Champagner findet er geschmacklos und «zu kalt».

Aber Perret-Latour sagt: «Ich bin entsetzt, wie alt man ist und wie wenig man gelesen hat.» Und Rühmann sagt, erst vor ein paar Wochen habe er angefangen, «Götter, Gräber und Gelehrte» zu lesen. «Ein bißchen spät, was?»

Ist Simenon sein Autor? «Eigentlich nicht», sagt Rühmann. Als er dessen Maigret spielte, vor Jahren in der Schweiz, da hat er ihn mal kennengelernt, den Simenon. Der hat einen «eigenartigen Eindruck» auf ihn gemacht, war so «korrekt», so «liebenswürdig», hatte «so gar nichts von einem Dichter an sich». Nein, seine Memoiren hat er nicht gelesen, hat aber gehört, daß er da «sehr offen» über Amouren schreibt.

Nach drei Wochen Dreharbeiten im kleinen Château, im Regen, im Wald, im Hamburger Studio, ohne Pause, ohne freies Wochenende, ohne Zeit für den Louvre oder den Golfplatz, weiß er, was er hinter sich hat. Er ist müde und erschöpft.

Wir essen im Hotel *Vier Jahreszeiten*. Es ist Sonntag. Tag für feine Familienfeiern. Sehr scheu betritt er das Restaurant in grünen Cordhosen, schwarzer Strickjacke, Schlips und Kragen. Die Leute gucken. Sein Gesicht ist so bekannt wie eine Fahne. Rühmann steuert behutsam auf seinen Tisch zu, setzt sich, sagt: «Zur Feier des Tages nehme ich einen Sherry.»

Er wird diesen Film schnell wieder vergessen. «Theaterrollen», sagt er, «vergißt man nicht.» Filmrollen ja. «Sind die erst auf Zelluloid, ist wieder Platz im Kopf.»

Sieht er sich im Fernsehen an, wenn alte Filme von ihm laufen? Ja. Aber er geht weg, wenn ihn was stört. Und was stört ihn? Wenn er zuviel macht. Wenn er übertreibt.

Er hat das lange lernen müssen: die Mittel dosieren, nicht Hände und Füße einsetzen, sondern das Gesicht. Der Witz hockt bei ihm in den kleinen Falten. Wenn er ihn rausläßt, ist das kein Zufall. Es ist geplant. Jede Kleinigkeit ist geplant. Er wollte bei den Dreharbeiten nicht «Zug» sagen. «Darf ich Eisenbahn sagen?» fragt er. «Bei Zug geht soviel verloren.»

Zwanzig seiner alten Filme hat er zu Hause auf Kassetten. Welchen würde er sich heute abend einlegen? «Den Schwejk.» Welches Ministeramt würde er im Kabinett Kohl annehmen? Da muß er dann doch lachen und lehnt sich aus korrekter

Sein Gesicht ist
so bekannt wie eine Fahne:
Heinz Rühmann.

Haltung lässig zurück. «Keins», sagt er. Würde er denn für einen Politiker die Werbetrommel schlagen? Ja. Das könnte er sich vorstellen. «Aus menschlichen Gründen.» Aber die meisten Politiker seien verdorben wie Schauspieler. Zu offen. Zu indiskret. «Der Vorhang muß einfach rechtzeitig fallen.» Wer war denn der Politiker seines Herzens? Heuss war das. Theodor Heuss. «Nun siegt mal schön», hat der in einer Rede vor der Bundeswehr gesagt. «Wem fällt denn so was heute noch ein?» Wen hätte er gern einen Tag lang um sich? Da denkt Herr Heinrich – wie er im Paß heißt – nicht lange nach. «Die Garbo», sagt er. Warum die Garbo? «Weil ich die Dame gern mal kennenlernen würde», sagt er. Da rutscht nur der rechte Mundwinkel nach unten und der linke nach oben, und schon ist der Rühmann fertig, über den alle Welt lacht. So einfach ist das.

Über wen lacht er am liebsten? Über Chaplin, Woody Allen, Alec Guinness oder Popow, den Clown?

«Ich bin gar nicht so frei zu lachen», sagt er. «Ich sehe eher die Wehmut und die Träne.» Aber doch. Einen gibt es, Wilhelm Bendow, das sanfte Schlitzohr der zwanziger Jahre. «Na, wo laufen sie denn . . .?» Loriot hat sein verrücktes Gespräch «Auf der Rennbahn» illustriert. Und Bendow spricht das in seinem Nasen-Singsang. Rühmann summt das stumm in sich hinein. Ja, über diesen Bendow kann er lachen.

Kann er inzwischen auch über seine Horoskope lachen, Rühmann, der Fisch? Also früher hat er das ja alles gelesen. «Aber als ich merkte, daß der Weg vorgezeichnet ist, habe ich aufgehört.» Er hatte auch einen Freund, der nur noch nach dem Horoskop lebte. «Der blieb zu Hause, wenn's gefährlich wurde», sagt er. «Das war mir zu blöd.» Wir bestellen Kaffee. Rühmann einen ohne Koffein. «Es ist der erste seit Monaten», sagt er diebisch froh und doch wie ein ertapptes Kind. Er muß ja aufpassen. Darf dies nicht und darf das nicht. Was hält er von den Grünen, den Verweigerern, den Friedensläufern? «Alles zu spät», sagt er.

Wir gehen. Er ist müde, holt sich seinen Zimmerschlüssel.

Als ihm Helmut Schmidt im März zum 80. Geburtstag schrieb, beglückwünschte er einen «liebenswerten Menschen». Ist er das?

Rühmann sagt: «Nicht liebenswert. Distanziert.» Er habe schlechte Erfahrungen gemacht. Sei zu oft enttäuscht worden. Aber nachtragend sei er nicht mehr. «Ich versuche zu vergessen», sagt er und geht, das deutsche Denkmal. Geht kerzengerade den Gang entlang. Schlendert nicht mehr. Geht behutsam. Langsam. Wie mit angezogener Handbremse.

Johannes Mario Simmel

«Das Paradies war weg und ich voller Whisky»

Simmel stöhnt. Wir steigen weiter. Immer links herum. Fünfzig, achtzig Stufen, hoch die Wendeltreppe von Schloß Neuschwanstein. Simmel turnt nicht gern. Er werde das mit seinem Leben bezahlen, sagt sein Arzt. «Natürlich», sagt Simmel, «mit meinem Leben bezahle ich sowieso.»

Oben im Schloß dreht Peter Zadek Szenen zum Simmel-Film «Hurra, wir leben noch». Am Ende der Wendeltreppe speit uns Siegfrieds Drache Feuerstein entgegen. Simmel haßt Siegfried. Schön sei der blonde Recke und dumm. «Das ist genau die Mischung, die ich nicht ertrage.» Wer ist sein Held? Schwejk ist sein Held. «Nein, Schwejk ist mein lieber Gott.»

Scheinwerfer. Wir sind in König Ludwigs Sängersaal, hier wird Simmels Film gedreht. Hundert Kerzen auf dem Hochzeitstisch. Von den Wänden herab lächeln Parzifal und Lohengrin und Frau Minne. Und Frau Natascha aus «Hurra, wir leben noch» wirbelt nackt unter weißem Chiffon durch den Saal.

Neuschwanstein ist ihr Hochzeitsgeschenk. Jakob Formann, der Held des Simmel-Buches und des Films, der Mann, den die Wirtschaftswunderwelle ganz nach oben gespült, hat seiner Künftigen den Kaufvertrag als Morgengabe zwischen die Brüste geschoben.

Ruhe bitte. Aufnahme. Trompeten dröhnen. Bayerische Trachtenkerle klatschen sich auf die Krachledernen. Jakob Formann hebt die Champagnerpulle an den Mund. Ein paar Herren in Schwarz werden ihm sagen, was los ist: Jakob Formann ist bankrott. «Jetzt stören wir nur», sagt Simmel. Wir setzen uns mit einem Tee in Ludwigs Schwanenturm.

Simmel hat wenig gemein mit seinem Helden Jakob, dem

kleinen Mann, der sich an Gott und allem Geld der Welt dafür rächt, betrogen worden zu sein. Betrogen von Hitler, betrogen um Jahre seiner Jugend. Nach dem Krieg zahlt er es allen gewaltig heim, setzt alle matt, im Bett, im Geschäft, in der Politik. Geld will er haben, Macht will er haben.

Sein Schöpfer Simmel will nach dem Krieg vor allem eine bessere Welt haben. Er lebt 1945 am Rande Wiens mit Mutter und Schwester. Die anderen aus dieser sozialdemokratischen Familie haben das Dritte Reich nicht überlebt. «Seither grenzt mein Nazi-Haß ans Pathologische», sagt er. Nazis sind schlimmer als Dummheit. Und er kann keinen Schäferhund ertragen. «Und wenn ich blonde Zöpfe sehe, wird mir schlecht.»

Wien nach dem Krieg, das ist das Wien vom «Dritten Mann», Viermächtestadt, Schwarzmarkt im Ressl-Park, Schmuggel und Erbsensuppe jeden Tag. Wasser muß er aus einem Brunnen holen. Der ist Stunden vom Haus entfernt. Simmel hat damals nur eine blaugefärbte Uniform, ruinierte Schuhe – und Phantasie.

Die Russen holen den jungen Schreiberling fürs *Neue Österreich*. Da schreibt er Glossen über Erbsensuppe und das täglich Brot, das fehlt, und das alles «in pädagogisch optimistischer Art, weil's den Leuten doch so schlecht ging». Das ist Dienst am Darbenden, nicht Literatur. Mit Literatur wäre er verhungert.

Die Nachkriegszeit ist seine glücklichste Zeit, sagt Simmel heute. Da sitzt der jüngste Kulturredakteur Österreichs die Nächte mit Russen und Amerikanern, mit Engländern und Franzosen, und die einen bringen Whisky mit und die anderen Zigaretten und Bücher und Fleisch. «Und wir bauten zusammen eine bessere Welt.»

Die bricht am 25. Juni 1950 auseinander. Damals beginnt der Korea-Krieg. Damals will Simmel nicht mehr leben. «Das Paradies war verflogen, und ich war voller Whisky.» Da versucht er zum erstenmal, sich das Leben zu nehmen. Diesem jungen Nachkriegs-Simmel hat der Autor Simmel in seinem Roman «Hurra, wir leben noch» ein selbstironisches Denkmal gesetzt. Er nennt sich dort Klaus Mario Schreiber, ist ein verpickelter Säufer, der schneller schreibt, als er stottert.

«Warum saufen Sie so furchtbar?» fragt Jakob Formann diesen Klaus Mario Schreiber im Film. Die Szene spielt in einem Münchner Café. «De-Depr-Depressionskomplex über den Zustand unserer Welt», antwortet der, wischt sich die Spucke vom Mund und kichert: «N-noch einen Schnaps, Frau A-Augenthaler, d-der Herr d-da zahlt.»

Und Zadek badet vom Regiestuhl aus in den gestotterten Wörtern, rülpst dann gewaltig und streicht Mario übers blonde Haar. «So gut warst du noch nie», sagt er zum Schauspieler Hermann Lause, der den Schreiber-Simmel spielt.

Und der Mager-Mensch, der Stotterer mit der blühenden Akne, sitzt im Café und schreibt – wie 1947 Simmel in Wien – zwischen einem Heer von leeren Schnapsgläsern und verkauft kurze Sachen und lange Sachen, erlebte und erlogene Geschichten, schreibt «Hitlers Hund, eine Selbstdarstellung» oder «Kleine Frau, was nun», schreibt Fröhlich-Stimmer und Munter-Macher, «d-die ko-kosten natürlich am m-meisten in d-dieser beschissenen Zeit».

Lause hat vor Drehbeginn den Simmel besucht. Er wollte bei ihm das Stottern erlernen. Aber der Simmel stottert nicht, wie Lause gelesen, daß er's tue. Er hat nie die Silben so zerhackt über die Lippen purzeln lassen. In Simmels Sprachapparat gerät nur manchmal ein Gedanke ins Getriebe, der besondere Beachtung haben will. Dann stocken die Wörter für Sekunden, rütteln sich frei und rutschen dann raus.

Es begann alles im letzten Sommer, die Sache mit dem Film. Da hatte sich Peter Zadek zehn Tage lang mit einem Autor ins Hamburger Hotel «Atlantic» verkrochen und ein Skript nach dem anderen aus Simmels Roman gesogen. Die achte Fassung findet Simmel «das witzigste Drehbuch, das ich je gelesen».

Nach der dritten Fassung allerdings war er noch zusammengebrochen. Ein erotomanisches Ungeheuer habe Zadek da ausgebrütet, sagt Simmel. Die «Schweinereien» seien so wüst gewesen, daß er mit dem Anwalt gedroht habe. Doch in der achten Fassung wird man dann nicht einmal mehr während der «Chinesischen Schlittenfahrt» rot.

Ja, die Chinesische Schlittenfahrt. Sie ist der erotische Faden in Simmels Geschichte vom Aufsteiger Jakob Formann. Der erprobt die ekstatische Turnübung – die er in einem Freudenhaus erlernt – mit vielen Frauensbildern, und für alle wird sie zur Wollust.

Aber kein Leser hat je erfahren, wie sie geht. Selbst die Erfinderin Yün-Sin, Frau Pfirsichblüte, bleibt vage: «Linke Hand auf linkes Knie und lechtel Ellbogen zwischen Blüste», sagt sie, und schon wischt die Blende über alles weg, im Buch und auch im Film.

Hunderte von Huren haben 1978 nach Erscheinen des Romans beim Autor angefragt. «Die Kerle», so schrieben die Damen, «kommen und verlangen die Schlittenfahrt.» Eine ganze Bordell-Besatzung mit zwanzig Unterschriften packte ihn gar bei seiner Schreiberehre. Er habe Freudenmädchen stets fair beschrieben, da müsse es doch für ihn eine Frage der Kameradschaft sein, das Geheimnis zu lüften.

Auch Bürger baten um Aufklärung. «Wir sind glücklich verheiratet», schrieb einer. Doch nach fünfzehn Jahren Ehe, da wolle man der Gattin zum Namenstag gern eine hübsche neue Übung bieten.

Sogar ein Schweizer Institut für Sexualforschung fragte an, ob Simmel wohl eine Beschreibung des Aktes liefern wolle. Nein, er wolle nicht, antwortete Simmel, sein international einwandfreier Ruf verbiete ihm, ins Detail zu gehen. Er könne nur sagen, die Sache sei nicht ungefährlich, und so ein chinesischer Schlitten-Turner müsse gesund an Geist und Gliedern sein, wenn er es wage, «lechtel Ellbogen zwischen Blüste zu legen».

Also bitte, ist denn der Simmel schon einmal Schlitten gefahren? Er ist. Und? Er ist noch einmal davongekommen.

Zadek liebt den Simmel, weil der in «charmanter Weise naiv ist, aber nicht naiv-blöd, sondern naiv-einfach». Wenn die

Einfälle perlen, die Anekdoten purzeln, dann hat der Simmel für den Zadek etwas von Dickens oder Swift oder Balzac.

Tatsächlich ist Simmel ein rücksichtsloser Erzähler, einer, der unentwegt Geschichten erdenkt. Er ist wie eine Hydra. Und wie dem antiken Ungeheuer aus jedem abgeschlagenen Kopf zwei neue nachwachsen, so erwachsen Simmel aus jeder abgeschlagenen Story zwei neue Geschichten.

Simmel, der Riemenschreiber, schlägt den Phantasielosen seine Phantasie nur so um die Ohren. Simmel, der Aufklärer, klagt Drogenmißbrauch an und Neonazitum und Gleichgültigkeit gegenüber Behinderten. Natürlich, das lesen die Leute nicht so. Da muß er schon ein raffiniertes Muster erfinden und gewaltig drumherumschreiben, mit Lust und Mord und allen Klischees der Welt, egal, wenn die Leute nur lesen. Und ihn lesen sechzig Millionen.

Da haben die Kritiker den Finger gehoben, haben die Meßlatte der Literatur angelegt und den Simmel mit spitzen Fingern auf den Müll geworfen. Der Mann ist unmöglich, der Mann hat im Reich der Literatur nichts zu suchen.

Aber da wollte der Mann auch gar nicht hin. Simmel ist ein Volksschreiber und Unterhalter. Und wenn er ein Buch zu Ende geschrieben hat, fängt er gleich wieder ein neues an, wie Scheherezade in «1001 Nacht», die Kopf und Kragen riskiert, um Kopf und Kragen zu retten.

Aber zwischendurch mal Ruhe oder Urlaub? Da guckt er gequält. Einmal hat er Ferien gemacht. Auf Korsika. Er lag gleich am zweiten Tag krank im Bett. Keiner wußte, was war, und dem Arzt fiel auch nichts ein. Da stand er auf, setzte sich an den Tisch und schrieb und war wieder Simmel.

Zur Erholung spielt er schon mal Schach. Er spielt es mit sich selbst. Er gibt sich und sich die gleiche Chance. Und wenn dann Simmel stärker ist als Simmel, dann kämpft er für den Schwächeren.

Im Grunde braucht er nur Papier und Schreibmaschine. Ein Jahr ohne Menschen wäre für ihn kein Problem. Er könnte auch in ein Kloster gehen.

Welches Buch hätte er gern geschrieben? Er zögert keine Sekunde. «Wem die Stunde schlägt» von Hemingway. «Dafür hätte ich Hab und Gut gegeben», sagt er, «und auch ein paar Jahre meines Lebens.»

Schreibt er Tagebuch? Fast täglich. Meist vor dem Frühstück. Da stehen alle Daten drin. Wann er wo warum gewesen. «Das ist wichtig für Prozesse», sagt er. Der Rest ist Kommentar, Selbstanalyse. Die Tagebuchtexte sind die einzigen, die er mit der Hand schreibt. Und auf englisch. Er ist in England aufgewachsen, und englisch hat er immer mit seinem Vater gesprochen, auch als die Familie in den dreißiger Jahren von England nach Wien zurückgekehrt war. «Im Englischen fühle ich mich wohler», sagt er.

Einen großen Teil der Tagebücher hat er allerdings vernichtet. Das war Anfang der siebziger Jahre. Seine zweite Ehe ging kaputt. Und er war verliebt, litt aber, weil seine Frau so litt. Da wollte er nicht mehr leben. Und nichts Wichtiges sollte übrigbleiben von ihm. Also mußten die Tagebücher weg. Er packte sie in den Kofferraum seines Wagens und fuhr in Richtung Wien.

Es ist eine eiskalte Nacht voll Dunst und Nebel. Irgendwo am Inn steigt er aus. Er wirft ein Tagebuch nach dem anderen in den Fluß. Dann geht er auf die Gegenfahrbahn. Will sich überfahren lassen. Schließt die Augen, läuft los. «Es war still wie im Weltraum.» Und läuft. Aber kein Wagen kommt. Zu neblig. Dann wacht er auf aus der Todessehnsucht, rennt zum Auto zurück.

Hätte er sich bei Freud auf die Couch gelegt? «Ja», sagt er, «der hätte seine Freude an mir gehabt.» Ist das der vielbeschriebene ängstliche Mann? Der nicht reden mag? Johannes Mario Simmel – unsicher? Einer, der Blicken so standhält wie er, ist sicher. Scheu ist er. Das ja. Und ungelenk. Er beherrscht die große Attitüde seiner Helden nicht. Er steckt die Hände nicht in die Hosentaschen, er läßt sie runterbaumeln. Er schlendert nicht. Er schreitet.

Er hat sich nach oben geschrieben, aber er denkt nach unten

– ins Volk. Er läßt die Leute nicht einfach stehen, wenn sie ihm zu blöd sind. Er bleibt und leidet. Er knipst sie nur aus, wenn sie es nicht merken. Im Fernsehen zum Beispiel. Es gibt Tage, da kann er den Reagan nicht lachen sehen und den Köpcke nicht ertragen, wenn der die Trauerspiele der Welt ohne Betonung vorliest. Dann schaltet er ab und kann nichts mehr essen und bekommt eine seiner «klinikreifen Depressionen».

Und die Leute wollen ihn düster. Ihn frage auch nie einer

Witziges. Es sei immer dasselbe. Talkshow in Hamburg. Der Moderator nimmt ihn vor der Sendung zur Seite, sagt, er werde ihn erledigen. «Da kann man doch eigentlich nur noch gehen», sagt Simmel. Aber er geht nicht. Und setzt sich «zu diesem wirklich schönen Mann, neben dem ich doch aussah wie ein Zombie».

Er ist ein Komiker, der Simmel. Und sein Weltbild ist das eines Komikers – nämlich finster. 75 Prozent aller Menschen

Wenn er nicht arbeitet, wird er krank. Johannes Mario Simmel am Schreibtisch.

seien dumm. Ja, er hört sie jetzt schon, seine Kritiker. Und für die schreiben Sie doch! Ja, für die auch.

Wann hat er zum letztenmal einem Bettler etwas gegeben? «Gestern», sagt er. Er kommt an Bettlern nicht vorbei. Und wenn er's doch mal tut, weil er denkt, das ist ein Schnorrer, dann geht er gleich wieder zurück. Es würde ihn zu sehr beunruhigen, einen wirklich bedürftigen gemieden zu haben.

Er ist ein guter Mensch, der Simmel. Und er beantwortet jeden Brief, egal, ob's um Drogen geht oder Ehekrach oder nicht gezahlte Rechnungen. Einmal war ein Selbstmordkandidat dabei, der hat ihn ganz krank gemacht. Und einmal schrieb ihm eine Jüdin, sie habe ihre «Leiche» auf dem Kurfürstendamm wiedergesehen. Eine ganz verrückte Geschichte:

Anfang 1945 hatte sie eine Halbtote im KZ aus einem Leichenhaufen gezogen, sie bis zum Kriegsende versteckt und versorgt. 1962 sah sie sie dann wieder. Geistig verwirrt. «Wir müssen unbedingt etwas mit meiner Leiche tun, Mario», schrieb Sarah da an Simmel. Sie haben sie zu einem Arzt gebracht. «Heute geht es der Leiche gut», sagt er.

Lästig sind ihm die Briefe mit Angeboten. «In einer irrsinnigen Überschätzung meiner Situation» bieten die Leute ihm Inseln an und Goldminen und Schlösser und Orangenhaine. Einer wollte ihm eine Flucht-Yacht andrehen. Wenn in Europa erst einmal die Bomben fielen, sollte er wenigstens rauskommen und weiterschreiben. «Für wen?» fragt er.

Könnte er allein überleben? Sich durchkochen? «Mit harten Eiern und Tomatensalat», mehr könne er nicht. Er kann ja nicht einmal Energie sparen. «Meine Frau läuft dauernd hinter mir her und dreht die Lampen aus.»

Nein, wirtschaften kann er wirklich nicht. Geld gibt er aus mit Lust und vollen Händen. Einfach so weg.

Wir schauen wieder beim Film rein. Drehschluß in Neuschwanstein. Peter Zadek möchte, daß Simmel noch bleibt. Ein Riesenei, drei Meter hoch, sei auf dem Weg zu Ludwigs Schloß, das müsse er sehen. Aber draußen regnet es, und es wird auch bald dunkel, und das Ei interessiert den Simmel nicht so wie das Huhn, und die Sache mit den Hühnern, die hat er ja miterlebt zu Beginn der Dreharbeiten.

Mit 40 000 ergaunerten Eiern legt nämlich Jakob Formann sich den Grundstock zu seinem Reichtum. Für eine Szene brauchte Zadek 2500 Hühner, zufriedene, «lustige» Hühner aus den fünfziger Jahren, keine Batterie-Hennen, die gleich umkippen, wenn man sie auf die Füße stellt.

Bei Bremerhaven hatten sie einen Züchter gefunden. 2500 Viecher für 25 000 Mark. Er wollte sie nicht zurückhaben. Die Tiere seien zu sensibel und darum nach dem ersten Drehtag schon verstört. Er habe ihnen täglich das Futter gebracht, und bevor er eintrat, habe er an die Tür geklopft. Da hätten sie gewußt: es ist Körner-Zeit. Und dann haben sie gelegt wie die Weltmeister.

Gelegt haben sie auch noch in München. Zweihundert bis dreihundert Eier am Tag. Und das ganze Team hat Körbe dabei gehabt und abends die Ernte nach Hause getragen. Aber von Tag zu Tag legten sie weniger. Und die Eier wurden immer kleiner, und am Ende waren die Hennen meschugge und wurden auf bayerischen Märkten verkauft.

Simmel ist sprachlos, als er die 2500 Flatterdinger zum erstenmal sieht. Eine der Hennen wetzt auf ihn zu, stoppt und glotzt ihn an. «Na, warst du auch in der Partei?» fragt Simmel, und Zadek lacht schallend und will wissen, wieso er das fragt.

Ja, das ist wieder so eine Geschichte von damals, kurz nach dem Krieg: Simmel und Fritz Kortner sind eingeladen. Der Theaterregisseur – gerade aus dem Exil zurück – wittert in jedem einen Nazi. «Kortner», sagt Simmel, «die Leute, bei denen wir heute sind, haben Juden gerettet.» In Ordnung. Kortner kauft sogar Blumen. Sie klingeln. Das Mädchen öffnet. Der Dackel schießt raus, kläfft Kortner an. «Na», sagt der, «auch in der Partei gewesen?»

«Und war er?» fragt Zadek.

Wir steigen ab. Die Wendeltreppe von Neuschwanstein wieder runter. Fünfzig Stufen, achtzig Stufen. Immer rechts herum. Vorbei an Hunderten von kleinen grünen Tapeten-

Drachen. Welches Tier möchte Simmel sein? «Ein Bär», sagt er. «Aber ein freundlicher.»

Wäre Helmut Kohl eine Romanfigur für ihn? Durchaus. «Aber keine Karikatur.» Ein Mann, sagt er, der Jahre wartet, der gedemütigt wird und schluckt, weil er Macht will, und als er dann die Macht hat, doch nur ein Spielball der Mächtigeren ist, «das ist eine tragische Figur».

Er fährt zurück nach München. Er freut sich aufs Schlafen. Auf die Träume. «Im Traum», sagt er, «bin ich noch nie enttäuscht worden.»

Die Bennents

Sie sind dem Teufel aus der Pfanne gesprungen

«Sucht ihr jemanden?» fragt er über seinen Bücherberg hinweg. «Ja, dich zum Beispiel.» Ach. Das freut ihn. Er lehnt sich zurück, läßt den Füller auf die noch feuchten französischen Wörter fallen. «Journalisten, was?» Und ist bereit. Aber wir wollen den David noch gar nicht, wollen erst die Eltern und die Schwester Anne, die gerade einen Film gedreht hat, «Lulu» nach Wedekind. Na ja, da sollten wir man nach oben gehen, sie seien alle unterm Dach. Doch als wir die Edelholztreppen des Berliner Literarischen Colloquiums hochsteigen, wo Bennents vier Zimmer bewohnen, folgt David in Westernstiefeln.

Heinz Bennent, Theater-, Film- und Fernsehstar kommt uns barfuß und zerzaust entgegen. Er ist gerade ein paar Kilometer gelaufen, am Wannsee, jetzt fühlt er sich wohl, weil er seinen Körper fühlt. Manchmal, wenn er nicht zum Laufen kommt, scheuert er Böden, putzt Möbel, wischt Fenster, um seinen Bewegungsdrang abzureagieren. «Für mich», sagt er, «gilt der Descartes-Satz nicht ‹Ich denke, also bin ich›. Für mich gilt eher: ‹Ich wische, also bin ich.›» Möbel gibt es in Bennents Übergangsbleibe kaum. Vater und Tochter spielen Theater in Berlin, also sammelt sich die Familie hier, schläft auf Matratzen, lebt aus Koffern.

Anne Bennent bringt ihrem Vater Goldpapier. «Wir werden wohl Weihnachten hier sein», sagt sie. «Da wollen wir die Decken vergolden.» Jung-Anne ist blond und kraus und bei einer Spur tranigem Temperament herrlich erotisch. Sie lacht wie eine Trompete, bewegt sich selbstbewußt, trägt Jeans und T-Shirt und die nackte Haut – ungeschminkt.

Wie kam sie an die «Lulu», die Filmrolle, die Romy Schneider spielen sollte und nicht wollte? «Durch Zufall», sagt sie.

Produzent Ralph Baum und Regisseur Valerian Borowczyk suchten. Sie hörten von Anne und gingen zum Vater, aber der sagte: «Fragt meine Tochter doch selbst.» Da fuhren die beiden in die Villa an den Wannsee, sahen eine Schwarzhaarige, Schüchterne, das Hausmädchen, dachten: Das ist sie, nichts wie weg. Und sahen beim Davonschleichen Anne auf der Terrasse – und blieben.

Ja, zur Lulu hatte Anne Lust, zur Triebfrau mit der Kindereinfalt, zur Dirne, die Männer verschlingt und von einem Lustmörder erstochen wird. Daß sie sich für die Lulu ausziehen mußte, war kein Problem. «Ich tauche auch nackt», sagt Anne. Und die Tintenfische, die sie im Mittelmeer fängt, hängt sie sich wie einen Bananengürtel um den Bauch. Nacktsein ist für alle Bennents normal wie essen. Sollen die Leute doch glauben, sie seien Exhibitionisten.

Anne hat sich das Drehbuch nach dem Bühnenstück von Frank Wedekind von ihrem Vater erklären lassen, hat es mit ihm gelernt, in einer Woche. Geniert sie sich vor ihrem Vater? Beim Lernen ja. «Weil ich dann immer denke, wie gut er ist.» Beim Drehen nein. Dann traut sie nur sich. «Und mein Vater spielt in *‹Lulu›* sogar meinen Mann.» Gedreht wurde der ganze Film in Berlin in drei Wochen. «Ein Chaos», sagt Bennent. Anne hat gespielt, und der Regisseur hat nicht ein einziges Mal korrigiert. Denn Anne hat versucht, das natürliche «Prachtexemplar von Weib» – wie Wedekind sagte – zu spielen und nicht dessen Pervertierung zum «Ausbund bösartiger Unnatürlichkeit», die dem Autor so widerlich war und die er «der Herrschaft des spießbürgerlich-engherzigen deutschen Naturalismus» in die Schuhe schob – wo sie noch heute steckt.

Mutter Bennent, zierlich, Ballerinenfrisur und mit Vergnügen altmodisch gekleidet, hat das Mittagessen fertig. Anne hilft aufdecken. David rennt zum Vater, flüstert ihm ins Ohr, daß Mutter Heringssalat gemacht habe. Doch erst für morgen. Er wolle ihn aber heute. «Sag, daß du ihn auch willst», bedrängt er den Vater und trommelt ihm auf die Brust. Aber der sagt nein. Als die Mutter zurückkommt, sagt David mit seiner zartgeräucherten Stimme: «Vater möchte die Heringe. Soll ich sie holen?» Sie sagt, er solle sich setzen und verteilt die Leber.

Untereinander redet die Familie französisch. Vor fünfundzwanzig Jahren, als Heinz Bennent die aus Lausanne stammende Ballerina Diane Renou kennenlernte, konnten sie kein Wort miteinander sprechen. Da lernte er Französisch und sie Deutsch. Und die Kinder wuchsen zweisprachig auf.

Da der Vater zwischen Bühne, Film und Fernsehen vagabundierte und seine Familie dennoch um sich haben wollte, wurde Anne bis zum elften und David bis zum neunten Lebensjahr von der Mutter unterrichtet. Sie hatte die Erlaubnis von den Schweizer Schulbehörden, versorgte sich mit den notwendigen Lehrbüchern, und einmal im Jahr mußten die Kinder in Lausanne, dem Hauptwohnsitz der Bennents, Prüfungen ablegen. Heute besuchen sie französische Schulen, und wenn es dort, wo sie gerade sind, keine gibt, besorgen die Eltern Hauslehrer.

In Berlin zeigten Nachbarn die Bennents deswegen bei der Polizei an. Auch anderswo sagten die Leute: Das kann nicht gutgehen. Und irrten. Anne bestand jedesmal mit Auszeichnung. David ist guter Durchschnitt.

Der Vater liest seiner Familie seine Rollen vor, oder Hölderlin oder Tschechow, sie hören Musik und zeichnen ihre Träume und reden zusammen und zanken zusammen, wie sich das gehört, und neulich haben sie über den Tod gesprochen und gesagt, daß es am besten wäre, zum Sterben in den Wald zu gehen. Allein.

So reist die ungewöhnlich verankerte, disziplinierte, phantasiebegabte, patriarchalische Kleinfamilie mit ein paar Koffern zwischen München, Berlin und Paris umher. Dann und wann erreicht sie ein Anruf der Tante aus Lausanne, die wieder einmal sterben will. Sie tut es seit Jahren schon, meist während der Dreharbeiten. Und wenn Diane Bennent nicht ihren Besuch für den nächsten Tag ankündigt, tobt sich die alte Dame in der Leitung wieder gesund.

Wie er heute lebt, sagt Bennent, sei es immer seine Sehn-

sucht gewesen. Er wurde 1921 in Stolberg geboren. Der Vater war Buchhalter, die Mutter hatte sechs Kinder. Das sechste war er. Er lebte ganze Tage in den Bäumen. «Ich saß in der Tanne und dachte, ich sei ein Vogel», sagt er. «Das Bild werde ich nicht mehr los.»

Mit sechs schrieb er kleine Zirkus-Szenen, spielte den Clown, ging mit seinen Nummern durchs Dorf, nahm einen Pfennig Eintritt. Und bei Hochzeiten mußte der Junge reden, der Junge konnte es am besten. Aber er war auch am frechsten. In der Schule gab's Schläge, zu Hause auch. «Der ist dem Teufel

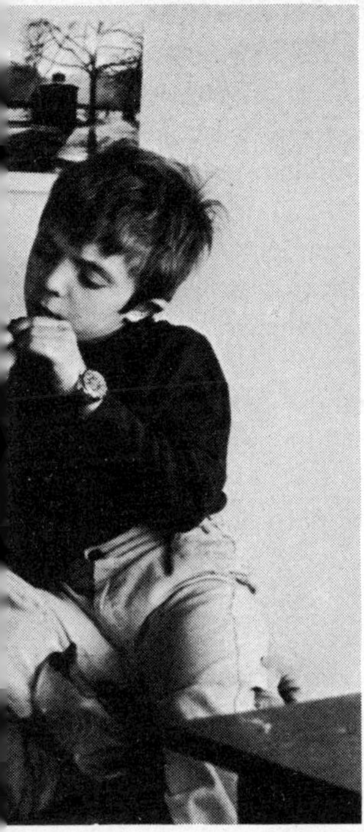

Heinz Bennent mit Tochter Anne und Sohn David, dem Oskar aus der «Blechtrommel». Sie lesen miteinander und zeichnen ihre Träume auf.

aus der Pfanne gesprungen», sagte seine Mutter. Er litt unter der Pubertät, er litt unter der katholischen Beichte. «Die Kirche hat auf der ganzen Linie versagt», sagt Bennent. Er geht noch heute in die Kirche. Als er das Abitur nicht schaffte, kam der Krieg, danach das Theater, er sprach Liebesszenen vor, in rheinischem Platt, die Prüfer lachten und engagierten ihn.

In den fünfziger Jahren liebte Bennent, der Seelenschauspieler mit dem analytisch scharfen Verstand, das Theater. «Wir kannten ja nichts, keinen Giraudoux, keinen O'Neill.» In den sechziger Jahren haßte er das Theater. «Es war übersättigt und verbürgerlicht.» Da zog er mit der Familie auf die Insel Mykonos. «Griechenland ist wohl doch so etwas wie die Wiege.» Er besuchte Delphi und hielt sich ans Orakel: «Erkenne dich selbst.» Und er hat gelesen, Plutarch, Morgenstern, Platon, Tschechow. Da hat er gelernt. Vor allem gelernt, sich zu bescheiden.

Bennents kennen keinen Luxus. Sie haben kein Radio und keinen Fernseher. «Ich konnte den Köpcke sowieso nicht ertragen.» Politik liest er aus der *Süddeutschen*, aus *Le Monde*, der *Zeit* und dem *Spiegel*.

Würde er für einen Politiker auf die Straße gehen? Würde er schon. Aber für wen? «Politiker werden sich doch immer ähnlicher.» Wehner, den mag er noch. Der sei schlau und integer. «Und ich bin sicher, er läßt sich nicht fürs Fernsehen schminken.» Geschminkte Politiker findet er unmöglich. Das habe Plutarch schon gesagt. Der erzählt die Geschichte eines Königs, der einen Hofmarschall entläßt, weil er sich die Haare färbt. Wie, schreibt er, muß er dann erst mit seinen Worten lügen.

Politik sei heute so dumm, daß er sich weigere, sich über sie aufzuregen. Und zitiert Platon: «Solange Könige keine Philosophen sind, ist die Welt nicht in Ordnung.»

Welches Gesetz würde er erlassen? «Den kategorischen Imperativ von Kant», sagt er, das heißt, jeder solle so handeln, daß die Maxime seines Willens jederzeit auch als Prinzip einer allgemeinen Gesetzgebung gelten könnte.

«Ich weiß auch eins», ruft David aus seiner Ecke, wo er einen Vulkanausbruch mit davonrasenden Menschen malt. «Niemand darf hungern!» Und kommt zu uns und sagt: «Du willst mich wohl gar nichts fragen?» Doch, aber er findet Journalisten ja unmöglich. «Natürlich, wenn sie mir nachrennen wie in Cannes.» Da hat er sie mit Sand und Steinen beworfen. «Einen hab ich getroffen», sagt er. Am nächsten Morgen stand in der Zeitung: «Das Monstrum schreit, spuckt, wirft.»

Bekommt er Post, seit er die «Blechtrommel» von Günter Grass gedreht hat? Ja, meist von Mädchen. Eine hat den Film schon achtzehnmal gesehen. Und zehnmal geschrieben, daß sie ihn treffen will. Ganz nett. Aber dringlicher von Mal zu Mal. Antwortet er? «Nein. Ich will sehen, wann sie aufhört.» Ein zu witziger Bursche, dieser David-Oskar, dessen wassergraue Augen zum Gradmesser seiner Stimmungen werden, ein kleiner Prinz mit der anarchischen Feder am Hut, voll Charme und Selbstbewußtsein – trotz seines Handikaps des Zwergenwuchses. Diane Bennent sagt: «Schon als er aus dem Bauch kam, meinten die Ärzte: ‹Der ist zu kurz.›» Sie sind mit ihm von Pontius zu Pilatus gelaufen, haben wochenlang Station in einem Londoner Krankenhaus gemacht, aber ausgerechnet fremde Leute glauben, den Knaben kurieren zu können. «Reiben Sie ihn von Kopf bis Fuß mit Schmierseife ein», raten sie am Telefon. «Oder mit Honig. Und zehn Liter Wasser muß der Junge täglich trinken – mindestens.»

David lacht. «Seit der Blechtrommel bin ich drei Zentimeter gewachsen.» Und erzählt, daß Roswitha, die Liliputanerin aus dem Film, jetzt geheiratet habe, einen ganz gewöhnlich Gewachsenen. «Aber der hat auch einen Fehler», sagt er, «der hat ein Holzbein.»

Gibt es Marotten, die er vom Blechtrommler Oskar Matzerath übernommen hat? «Nein», sagt David entschieden. Die Eltern protestieren. Er hat doch einem Freund in der Schweiz gezeigt, wie man Fensterscheiben einschlägt. «Schande», sagt die Mutter. Und der Vater: «680 Franken hat es gekostet.» «660», korrigiert David. 20 Franken waren für die Polizei.

Welches Stück möchte Heinz Bennent zusammen mit seinen Kindern spielen? Ibsens «Klein Eyolf». Aber da winkt Bennent auch schon wieder ab, sagt zu David: «Nein, da müßtest du schon wieder einen Krüppel spielen.» Aber der interessiert David brennend. Wie ist er? Was sagt er? Bennent erzählt die Geschichte von Klein Eyolf, der vom Tisch gefallen, an Krücken lief und zusammengekettet mit Mutter, Vater und dessen Stiefschwester lebt und dann stirbt. David lächelt, und seine Augen leuchten. Doch als Bennent sagt, daß er nur im ersten Akt vorkommt, steht David auf. «Das ist dann wohl nichts für mich», sagt er. Und geht.

Federico Fellini

«Ich stehle mir etwas aus jedem Gesicht»

Fellini blättert in Gesichtern. Er hockt da im Sessel, lässig, locker, elegant mit roter Krawatte, weinroter Wollweste, weinroten Socken, Samtjackett in Schwarz und wühlt wie ein Vampir in Fotos. In Typen. In Blonden, Braunen, Fetten, Dürren, Satten, Schlaffen, die ihn angieren, anschmachten: hol mich, nimm mich, beiß mich. Er schlürft sie weg wie Austern, Seite für Seite, erwischt eine Perle, einen Po, poliert und gepudert, den Po, den Casanova in seinem Film «Casanova» küßt.

Fellini läßt die Brille über den Nasenrücken rutschen, stülpt mephistophelische Brauen hoch, kichert und erzählt mit zarter, honigsüß schnarrender Stimme, welchen Ärger ihm dieser Hintern eingebracht, damals, als er den klassischen Verführer als Aufschneider und geilen Gockel vom Sockel gefegt. Casanova also nestelt an einer Nonne. Die hebt den Rock und bietet die Backe zum Kuß. So die Rolle. Am nächsten Morgen erscheint der Gatte der «Nonne» im Studio. Er tobt. Dieser Wüstling, dieser Fellini, dieser Phallokrat, brüllt er, der wie ein Tintenfisch überall seine Finger im Spiel haben müsse, er solle sich unterstehen, seinem Weib den Rock zu heben. Die Rolle ja. Den Hintern nein. Und Gnade ihm Gott, wenn er glaube, ihn hintergehen zu können. Er kenne jede Pore ihres Pos, würde ihn auf der Leinwand unter tausenden herausfinden, und dann Fellini erdolchen, erwürgen, vergiften – mindestens.

Also mußte Fellini für den allerwertesten Kuß einen neuen Hintern suchen. Schwerarbeit. Also stöberte er Stunden in seinem Fotoarchiv herum, suchte Gesichter, von denen er glaubte, auf Gesäße schließen zu können. Und so kam es, daß

Casanova in seinem Film die Nonne auf den falschen Hintern küßt.

Dieses Fotoarchiv hat Fellini schon manches Mal den Film und damit die eigene Haut gerettet. Denn er sagt von sich: «Ich bin ein Film.» Fünfzigtausend, hunderttausend, ach, er weiß nicht, wie viele Leute ihm da ihr Konterfei geschickt haben, wie viele er selbst geknipst: bekleidet, entkleidet, verkleidet, an Säulen gelehnt, auf Stühle gestützt, festgehalten an Blumen und Tassen, Riesen, Zwerge, Transvestiten, Junge, Alte, Spröde, Blöde, was er will. «Ich möchte alle Gesichter dieser Welt haben», sagt er und frißt das Gesicht, dem er das sagt, und sieht dabei sanft aus, gentilissimo und lammfromm wie ein Schaf, das keine Angst hat und über den Wolf nur lachen kann.

Vor sechs Jahren hat Fellini seinem Verleger Daniel Keel das Archiv gezeigt, das eine Wand füllt, fünf Meter mal zweifünfzig, eine Fotothek in Kisten und Kästen, rubriziert, geordnet in dick, dumm, dösig, faul und gefräßig. «Das ist ein Buch», sagt Keel dem Freund. Aber der will nichts davon wissen. Seine Sammelsucht, sagt er, sei ja ein Stück er selbst, jedes Gesicht ein Eck von seinem Gesicht, und wenn er auch immer ein Narziß gewesen, so müsse das doch nicht alle Welt wissen.

Aber Keel überzeugt ihn, daß so ein Buch außer Selbstbespiegelung vor allem ein Garten Eden von höllischer Phantasie sei. Und wann hat Fellini je der Phantasie einen Korb gegeben? «Dann mach», sagt er und läßt den Verleger drei Tage in der Monsterhöhle wühlen. Der wählt 3000 Fotos fürs Buch, das er «Fellinis Faces» nennt.

Es ist 19 Uhr 30. Daniel Keel drängt zum Aufbruch. Seit einer halben Stunde wartet Giulietta Masina schon zu Hause bei seiner Frau. Also ab.

Auf der Treppe putzt eine Italienerin die Stufen. Sie weiß, wer im Haus ist. Als der Maestro nun die Treppen hinabschreitet, schubst sie Eimer und Scheuerlappen zur Seite, ruft: «Attenzione, maestro!» und erzählt von zu Hause und dem Mann und den Kindern, die unbedingt ein Autogramm wollen.

Natürlich, bekommen sie. Und wieder kriecht der Menschenfresser in ein pralles Bauerngesicht hinein. Und muß weggezogen werden von Keel. Das Essen verkocht sonst zu Hause.

Nein, Fellini will nicht neben dem Verleger sitzen. Er quetscht sich lieber in den Fond. Er mißtraut jedem Autofahrer. Dabei fährt er selbst unmöglich, meist im ersten und im zweiten Gang. Blindes Vertrauen hat er allein zu Berufsfahrern, zu Taxileuten. Egal, ob sie die letzten Fahrer sind.

Im Hause Keel küßt Fellini die Hausfrau lustvoll theatralisch auf beide Hände, Anna Keel, die Zeichnerin. Er will sehen, was sie grad gemacht hat, will vor allem aber erzählen, was er grad gesehen, sagt seiner Frau Giulietta, daß es «incredibile» und «favoloso» geworden sei, das Buch und plaudert über «Faces» und nimmt das Thema mit zu Tisch, vergißt aber nicht, die Köchin der Keels, die auch serviert, zu loben. Er kennt sie längst, kennt ihr Können, sagt, es seien die köstlichsten *fagiolini*, die er je gegessen. Sie lacht ihn aus, ein wenig verlegen, grüne Böhnchen bekomme er doch auch in Italien, sagt dann, sie habe zum Nachtisch eine Mousse au Chocolat gemacht, extra für ihn. Da schmilzt er vor ihr hin, und sie geht kichernd in die Küche. Dann sägt er aufs neue mit schnarrender Stimme durch die Geschichte seiner Gesichter.

Die werden immer dann interessant, wenn Fellini einen neuen Film dreht. Dann mietet er sich irgendwo in Rom ein Büro, läßt von zu Hause die Fotothek anschleppen und zur selben Zeit in alle Zeitungen des Landes eine Kleinanzeige einrücken: «Federico Fellini ist bereit, alle zu empfangen, die ihn besuchen wollen.»

Und sie kommen. Egal, ob sie eine Rolle suchen oder nur das Monstrum Fellini sehen wollen. Sie kommen zuhauf und zu Hunderten: der Student, der Pensionär, die Masseuse, der Beamte, die Jungfrau und der Neureiche, der dem Regisseur sein Château in Neapel zum Drehen anbietet, die taube Dichterin mit dem Metallknie und ihr Diener, der jedem erklärt, warum sich seine adelige Verseschmiedin nicht setzen kann.

Und es erscheint die Frau aus dem Volk, die unter der

Federico Fellini
sucht das Monstrum mit
der Lupe.

künstlerischen Leitung Fellinis einen Selbstmordversuch wagen will. Oder ein dürres Männlein steht plötzlich da, das dem Maestro einen prallgefüllten Aktenordner reicht, die Arbeit von Jahren, wie er sagt, die unwiderlegbar beweise, daß er, der Regisseur, ein Marsmensch sei. «Es ist meine Pflicht, Ihnen dies mitzuteilen. Guten Abend, Herr Fellini.» Und geht.

Ach, Fellini liebt diese Leute, all diese Verrückten, die da aus Rom oder weiß der Teufel woher kommen. «Das ist surrealistisch wie im Tollhaus», sagt er, «wenn die Typen da an mir vorbeimarschieren.» Der eine hat die wüsteste Nase der Welt, der andere einen Tick, der dritte eine tolle Brille, der vierte war mal eine Frau. «Von jedem Besucher stehle ich mir etwas.» Jeder ist ein Stück von ihm, ein Stück vom Film. «Auch, wenn ich von tausend nur zwei gebrauchen kann.»

Sie kommen. Kommen jeden Tag von 17 bis 20 Uhr. Zeigen Bein und Busen und geben Fotos ab. Und sie fragen: «Wann beginnt der Film?» und «Welche Rollen gibt es überhaupt?» Aber das weiß der Teufel, weiß Fellini. Und der sagt es nicht. Der will erst alle sehen. Dann wird man sehen. «Was, Sie waren Widerstandskämpfer? Dann spielen Sie bei mir einen Faschisten.»

Wenn der Film dann Formen annimmt im Drehbuch, greift er in die Fotokisten. Zieht diesen irren Blick heraus und jenen zarten Teint, einen Klumpfuß und einen Gigolo mit quadratischem Kopf – alle vor Jahren schon eingeordnet. Und seine Assistenten müssen jetzt in der Weltgeschichte herumtelefonieren und nach den Leuten fahnden. Und erfahren, daß der schöne Teint inzwischen die Pocken hatte und der Klumpfuß in Australien lebt und der Irre überhaupt nicht mehr und der Gigolo alt ist und aufgeschwemmt.

Und wieder fischt der Urfaun in der Fotothek herum, zieht neue Typen aus den von ihm klassifizierten Rubriken: schmutzige Visagen, komische Naive, Clowns, Aufgetakelte, melancholische Frauen, stämmige Schwule, Knaben. Und wenn er eine Riesin sucht, die er im Kasten nicht findet, gibt er im Büro Order: «Laßt alle Riesen des Landes zu mir kommen.»

Die Zeit der Foto- und der Typenwahl, dieses Ritual im Büro zwischen Bier, Likör und Zigarettenrauch, ist für Fellini die lustvollste Zeit der ganzen Filmerei, denn «meine Fähigkeit zu Staunen ist unbegrenzt».

Unbegrenzt auch seine Liebe zu den Statisten, die er nach wochenlangen Vorbeimärschen dann endlich auswählt. «Komparsen sind das Menschenmaterial, aus dem ich schöpfe», sagt Fellini. «Sie sind gefügig, bescheiden, demütig und auf wunderbare Weise immer zu meiner Verfügung.» Das weiß er. Das nutzt er. Bis zum Zynismus.

Einmal verfolgt ihn eine Zieharmonika-Spielerin, eine jammervolle Figur. Zuerst bombardiert sie ihn mit Briefen, hockt sich dann vor sein Büro, inszeniert stumme, dramatische Auftritte, zieht die Harmonika und singt zum Erbarmen schaurig «Wohin enteilst du, Glück?» Das geht Tage so, Wochen. Dann, ganz plötzlich, zerrt Fellini sie vor die Kamera. Er kann sie gebrauchen. Die Heulerin ist paralysiert. Jede Note vom enteilten Glück ist weg, verschwunden. Panik erfüllt die Frau. Und Fellini geht auf sie zu, lächelt, brüllt: «Siehst du denn nicht, wie du vom Pech verfolgt bist?» Und mit der Automatik des Überlebenwollens wimmert das Weib zu gequetschten Akkordeontönen das Lied – ganz so, wie Fellini es will.

Im Proben-Dschungel, wenn er schlechte Laune hat, oder wenn einer seine Anweisungen falsch befolgt, dann pöbelt er Komparsen an, egal, ob Tagelöhner oder Adelsdamen. «Lucifreddi del cazzo!» brüllt er einmal und meint eine greise Aristokratin. Unglaublich ist das, denn *cazzo* heißt auf höchst vulgär das unaussprechliche Glied eines lüsternen Unholds, «Lucifreddi» vom Schwanz also, harmlos übersetzt. Und er suhlt sich in Wonne, wenn so eine feine Dame dann bei ihm ganz unschuldig nach der Bedeutung des Wortes fragt.

Die meisten Komparsen wissen überhaupt nicht, welche Rolle sie spielen. Sie sagen keinen Satz, sie sagen Zahlen, zählen bis fünfzehn oder dreißig, das ist ihr Text, der lenkt nicht ab, synchronisiert werden sie ohnehin alle. Und Fellini korrigiert selbst im kleinen Einmaleins. Warum haben Sie bei neun den Kopf nicht gehoben? Aber ich habe ihn doch gehoben. Das ist nicht wahr! Du hast den Kopf bei zwölf gehoben. Nein, bei neun. Gut, dann mußt du schneller zählen.

Es gibt allerdings eine Szene, in der Fellini selbst zum Statisten wurde, zum Komparsen mit der Rolle ohne Wort. Das war vor Jahr und Tag in Rom. Ja, er erzählt sie gern, die Geschichte, die so gut ist, weil er sie nicht besser hätte erfinden können. Er lehnt sich weit in seinen Stuhl zurück, breitet die Arme aus und läßt seine klirrende Falsettstimme in die «wahre Begebenheit» hinabtauchen.

Er will Geld abheben in der Bank von American Express. Er betritt die Schalterhalle. Er sieht ein paar verschreckte Gesichter. Kunden. Er sieht ein paar vermummte Gestalten. Gangster. Die haben gerade «mani in alto!» gebrüllt, Hände hoch, Geld her. Aber irgendwas klappt nicht. Die Masken sind ratlos. Sollen sie schießen?

Da sieht einer Fellini. Er läßt das Gewehr sinken, lacht den Kassierer an. «Keine Angst», sagt er, «wir drehen nämlich einen Film.» Knufft seine Komplicen in die Rippen, langsam schieben sie ab, schlendern mit den Knarren an Fellini vorbei. «Hallo, Federico, alles klar, wir waren nicht gut, wir probieren das noch mal.»

Gehen. Und niemand hat sie mehr gesehen.

Ivan Generalić

«Wenn ich nicht malte, habe ich Schweine gehütet»

Enten torkeln durch den Schneematsch. Truthähne rasen über den Asphalt. Ein paar Jungen brüllen sich beim Fußballspielen die Seele aus dem Hals.

Es ist Feiertag in Hlebine, dem kleinen kroatischen Ort an der ungarischen Grenze – einhundertzwanzig Kilometer von Zagreb entfernt – dem berühmtesten Dorf Jugoslawiens. Hier, in der Hauptstraße 75, wohnt Ivan Generalić, von dem Picasso 1952 auf seiner Ausstellung in Paris sagte: «So naiv können nur Genies sein.»

Ivan Generalić arbeitet im Garten, hat Bäume gefällt, hackt mit dem Beil die Äste ab. Ich soll ins Haus gehen zu seinem Sohn, da sei es warm, er käme nach. Draußen sind vierzehn Grad unter Null.

Josip Generalić, dessen Bilder beinahe so begehrt sind wie die des Vaters, sitzt im Wohnzimmer zwischen goldgelber Plüschgarnitur, Klöppeldecken, Fernseher, dicken Teppichen und rosafarbenen Voilegardinen. Er sitzt am Fenster und malt ein Schneebild auf Glas. Er singt: «Oh, mein Papa, du bist mein gro-ho-ßes Problem . . .», springt auf, fragt: «Slibowitza?» und holt die Kristallkaraffe mit dem Nationalschnaps aus dem flammend gebeizten Büfett.

«Haben Sie im Garten die sieben Löcher gesehen? Ich werde Pflaumenbäume hineinsetzen. Für Slibowitz.» Er gießt ein und trinkt. Dann setzt er sich wieder, malt mit haarfeinem Pinsel in großer Hand hauchzartes Geäst und kichert beim ersten Zweig, der entsteht: «Zwanzig Rappen», und beim nächsten «vierzig Rappen». In vierzehn Tagen, wenn das Bild fertig ist, wird es 7000 Mark wert sein.

Vater Ivan kommt aus dem Garten zurück. Er klagt über

Kopfschmerzen. «Ich habe gestern Fußball gespielt und bin gestürzt», sagt er und fügt melancholisch hinzu: «Früher sagte meine Frau dann immer: ‹Ivan, du bist nicht nur naiv, du bist auch kindisch.›»

Seine Frau starb vor einem Jahr. Da mochte er nicht mehr in Hlebine leben. Er zog ins zwanzig Kilometer entfernte Koprivnica und kaufte sich ein Haus. Nach Hlebine, wo sein Sohn mit Frau Mirjana und dem Sohn Goran zweimal im Monat ein paar Tage verbringen, kommt Ivan Generalić noch von Zeit zu Zeit. Nur bleibt er nie länger als bis zum Nachmittag. Er mag in dem Haus, in dem er einundvierzig Jahre mit seiner Frau gelebt hat, keinen Abend mehr verbringen. Er lädt für 21 Uhr nach Koprivnica ein, setzt sich mit Hut und Lederjacke und Gummistiefeln in seinen großen, grauen alten Citroën und rollt mit fünfzig Stundenkilometern ins selbstgewählte Exil.

Ivan Generalić, nach Tito der berühmteste Jugoslawe, wurde am 21. Dezember 1914 in Hlebine geboren. Mit sieben Jahren beschmierte er Nachbars Gartenzäune, mit siebzehn malte er Hinterglasbilder, die die soziale Ungerechtigkeit in seinem Lande anprangerten. Dafür prügelten ihn die Gendarmen. «Sie zerschlugen wohl auch ein paar Stühle auf mir», sagt Generalić. «Aber als ich wieder zu Hause war, malte ich doch weiter.» Und wenn er nicht malte, hütete er Schweine.

1931 verkaufte Generalić sein erstes Bild für ein paar Dinare. Er fing an, mit Bildern zu zahlen: Für einen Fußball gab es damals eine bosnische Kuh, für ein Rasiermesser ein Hochzeitsbild. Da kam der Bauer Štef Halaček zu ihm und sagte, daß er ganz unmöglich male, daß er die Menschen grob und häßlich mache und keine Spur von Talent habe. Als Ivan das Gerede satt hatte, legte er den Nachbarn mit dem Pinsel hinter Glas in einen Sarg und nannte das Bild «Das Begräbnis des Štef Halaček». Der lachte sich kaputt und sagte jetzt kein Wort mehr gegen Ivans merkwürdige Menschenbilder.

Zwanzig Jahre später war Generalić weltberühmt. Er wurde in Paris ausgestellt, wurde von Tito gekauft, von Yul

Brynner, Prinzessin Margaret, von André Previn, Richard Burton und den Beatles.

Sein Leben aber hat er kaum verändert. Er baute zwar ein neues Haus mit Ölheizung neben dem alten in Hlebine, baute gar eine Gedenkstätte für sich, kaufte dem Sohn ein Haus in Zagreb und sich selbst eins in Koprivnica. Er ißt gut und trinkt, solange ihn die Beine halten. Und unterstützt die Feuerwehr und den Fußballverein.

Bilder aber verschenkt er keine. Als die Königin von Holland beim Staatsbesuch in Jugoslawien einen Abstecher nach Hlebine erwog, wehrte er ab: «Sie will ja doch nur ein Bild von mir.»

Und als er während einer Ausstellung in Rom die Gelegenheit zu einer Audienz beim Heiligen Vater hatte, meinte der Maler: «Der Papst erwartet sicher ein großes, die Kardinäle sicherlich ein kleines Bild.» Da fuhr er lieber früher nach Hause.

Bei Generalić hängt Generalić neben Generalić. Es sind gerahmte Drucke. Wo die Originale geblieben sind, weiß Ivan G. nicht mehr. Die frühen Bilder aber, die er nie hergeben wird, hängen oben im Schlafzimmer, einer Klause mit Tisch, Stuhl und Bett. Daneben das Atelier. Eine Beamtenstube, wenn die Staffelei nicht wäre. «Ich pfeife auf Luxus», sagt Generalić.

Unten in der Küche liegt inzwischen ein geröstetes Schwein quer über dem Tisch. Haushälterin Rosa trägt Riesenstücke ins Speisezimmer, wo ein paar Freunde von Generalić längst Wein und Slibowitz trinken – der Tierarzt, seine Frau, der Krämer und zwei Bauern von nebenan.

Sie reden über das Glück, ein Schwein zu haben, über das Fußballspiel Jugoslawien gegen Spanien und über die Zubereitung von Pflaumenschnaps. «Gutes Essen, wenig trinken, keine Ritzbar, keine Fräulein», sagt Sohn Josip und folgert: «Ich also viel Geld.» Vater Ivan raucht schweigend schwarze Filterzigaretten und springt plötzlich auf und tanzt einen Rock 'n' Roll, und die Freunde lachen und klatschen, und ich fürchte

Ivan Generalić
im Atelier vor seinem
berühmten Eiffelturm.

«Früher gab ich ein Bild für einen
Fußball her»,
sagt er Birgit Lahann.

wohl als einzige im Raum, einer der Aufgedrehten könnte in die vier riesigen Hinterglasbilder fallen, die einfach so an der Wand lehnen, in die viermal 40 000 Mark.

Naive Malerei? Das sind klassische Bilder, das ist Lebensphilosophie, das sind sichtbar gemachte Gefühle. Aber Ivan, der Urvater, der Baum von Hlebine, sitzt da vor seiner gerösteten Sau und lacht, daß der Goldzahn blitzt: «Nein, nein», sagt er, «ich male einfach nur so, um Freude zu machen.» Das glaube ich nicht. Da sagt er weise: «Vielleicht bin ich heute wirklich nicht mehr der malende Bauer, sondern ein bauernder Maler.»

Gegen ein Uhr nachts fahren wir nach Hlebine zurück. Josip wird von der Polizei angehalten. Nein, der berühmte Name nützt ihm nichts. Er habe zu viel getrunken, soll den Mercedes stehenlassen und ein Taxi nehmen. Aber der einzige Taxifahrer von Koprivnica schläft längst. Das ist ein Argument. Wir dürfen weiterfahren.

Am nächsten Tag kommt der Galerist Hans Hoeppner, der Bilder von Ivan und Josip in Hamburg und München verkauft. «Mein zweiter Sohn», sagt Ivan. Die Verhandlungen mit dem Alten gehen schnell.

Er, der in seinem Leben rund achthundert Hinterglasbilder malte, muß kein Geld mehr verdienen. Drei Bilder im Jahr sind genug. An einem großen von drei Quadratmetern sitzt er ohnehin ein Vierteljahr. Er will wissen, wie begehrt seine Bilder sind. «Die kleinen», sagt Hoeppner, «sind weg.»

«Gut», sagt Generalić, «dann kriegst du wieder kleine von mir.»

Sohn Josip hat zur Verhandlung seine ältesten Sachen angezogen. Der fast einsneunzig Meter große Tanzbär kramt umständlich die Akten hervor und holt Mirjana, die übersetzen soll. Ihr Englisch ist besser als sein Deutsch. Wie viele seiner Bilder sind verkauft? Sieben. Welche? Wie ein Eichhörnchen rechnet er die zu erwartende Summe aus, lächelt. Dann bricht er zusammen. Hoeppner will ein Bild für 30 000 statt für 35 000 Mark verkaufen. Ein Sammler interessiert sich.

Josip zeigt auf seine geflickte Hose: «Härr Häppner», sagt er und rutscht auf dem goldenen Plüsch herum, «brauchen neie Hose, rechtes Auge guckt nicht gut, Hände zittern, bitte sähr, und wenn Ischias, ich nicht können malen.» Hoeppner sagt: «In Ordnung, dann lassen wir's.» Also, das will Josip auch nicht. «Scheich würden zahlen 50 000 Mark für Bild!»

«Natürlich», sagt Hoeppner. «Und dann ist es in der Wüste.»

Es dauert eine halbe Stunde, bis er dem hlebinischen Schwejk klargemacht hat, daß eine berühmte Sammlung wichtiger ist als die Welt des Öl-Dollars. «Also gut», sagt er, «30 000.»

Nachdem Josip seine neuen Bilder, Aquarelle und Weihnachtsszenen hinter Glas wie Bullen auf dem Markt an seinen Galeristen verkauft hat, zieht er sich eine feine Hose an, schleppt Slibowitz herbei. Und Mirjana kocht für den Abend sieben Gänge.

Natürlich hat Josip es einfacher gehabt als sein Vater. Er wuchs mit dessen Bildern auf, und es war klar, daß auch er Maler werden würde. Für ihn hat es nur ein Problem gegeben: Nach seinen ersten Versuchen kamen die Leute und klopften ihm auf die Schulter. «Bravo, Josip», sagten sie, «hast gute Kuh gemacht, bist guter Sohn von Ivan.»

Da schnitt das lustige große Kind die Nabelschnur zum Vater durch, ging nach Zagreb in ein winziges Zimmer ohne Wasser, besuchte die Kunstakademie, machte Examen – und Ringo Starr, Sophia Loren und Walter Scheel gehörten zu seinen ersten Käufern. Er ist nicht mehr der «gute Sohn von Ivan», er ist Josip Generalić.

Das Fußballspiel läuft. Ivan und Josip brüllen sich bei der Übertragung die Seele aus dem Hals. Der eine raucht, der andere kaut Nüsse. Ein halbes Pfund in der ersten Halbzeit. «Wenn wir verlieren, muß ich essen», sagt Josip. Die Spanier schießen ein Tor.

Mirjana schiebt wortlos den Braten in die Röhre.

Ingrid Bergman

Der Star, der nach Knäckebrot und Sauna duftet

Sie kommt durch die Drehtür. Grüne Hosen, gestreifte Seidenbluse, Schleife, lange Goldkette, flache Schuhe. Sie hat nie Absätze getragen und war dennoch größer als ihre Hollywood-Partner. Die mußten bei Liebesszenen immer auf einer Kiste stehen.

«Ich bin zu früh», sagt sie mit tiefer, geräucherter Stimme. Dabei sei sie schon einmal ums Hotel gelaufen. «Ich bin immer zu früh. Das habe ich von meiner deutschen Großmutter.» Sie setzt sich, bestellt beim Kellner, der sie selbstvergessen anstarrt, Tonic-Wasser, greift zur Zigarette, sagt: «Wenn ich nervös bin, rauche ich.» Warum ist sie nervös? Wegen des Interviews. Interviews gibt sie doch seit fünfundvierzig Jahren. Sie sei ja auch seit fünfundvierzig Jahren nervös. Ich sage, wir machen kein Interview. Wir reden nur. Sie lacht, aber ihr Blick bleibt skeptisch.

Wir laufen durch London-Mayfair, durch die Mount Street, die Park Lane, den Hyde Park. Leute sehen sie, drehen sich um, stoßen sich an, tuscheln. «So sind die Engländer», sagt sie. «Sie erkennen mich, aber bleiben höflich auf Distanz. Wenn die Franzosen mich erkennen, tun sie, als hätten sie mich nicht erkannt. Die Amerikaner kommen auf mich zu und sagen ‹Hallo Ingrid, I love you› und laufen weg. Und die Italiener», sie breitet die Arme mit einem «Madonna» weit auseinander, «die umlagern mich – und bleiben an mir hängen.» Sie bleibt stehen, wirft den Kopf zurück, posiert für den Fotografen, ernst, leicht, locker, «das kann ich», sagt sie, «das ist Routine.»

Im *Scott's* essen wir zu Mittag. Das kennt sie. Da fühlt sie sich sicher. Sie setzt ihre Brille auf, eine zierliche goldene, eine Halbbrille zum Lesen, studiert die Karte, fragt die Kellner nach Suppe und Fisch. Und da sitzt sie, pudert die windschiefe Nase über, schüttelt die Haare locker, lacht, und trotz der Falten, des fahrig geschminkten Munds und ihrer fünfundsechzig Jahre, strahlt sie noch immer die appetitliche Klarheit aus, die nach Knäckebrot und Sauna duftet, jene leckere Natürlichkeit, vor der Hollywood 1939 kapitulierte.

Damals hatte David O. Selznick, der gerade «Vom Winde verweht» drehte, die Neue aus Schweden inspiziert. Nein, sie war nicht schön im klassischen Sinne, die Nase zu groß, die Zähne schief, die Augenbrauen ungezupft, schlimm, und sie hatte nicht einmal Make-up im Gesicht. «Ich schminke mich nie», hatte sie gesagt. «Das wird sich ändern», hatte er geantwortet. Aber nichts hatte sich geändert. Nicht einmal ihr unmöglicher Name, «Eingrid Börgman», bei dem ganz Amerika sich die Zunge brach, wurde durch einen anderen ersetzt.

Sie nimmt eine Seezunge. Nein, sie möchte keinen Wein, nicht am Mittag. Sie möchte Zitronenwasser. «I am sober», sagt sie und fragt, wie das auf deutsch heißt. «Trocken.»

Wie lange hat sie an ihren Memoiren geschrieben? Drei Jahre. Ach, sie wollte sie ja gar nicht schreiben. Aber Robertino, ihr Sohn, hatte gesagt: «Mama, wenn du tot bist, werden unmögliche Leute unmögliche Sachen über dich schreiben, und wir können dich nicht verteidigen, weil wir nicht wissen, wie es wirklich war.» Das hat ihr eingeleuchtet. Da hat sie geschrieben.

«Ernährt» hat sie sich von alten Briefen und Tagebüchern. «Ich kann nichts wegwerfen», sagt sie. «Ich hebe alles auf.» Sogar die kleinen Zettel, die ihr die Kinder zwischen Tür und Angel geschrieben haben: «Sind auf einer Party, mußt heute abend allein bleiben.» Jetzt hat sie die ganze Vergangenheit aus Schachteln und Schubladen herausgezogen.

Sie kämpft mit der Seezunge. «That is too viel», sagt sie, halb deutsch, halb englisch, zögert aber, sie stehenzulassen. In Italien wüßte sie genau, daß Kinder in der Küche nach den Resten jiepern. «Hier weiß ich nicht einmal, ob sie Katzen haben.» Also ißt sie weiter.

Und redet. Sie redet gern. Redet einfach so drauflos. Schmucklos, strahlend, untheatralisch. Das besticht.

Schon George Bernard Shaw ist 1945 hingerissen. Er ist neunundachtzig und flirtet heftig mit ihr. Warum sie seine Johanna nicht in Amerika spielt, will er wissen. Weil sie die nicht gut findet. Viel zu intellektuell. Johanna von Orléans, das sei ein Bauernmädchen, ernst, schlicht, mutig, nicht aber witzig, charmant und voller Kalkül und Komik. Shaw schnappt nach Luft, ist beleidigt, sagt, sie habe ja gar keine Ahnung. «Die Jungfrau von Orléans» sei das Beste, was er je geschrieben habe. Aber er will sie wiedersehen. Sie sagt, ihr Mann käme bald, der würde sicher gern mit zum Tee kommen. Shaw: «Was soll ich mit Ihrem Mann. Ich will Sie.»

Dabei wäre ihr Mann, ihr erster, der Zahnarzt Petter Lindström, sicher wieder entsetzt gewesen über sie. Damals, als ganz Amerika ihr zu Füßen liegt, als Reporter sie zur schönsten Frau küren, zum «Schwedischen Schneeball, der Hollywood erwärmt», damals hemmt ihr Mann sie furchtbar. «Du mußt nicht einfach so drauflosreden», predigt er immer wieder. «Du siehst doch ganz intelligent aus. Schweig und laß die Leute denken, du seist es auch.»

Das hat ihre Unbefangenheit verletzt, hat sie ängstlich gemacht, unsicher. Bis heute. Und sie beschreibt das, decouvriert Petter Lindström in nicht sehr schmeichelhaften Beobachtungen und Szenen. Sie weiß nicht, ob er ihr das übelnehmen wird. «Ich mußte den Leuten doch aber begreiflich machen, warum ich mich von ihm scheiden ließ», sagte sie.

Durch die Scheidung und die Liaison mit Robert Rossellini gerät Ingrid Bergman 1949 in einen der größten Skandale der Filmgeschichte. Zehn Jahre hatte sie diese ewig schönen, romantischen Frauen gespielt, in «Casablanca» mit Humphrey Bogart, in «Wem die Stunde schlägt» mit Gary Cooper, in «Gaslicht» mit Charles Boyer – zart, weich, anlehnungsbedürftig. Und ihre «Jeanne d'Arc» hatte sie zur Heiligen von Amerika gemacht.

Sie war hollywoodmüde, wollte Neues, Modernes, wollte in

Ingrid Bergman hat Angst
vor jedem Interview: «Deshalb bin ich
seit 45 Jahren nervös.»

den neorealistischen Schicksalsfilmen von Rossellini spielen, in seinen atemberaubenden Produktionen aus Dilettantismus und Disziplinlosigkeit, aus Naivität und genialer Intuition.

Die Affäre, die auf der Insel Stromboli beginnt, zerbricht die Legende von Ingrid Bergman, Amerikas Kassenmagnet Nummer eins, sein Denkmal. Die Angebetete, die in der Rolle einer Nonne in «Die Glocken von St. Marien» ganze Mädchenscharen ins Kloster getrieben hatte, betrügt das Paradies mit einem Italiener. Sie muß verrückt sein, kann nur Drogen genommen haben, muß gerettet werden.

Ihr Mann fliegt nach Rom, trifft sie in einem Hotel, Rossellini dreht quietschend Kurven um das Haus, hupt wie ein Wahnsinniger. Sie soll wissen, daß er da ist, bereit, sie zu retten, zu rauben, aus den Gattenklauen zu befreien. Sie bleibt. Und es kommt das Trauma von der Journalistenmeute, die sich in ihr Opfer krallt, die Treulose verdammt, ihre alten Filme an den Nagel hängt und später ihre Rollen in Rossellinis Filmen zerfetzt, diese kraftlosen, labilen, mit Schwermut durchtränkten Figuren.

Das ist wohl der größte Schock für Ingrid Bergman. Ausgerechnet sie, die Natürliche, Staunende, nie Kalkulierende, sie, die mit ihrer Gutgläubigkeit absolut ungeeignet ist für Skandale, gerät da in einen Strudel von Anklagen, in einen Schmarren, für dessen Verfilmung sie allemal zu schade gewesen wäre. Rossellini war über sie hereingebrochen wie Zeus, der Danae im Goldrausch nimmt. Jetzt merkt sie, wie sehr man sie ihrer Natur schon entzogen und zur Kunstfigur gemacht hat, zum Allgemeingut.

In ihren Memoiren wird Rossellini, den sie 1950 heiratet, zum Mann mit dem dramatischen Faltenwurf, wüst, unberechenbar, zum Zampano, der Filme spuckt, der seine Frau mit Selbstmorddrohungen, mit Eifersucht und vorgetäuschten Herzanfällen quält.

Der Mann ist einfach unberechenbar. «Wir lebten wie die Millionäre», sagt sie und weiß nicht wovon. Sie leben mit Rolls-Royce und Butler. «Ich glaube, Roberto hypnotisierte die Banker.» Ingrid Bergman zündet sich eine neue Zigarette an, bestellt ein frisches Wasser.

«Einmal besuchte uns Arthur Rubinstein mit seiner Frau», sagt sie und schlägt die Hände vors Gesicht. «Ein Alptraum!»

Also, die Rubinsteins kommen und Rossellini ist nicht zu Hause. Sie trinken einen Martini, zwei, drei. Kein Roberto. Sie ruft im Studio an. Ja, was ist? Rubinstein ist da. Wann kommst du? Später. Ich schneide gerade einen Film. Sie läßt den ersten Gang servieren, den zweiten, die Nachspeise, den Mokka. Kein Roberto. Und sie weiß nicht mehr, worüber sie reden soll. Sie telefoniert.

Wo bleibst du? Rubinstein ist deinetwegen hier. An seinem einzigen freien Tag.

Ich komme bald.

Aber er kommt nicht bald. Und sie quält sich mit der Unterhaltung. Dann klappt die Haustür. «Er ist da», sagt sie, atmet auf, läuft raus, sieht Roberto die Treppe hochgehen. Er wird sich frisch machen, denkt sie. Aber er kommt nicht. Sie geht hoch. Roberto liegt im Bett. Sie ist am Ende.

Du mußt kommen!

Ich kann nicht. Ich habe Kopfschmerzen. Sag ihnen, daß ich nicht da bin.

Aber sie wissen, daß du da bist.

Dann denk dir was aus. Sag, ich bin krank.

Sie geht. Sagt, Roberto fühle sich nicht wohl. Rubinstein freundlich: «Das tut mir leid.» Sie will in den Boden versinken. Aber da geht die Tür auf. «Maestro!» brüllt Roberto. Und die Freunde fallen sich um den Hals und küssen sich und reden die ganze Nacht.

«Ich habe alles, was ich über Rossellini schrieb, meinen italienischen Kindern geschickt. Robertino und den Zwillingen Isotta und Isabella. Die sollten entscheiden, ob es ins Buch gehört.» Und sie haben angerufen und gesagt: «Mama, das ist so komisch, das muß alles drin bleiben. Papa war ein unmöglicher Mann, aber das war doch das Tolle an ihm.»

Heute lebt Ingrid Bergman in London. Sie steht morgens

um sechs Uhr auf, «länger kann ich nicht mehr schlafen», macht sich Apfelsinensaft und Kaffee, liest Zeitung, putzt die Wohnung. Nachmittags beantwortet sie Briefe, geht zur Massage, zur Schneiderin, ins Kino, zum Arzt. Sie hat drei Krebsoperationen hinter sich. Abends sieht sie fern. Und sonntags radelt sie durch London.

Sie ist gern allein. Aber nicht ohne Telefon. Wenn man sie einen Tag einsperren würde, wen würde sie mitnehmen: Margaret Thatcher oder Arafat?

Sie erschrickt. Da ist sie wieder, die Angst in ihren Augen, die Furcht, in eine Falle zu laufen. «Arafat? Ich würde nicht wagen, ihn etwas zu fragen», sagt sie, wartet, forscht, war das richtig, was ich da gesagt habe? Und wird dann wieder unbefangen. «Ich würde Margaret Thatcher mitnehmen, die würde schon genug reden. Da könnte ich still sein.»

Hat sie in der letzten Zeit ein gutes Drehbuch gelesen, das sie spielen möchte? Nein. Es gibt keine guten Rollen mehr. Wenigstens nicht für sie. Auch mit Fellini hätte sie absolut keine Lust zu drehen. Seine letzten Filme seien ihr alle zu verquast und zu exhibitionistisch. Nein, da setzt sie sich schon lieber vor die Leinwand.

Und sie erzählt, daß sie gestern abend «Stromboli» gesehen hat, seit zwanzig Jahren zum erstenmal wieder. Er hat ihr ganz gut gefallen. Aber zum Schluß, als sie auf dem Vulkan steht mit verträumtem Blick und sich dabei den Bauch hält – «Ich war doch damals schwanger» –, da mußte sie doch lachen. «Unmöglich», sagt sie. «Ich hätte mich am liebsten heruntergeholt und die Szene noch einmal gedreht.»

Wladimir Bukowski

«Meine Seele zerriß man wie Lumpen»

Da steht er zwischen Schlauch und Waschmaschine und Tellern und Töpfen, zwischen Tisch und Stuhl und Fernseher und lacht, daß das Loch seines fehlenden Zahns gähnt. «Gestern bin ich erst eingezogen», sagt Bukowski, kämmt sich mit der Hand durchs Haar und steigt über einen Bücherhaufen. Es sei gar nicht so leicht gewesen, das Haus in Cambridge zu finden. Hat er es gekauft? Nein, nur gemietet.

Wir gehen ins Wohnzimmer. Die Wintersonne knallt durchs Fenster in den Kamin. Er zieht die Blumengardinen zu, wir lagern uns in zwei Sessel, die die Leere noch nicht füllen. Am Plattenspieler lehnen Bee Gees und Deep Purple.

Sein Vermögen liegt in der Ecke. Auf dem Boden. Er geht hin, holt es, legt es auf den Tisch, breitet die Arme aus: «Wind vor dem Eisgang», das erste in Freiheit geschriebene Buch, ist seine Bank, seine Versicherung, sein Erfolg. Der russische Bürgerrechtler Wladimir Bukowski – nach zwölfjährigem Leidensweg durch sowjetische Lager, Gefängnisse und psychiatrische Anstalten gegen den chilenischen Kommunistenführer Luis Corvalan ausgetauscht – hat seine Erinnerungen geschrieben.

Von den Einnahmen kann er sein Studium bezahlen, die Miete fürs Haus und den Lebensunterhalt für sich und die in Zürich lebende Mutter und Schwester, denn in Frankreich und in Italien ist das Buch ein Bestseller.

Bukowski hat mit «Wind vor dem Eisgang» das spannendste Psychogramm aufgezeichnet, das seit Jahren ein Betroffener über die geschlossene Gesellschaft Sowjetunion erstellt hat: mit großem literarischem Atem, hart, ironisch, poetisch.

Er beschreibt darin seine Schlacht, die er in der Ära unmittelbar nach Stalin gegen das Sowjetregime führte. Seine Waffe: mit Intellekt für Loyalität und Menschenwürde.

Ihre Waffe: mit Gefängnis gegen Untergrabung und Schwächung der Staatsgewalt.

Hat er je an den Kommunismus geglaubt? «Nein», sagt Bukowski. «Früher nicht und heute nicht, weder an den leninscher noch an den stalinscher Machart.» Könnte er sich in Rußland eine neue Revolution vorstellen? «Die passive, terrorisierte Mehrheit würde sich wieder bereitwillig dem Stärkeren fügen. Das Ende wäre eine neue Diktatur.» Und dem russischen Kommunismus gibt er keine Chance? Ironisch lächelnd zieht er die Mundwinkel nach unten und zitiert das unter sowjetischen Wissenschaftlern und Militärs kursierende Wort: «Man muß Rußland dienen. Die Kommunisten verschwinden früher oder später von selbst.»

Er zündet sich die fünfte Dunhill Filter an. Wie viele raucht er am Tag? «Fünfzig.» Ist das viel? «Das ist weniger als früher», sagt er. Das ist vor allem harmloser als das Kraut im Gefängnis, das er sich damals in *Iswestija*-Zeitungsschnipseln zu mörderischen Zigaretten drehte.

Bukowski lebt nicht nur wie ein echter Cambridge Don, er spricht auch schon wie ein alter Engländer, leicht und locker und manchmal vernuschelt er die Wörter. Sein Englisch hat er im Gefängnis gepaukt mit Romanen von Dickens und Thackeray, zwei- bis dreitausend Vokabeln lernte er dabei im Monat. Jetzt studiert er Neurophysiologie an der berühmtesten Universität Englands, dem King's College in Cambridge.

Er lehnt sich zurück und amüsiert sich über rivalisierendes Clubleben in Unikreisen. «Kennen Sie den Witz?» fragt er und erzählt den vom Schiffbrüchigen, der nach fünfundzwanzig Jahren auf einer Insel gefunden wird und den Rettern seine spartanische Bleibe aus all den Jahren zeigt. «Aber da hinten ist doch ein herrliches Haus», sagen die. «Warum sind Sie dort nicht gewesen?» – «Das ging nicht», sagt der Gerettete, «das war ein unmöglicher Club.»

Wladimir Bukowski
vor seinen Erinnerungen aus russischen Gefängnissen:
«Die Bücher sind mein ganzes Kapital.»

Und Bukowski sitzt da in dunkler Hose und dunklem Hemd, ganz ungezwungen, ganz relaxed und doch gespannt auf den Grad des Erfolgs. Schlaksig wie Shakespeares Petruchio hockt er im Sessel, ein Witzbold auf dem Sprung, ein lustiger Vogel mit Bartstoppeln und zerzaustem Haar und lacht, bis das schwarze Loch wieder zum Vorschein kommt.

Er ist kein Märtyrer, kein Schwerblut. Keinen Augenblick macht er einen gehemmt vor seinem Schicksal. Keinen Augenblick glaubt man, ihn in Moll fragen zu müssen. Dabei hört sich sein Leben an wie die Erinnerung an ein Kapitel aus Dantes Inferno:

Geboren wurde Wladimir während der Evakuierung im Ural. Aufgewachsen ist er im Koffer. Wiegen und Betten gab es nicht. Er redet spät und liest früh. Mit fünf studiert er Zeitungen. Karikaturen liebt er über alles, besonders Onkel Sam und John Bull, die Amerikaner, die immer Fußtritte bekommen und in irgendeine Pfütze plumpsen. Nach dem Krieg zieht die Familie ins überfüllte Moskau zurück. Vier Parteien in einer Wohnung, eine Toilette für alle. Abends liest ihm die Großmutter Grimm und Puschkin vor. Wenn sie einschläft, zupft er sie am Ärmel: «Großmutter, weiter!» Tags steht er mit ihr Schlange vor Geschäften.

In der Schule ärgert er die Lehrer, wie sich das gehört, flötet im langweiligen Russischunterricht, bis die Lehrerin gerührt sagt: «Kinder, es wird Frühling», dabei war es Dezember, aber sie ließ Russisch Russisch sein und erzählt über das Leben der Vögel.

Als Pionier zwingt er einen Jungen zur Selbstkritik und erkennt zum erstenmal die verhängnisvolle Wirkung demagogischer Indoktrination durch die Partei.

Er protestiert, verweigert seinen Beitritt zur Jugendorganisation «Komsomol» und gibt mit Gleichgesinnten ein satirisches Schülerblatt heraus, das allerdings nur einmal erscheint, weil Verse wie diese drinstehen:

«Das ist unser Sowjetwappen:
Hammer, Sichel auf 'nem Lappen,
Ob du schmiedest oder mähst,
Stets du in der Scheiße stehst.»

Der Direktor fliegt von der Schule, und Bukowskis Vater, ein Journalist – einst von Stalin gelobt und dafür in den Schriftstellerverband aufgenommen – bekommt eine Parteirüge.

Doch begonnen hat sein Kampf schon drei Jahre früher, mit vierzehn. Denn als er vierzehn Jahre alt ist, marschieren die Sowjets in Ungarn ein und schlagen den Aufstand nieder.

Bis dahin hatte Bukowski mit seinen Freunden nur Krieg «gespielt». Bis dahin hatte er nur gegen «Feinde» gekämpft. Und die Feinde, das waren die Deutschen. «Und wir standen immer auf der richtigen Seite.»

Nun aber standen auch auf der anderen Seite die «Richtigen» und wurden von Panzern mit dem Roten Stern zermalmt. Als Ungarn erwürgt wird, ist Bukowski zu allem bereit.

«Ach, Romantik, blauer Dunst,
unsere Seele zerriß man wie Lumpen . . .»

Er wird Mitglied einer illegalen Organisation. «Wir rauchten und fluchten unflätig, gaben Zoten über Frauen zum besten und tranken Wodka – und vor uns lag Leere.» Sie proben den Ernstfall, erproben sich gegenseitig, bespitzeln einander, um gewappnet zu sein, werden «bis zum Zynismus raffiniert», aber sehnen sich insgeheim «vielleicht unbewußt nach dem Tod».

1963 wird Bukowski zum erstenmal verhaftet. Er hat das Buch «Die neue Klasse» des jugoslawischen Reformkritikers und Schriftstellers Milovan Djilas kopiert. Und Djilas ist verboten. Der Nahkampf mit dem Polizeiapparat beginnt aus dem Gefängnis:

Bukowski nimmt nämlich das Gesetzbuch beim Wort und fordert dem Wort Buchstabentreue ab. Das ist der Sand fürs Getriebe. Er schreibt Beschwerden, denn beschweren darf man sich. Er bringt das Beschweren Dieben und Mördern bei.

Und plötzlich liegen 75 000 Proteste beim Regierungsbezirk des Gefängnisses Wladimir. Keiner hat sie gelesen. Aber die Zahl! Das Gefängnis rutscht ab in die Liga der schlechtgeführten Häuser, es bekommt Rügen über Rügen – und keine Wimpel mehr und keine Wanderpokale und keine Fahnen.

Bukowski wird bestraft. Er kommt in Isolierhaft. Er hungert in der feuchten Zelle. Er hat einen Zigarettenrest, aber kein Feuer. Drei Tage versucht er, die Zellenwand hochzulaufen, um den Stummel an der Glühbirne anzuzünden. Er bricht weinend zusammen.

«Ich fühle Schmerzen, also bin ich», ist seine für die Isolierhaft abgewandelte Existenzphilosophie von Descartes. In der Zeit des absoluten Reizentzugs setzt seine Phantasie ein: Er malt Burgen auf Papierfetzen, entwirft sie vom Keller bis zur Zinne, richtet sie ein, lädt Freunde zu sich, reicht Wein aus Pokalen. Und wenn ihn ein KGB-Mann zum Verhör holt, denkt er: Diese Dummköpfe, sie wissen nicht, daß ich zu meinen Freunden zurückkehre, zu unseren unterbrochenen Gesprächen am Kamin. «Die Burgen», sagt Bukowski, «haben mir damals das Leben gerettet.» Aber es gibt auch herrlich komische Anekdoten. Bukowski erzählt sie mit lakonischem Charme. Er sitzt in Troizkoje, der psychiatrischen Anstalt bei Moskau. Seine Station gleicht einer Spelunke. Jeder gibt Geld – und die Wärter kaufen Wodka. Am ersten Abend bekommt Bukowski ein Wasserglas voll – und fällt um. Dann gewöhnt er sich. Man trinkt jeden Tag. Aber einmal haben sie sich blank gesoffen. Sie haben kein Geld mehr. Woher sollen sie welches nehmen? Ein Taschendieb sagt: «Laßt mich eine Stunde raus.» Na bitte. Er bekommt Straßenkleider, ein Wärter begleitet ihn, und nach einer Stunde sind beide zurück – mit 25 Rubel. «Das Gelage ging weiter.»

Bukowski geht in die Küche und leert den Aschenbecher, putzt ihn, stellt ihn ins Zimmer zurück. Wir gehen in die Stadt, ins King's College. Zwanzig Minuten läuft man, wenn man schnell läuft. Macht er das jeden Tag zu Fuß? Natürlich.

Bevor er sein Haus fand, hatte er ein Zimmer in der Universität. Das war bequem. Und angenehm, weil er gern lange schläft. «I'm a late bird», sagt der späte Vogel. Aber im College gab es kein Telefon, und er mußte täglich telefonieren, mit der Mutter in Zürich, mit Verlegern, mit Freunden. Und da wartete er dann vor Telefonzellen und fror.

Was macht er nach den Vorlesungen? Er geht mit Freunden Tee trinken, und man klönt bis zum Abend. Und dann? Geht er ins Kino, ins Theater? Nein, abends lernt er. Und liest alles, was er aus dem russischen Untergrund in die Finger bekommt. Im Fernsehen interessieren ihn nur politische Sendungen und alte Filme. Und als die *Times* streikte, las er *Herald Tribune*.

Sport treibt er nicht. «Turnen war mir immer tödlich zuwider.» Und auch Schach spielt er nicht mehr. Sogar im Gefängnis hat er es ungern getan. «Schach ist Kampf», sagt er. «Und einer unterliegt jedesmal. Das kann gefährlich sein.»

Hat er den Kampf Karpow–Kortschnoi verfolgt? Sicher. Aber sie hätten so unterirdisch gespielt, daß er annimmt, sie seien beide hypnotisiert gewesen.

Wir gehen in die Teestube gegenüber der Uni. Ich will ihm ein Sandwich mitbringen. Aber er hat keinen Hunger. Dabei hat er nicht zu Mittag gegessen. Und jetzt ist es fünf Uhr.

Er erzählt von Solschenizyn, den er in Amerika besucht hat und der wie ein Besessener an seiner «Wahrheit über die Sowjetunion» schreibt. Er erzählt, daß er seit Monaten versucht, Sacharow anzurufen. Aber immer, wenn seine Frau am anderen Ende «Hallo» sagt, bricht die Leitung zusammen.

Bukowski, der beim Erzählen Gesicht und Hände wie ein Südländer benutzt, ist offen, frisch, wach. Er wirkt wie einer, der gesund aus dem Inferno zurückgekehrt ist.

Träumt er noch von Lager und Gefängnis? «Ganz selten», sagt er und fügt lachend hinzu: «Gott sei Dank. Ich bin nämlich einer, der glaubt, daß Träume in Erfüllung gehen.»

Und haben ihn die Westjahre verändert? Früher sei er reservierter gewesen, gespannter, immer auf dem Sprung. «Aber ich habe auch in Rußland gesagt, was ich dachte», sagte er. «Der Unterschied war nur: In Rußland wurde ich dafür eingesperrt.»

Boy Gobert

Ein Parzival im Atomzeitalter

«Seid ihr da?» fragt sie und kichert. Schleicht aus ihrer Garderobe rüber ins Büro. Ein altes Weib, einäugig, grau, wüste Haare, langer Schleier, wallende Röcke, Klumpschuhe. Zwei Riesenbrüste hängen in Beuteln an ihr herab. «Wie Stierhoden, was?» Sie packt sie von unten, hebt sie, sagt: «So was trag ich zum erstenmal.»

Sie ist er und er ist Boy Gobert in Mephistos Phorkyas-Maske aus dem zweiten Teil von Goethes Faust. Er läßt sich vor uns auf den Stuhl plumpsen, sitzt breitbeinig da und schenkt einen Schuß Champagner ins Orangenglas. Nein, sein Mephisto war nicht als Abschied von Hamburg geplant, sagt der Intendant des Thalia-Theaters, der nach dem großen hansestädtischen Theaterkrach nach Berlin geht. Die Idee, Faust I und II zu spielen ist Jahre alt, und seit Jahr und Tag lebt er mit dem Teufel schon zusammen. Hängt Gustaf Gründgens nicht wie ein Damoklesschwert über ihm, der große Gründgens, der als Mephisto zum Heiligen von Hamburg wurde? «Ich habe Gründgens in der Rolle nie auf der Bühne gesehen», sagt Gobert. «Er belastet mich nicht.» Und schwärmt von Goethe und dessen Witz. Wie scharf man bei ihm denken lerne, Zeit möchte er haben, möchte die «Wahlverwandtschaften» lesen. «Man sieht das jetzt alles anders.»

Ende der sechziger Jahre hatte Gobert die Intendanz des Thalia-Theaters mit leichter Kost bezogen, mit Nestroys «Haus der Temperamente», denn zu einem Haus der Temperamente wollte er damals sein Theater machen, wollte «humorlos sein nur im Anspruch auf Qualität».

Das war die Zeit des Polit-Theaters. «Sprengt die Opernhäuser in die Luft», hatte Pierre Boulez gefordert. Fast gleichzeitig hatte Daniel Cohn-Bendit in Paris das Barrault-Theater besetzt, und die *Frankfurter Rundschau* interessierte «nicht mehr das Können eines Schauspielers, sondern sein politisches Denken». Weg mit der Intendantenautorität, her mit der Mitbestimmung der Schauspieler.

Für die Reformer kam Gobert wie ein Parzival daher, naiv und blauäugig und wollte sich «nicht seiner Demut vor dem Wunder Theater schämen». Für die Kritik war das Verrat. Sie schoß. Sie nannte seine Bühne Komödienstadel, kulinarisches Theater. Und das hieß: altmodisch, konservativ, harmonisch. Hieß vor allem: rechts.

«Ich kam damals vom Burgtheater», sagt Gobert. Natürlich hatte er von der Pariser Theaterbesetzung gehört. Aber für ihn blieb es nur eine Nachricht. Revolution war in der Burg ein Fremdwort. «Bei uns standen abends Autogrammjäger vor dem Bühneneingang.»

Das große Theater, das heile Theater – für ihn unverzichtbar. Er machte aus dem Hamburger Thalia eine kleine Burg. Und spielte selbst süffige, saftige Rollen: Sternheims Snob Christian Maske, den Spießer, der sich ins adlige Milieu katapultiert; Shakespeares Dritten Richard, die wüste Bestie mit Mord-Appeal; und Edmond Rostands Cyrano von Bergerac, den romantischen Rabauken, den eine Riesennase einsam macht und aggressiv.

Lust hieß Goberts Rezept, Lust am Stück, an der Inszenierung, an der Rolle. «Mit dieser Lust», sagte er, «macht man den Menschen Lust.»

Und die Leute kamen in dieses politische Vakuum, kamen gern. Während die Kritik die neuen Lehrstücke in halbleeren Theatern feierte, füllte sich das Thalia allabendlich. Und das zehn Jahre hindurch. «Ein Theater ohne Kontakt mit dem Publikum ist ein Nonsens.» Diesen Satz hat Brecht gesagt. Er ist banal und richtig. Er stand bei Gobert im Programmheft.

Verstanden hat Boy Gobert die Kritik an ihm nie. Er habe doch Ionesco und Pinter gespielt, Kipphardt und Bond, und seine Regisseure seien Flimm und Neuenfels gewesen und

Boy Gobert serviert Tee in seiner Berliner Wohnung.

«Mit Lust», sagt er,
«mache ich den
Menschen Lust.»

Zadek und Hollmann. Alles linke Leute im Kursbuch der Siebziger.

Gobert selbst – ein bißchen Richard Strauss, ein bißchen Thomas Mann in der Kunst der konservativen Zeitgemäßheit, aber das nicht 1925, sondern 1970 – igelte sich in die schöne Form ein, blieb beim Erprobten und übernahm dann mit sicherem Gespür die Talente der ersten Stunde. Peter Zadek zum Beispiel. Der wird bei Gobert in Berlin inszenieren. Für keinen sonst in nächster Zeit.

Das Klischee des besseren Herrn Gobert liegt in der Vita begründet. Boy Gobert – der Vorname ist eine Variante auf den friesisch-dithmarscher Namen Boje – ist der Sohn einer alten Hamburger Kaufmannsfamilie, der Vater Senator, die Mutter ungarische Gräfin. Ein bißchen Buddenbrook-Milieu also? Als der Vater 1946 Kultursenator wird, ist der Sohn längst erwachsen.

Nein, die Erinnerungen an die Vergangenheit sind nicht von Mahagoni und Kontor geprägt. Boy wächst in Volksdorf auf, bei Hamburg, das ist damals fast auf dem Lande. Er geht in die Walddörfer-Schule, hat Alpträume vor Mathematikarbeiten, die Eltern haben sie vor Hitler. Als der Vater im Krankenhaus liegt und in der Narkose wüste Flüche gegen den Führer ausstößt, kann der Arzt lästige Mithörer gerade noch vor die Tür setzen.

Nach dem Abitur will Boy Gobert Bühnenbildner werden. «Das klang damals besser als Schauspieler.» Aber sein Zeichentalent erschöpfte sich in Männlein nach Miró-Manier. Also wird er Schauspieler. Den Vater schaudert's, der Onkel sagt: «Und du willst dich also tatsächlich hinstellen, anderen was vormachen, und dann bezahlen die fünf Mark dafür?»

Sie taten es. In Hamburg, Karlsruhe, Stuttgart, Berlin, München. Der Film holt ihn. Er spielt den «Mustergatten», «Monpti», «Alle lieben Peter». Alle lieben Boy. Damals fing das an. Gobert, der Snob, der Dandy, vergessen längst, vergeben nie.

Risiko? Experiment? Theatererneuerung? Der hat doch immer nur unterhalten wollen. Das hat Gobert gekränkt. Kränkt ihn noch heute. «Man müßte Toleranz zum Gesetz machen», sagt er, lacht, zieht den Satz zurück, weil ein Toleranzgebot intolerant wäre.

Ist er je für Politik auf die Barrikade gegangen? Nein. Die SPD hat ein paarmal angefragt. Gobert hat abgelehnt. Obwohl er dieser Partei nahesteht, obwohl er zur jährlichen Künstlerrunde von Helmut Schmidt zählt, obwohl der Kanzler gelegentlich sein Bier in Goberts Büro trinkt. Die Symbiose von Kultur und Politik sei in Frankreich geglückt. Bei uns sei das eine nur über das andere gestülpt. «Wenn es ein bundesweites Kultusministerium gäbe, und wenn Siegfried Lenz sich trauen würde, dort Chef zu sein», sagt Gobert, «könnte ich mich für die Politik engagieren.» Einstweilen ist er enttäuscht vom politischen Ränkespiel um die Kultur. Lange hatte er auf Hamburgs Bürgermeister Klose gesetzt, ihm vertraut, bis der plötzlich vergaß, was er Gobert spontan nach dem großen Wahlsieg versprochen hatte: die Doppelintendanz in Hamburg. So erinnert sich Gobert. Klose nicht.

Geblieben wäre Gobert als General von Thalia und Schauspielhaus. Eine unselige Allianz wäre das gewesen, von rechts bejubelt, von links verdammt. So nahm er das Berliner Angebot an, Supergeneral der drei ruhmreichen Bühnen Schiller-Theater, Schloßpark-Theater und Werkstatt zu werden.

Wird er einmal Memoiren schreiben? «Dann müßte ich einen Ghostdenker haben», sagt er. «Ich vergesse alles.» Manchmal fragt er Freunde: «Erzählt mir doch mal aus meinem Leben.»

Liest er die Erinnerungen der Kollegen? Er blättert mal durch, kommt ja kaum zum Lesen, und wenn, dann spontan, worauf er gerade Appetit hat: die Erinnerungen von Zuckmayers Witwe, Dorst, Kunze, Grass.

Fern sieht er gern. Vor allem Krimis zum Entspannen. Manchmal nimmt er mit dem Videorecorder auf, weil er zu Sendezeiten im Theater ist. Er liebt Woody Allen. Er hört im Augenblick nur Mozart. Zu Parties geht er ungern. Zu Freunden mit Vergnügen. «Man weiß, die verstehen dich. Hier kriegst du nichts ins Kreuz.»

Es klingelt. Gobert wird zur Kostümprobe auf die Bühne gerufen. Er hebt die Brüste mit der Linken, die Röcke mit der Rechten, die Kollegen lachen sich weg, als er sich so zeigt. Nach dem Auftritt setzt er sich an den Rand der Kulisse. Breitbeinig wie eine Urmutter hockt er da. Minutenlang. Schweigend. Thalias Parzival.

«Ein Maler ist ein Mann . . .

. . . der malt, was er verkauft. Ein Künstler dagegen ist ein Mann, der das verkauft, was er malt.» Pablo Picasso

Wohl dem Künstler, der so gefragt ist, daß er keine Konzessionen zu machen braucht. Allerdings: Die Künstler unter den Sparern tun das ebensowenig.

Bruno Bruni

Bilder, die nach Lilien duften

Klein und üppig steht er in der Tür, blauschwarze Locken, lockeres Hemd, weite Hosen, Zigarre, Lächeln, dunkle Augen zwischen Witz und Melancholie. Bruno Bruni sieht aus wie der Bacchus von Caravaggio.

Er geht voraus ins Wohnzimmer, und da steht der barocke Mensch mitten in der Belle Epoque, steht zwischen zartem Gestühl und zierlichen Konsolen, zwischen Blumenlampen und Blütengläsern, zwischen Seidenkissen und lianenschwingenden Bronzefrauen.

«Ich liebe den Jugendstil», sagt er, zündet eine Leuchte aus der Zeit an, streift die Asche im ausgebreiteten Silberhaar einer Elfe ab, holt weitgeöffnete Kelche und schenkt Champagner ein: bacchantische Geste eines Künstlers, dessen sinnliche Bilder nach Lilien duften: Mäntel am Haken, Mantelmänner in Umarmung, Laub, Vögel, Hüte, Frauenkörper, Hüllen schlanker Mädchen mit Rosenköpfen und Schwanenhäuptern, erotische Träume auf zerschlafenem Bett, lustvolle Aphroditen über toskanischem Land, laszive Wesen mit der Seele von Klimt. «Nicht Abbilder von diesem oder jenem», schreibt Max Bense über Bruno Bruni, «sondern Fürbilder und Vorbilder für mögliche Wahrnehmungen.»

So lebt er mit Vorbildern im Regal: eine Statuette von Lipschitz, eine Nike von Wunderlich. Mit Fürbildern an der Wand: de Chirico, Klimt, Janssen, Magritte, Bellmer.

Und mittendrin die eigenen Werke, die verarbeiteten Wahrnehmungen, die für andere wieder zu Für- und Vorbildern werden, Leda und der Schwan, kostbar gerahmt, und auf dem Marmorschreibtisch rekeln sich seine blankgeputzten Mädchenkörper aus Bronze.

Bruno Bruni wurde in Gradara bei Pesaro geboren. Der Vater war Eisenbahner, die Mutter erzog sechs Kinder. «Bruno ist zu schwach», sagt sie, als der Junge fünfzehn ist, «er muß auf die Kunstschule.» Bruni lacht. «Sie fand mich zu dünn für einen richtigen Beruf.»

Aber die Kunstschule von Pesaro ist eine Töpferschule. Bruno lernt Gefäße kneten. Mehr nicht. Da verkauft ihm ein Freund eine gefundene Eisenbahnkarte. «Ein Ein-Weg-Ticket nach Norden», sagt Bruni.

Er landet in London, wäscht tags Teller in einer italienischen Kneipe, malt nachts im armseligen Zimmer in der Baker Street zwischen Bett und Gasofen die ersten Akte. Und lernt kein einziges Wort Englisch.

Er hat Hunger. Er friert. Er schläft kaum. Er hat kein Geld. Das arme Kind aus dem Land der Sonne gibt im nebligen Britannien genau das Klischee ab, auf dem sich die Vita eines Malers einmal so angenehm ausnehmen wird: Bruni, der Schwan, der aus dem Staube stieg.

Der Zufall bringt ihn 1960 nach Hamburg zum Maler Georg Gresco. «Der war wie ein Vater zu mir», sagt Bruni. Besorgt ihm ein Stipendium an der Kunsthochschule. Neunzig Mark im Monat sind damit sicher. Den Rest verdient er im Hafen oder zwischen Mitternacht und vier Uhr früh beim Verpacken der *BILD-Zeitung*.

Nach Grescos Tod wird Paul Wunderlich sein Lehrer. Für ein Semester. Sie reisen nach Paris und Rom, sie hocken nachts mit Horst Janssen und Rudolf Hausner zusammen und klönen und trinken und streiten Stunden.

Stört es Bruni, daß er dauernd mit Wunderlich verglichen wird, für viele gar nur ein Epigone ist, der wie dieser das Luxusgeschöpf Weib mit geradezu manischer Ausschließlichkeit variiert?

«Ich mag Wunderlich», sagt er. «Von ihm habe ich meine Technik gelernt.» Seine Vorbilder aber liegen ganz woanders, liegen bei den nervösen Frauenzimmern von Klimt und Schiele, bei den nach süßem Opium duftenden Marien von

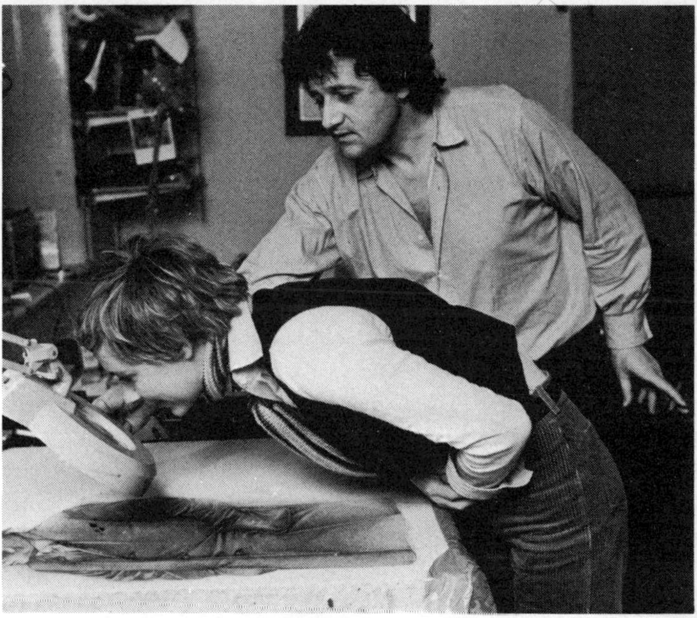

Bruno Bruni
läßt Birgit Lahann
durchs Vergrößerungsglas sehen:
«Achtzig Stunden sitze ich
an so einem Bild.»

Gabriel Rossetti, bei Ingres' aufreizend kühlen Badenden und Botticellis sinnlicher Aphrodite.

Als Bruni die weltberühmte Venus in der Muschel für eine Serie von Lithographien adaptiert, will ein Galerist in Düsseldorf jeden Preis zahlen. «Geben Sie mir Ihren Ferrari», sagt Bruni, «dann geb ich Ihnen meinen Botticelli.» Sie tauschen Auto gegen Aphrodite. Das war 1971. Die Zeit des Erfolgs beginnt.

Heute kann er seinen Mercedes selbst zahlen. Heute hat er ein Atelier in Paris, eins im italienischen Urbino, eins in Hamburg-Eppendorf. Da fahren wir hin. Es liegt im ersten Stock eines verwitterten Hinterhauses am Isebek-Kanal. Das größte Möbel dort – eine Tischtennisplatte.

«Spielen wir?» fragt er. Er ist ein guter Spieler, ein Blitzspieler, ein Schmetterer. Ich gebe auf.

Einmal in der Woche, sagt er, spielt er «bis zum Umfallen» mit seinem Freund Cuneo, einem Landsmann, der an der Reeperbahn ein In-Lokal besitzt. «Verliere ich, bekommt er ein Bild von mir. Verliert er, esse ich ihm die Haare vom Kopf.» Bruni muß wohl oft gewonnen haben.

Neben der Spielplatte die Arbeitsplatte, auf der Zwei-Zentner-Lithosteine mit hauchzartem Strich bearbeitet werden. «Ich habe nie eine Spritzpistole gebraucht», sagt er. Jede Schattierung ist unter dem Vergrößerungsglas als Summe hunderter Linien identifizierbar.

Wenn er arbeitet, läuft das Radio. Egal, was es gibt. Am liebsten strichelt er bei Vivaldi, bei Beethoven und Bach. In ihrer Gesellschaft hat Bruni seine Kunst hinübergerettet in die Welt kompromißloser Ästhetik. Er hat seine animalischen, sicheren, zur *amour solitaire* neigenden Frauen und seine Adaptionen von Dürer, Tizian, Ingres und Rossetti zu einem gut riechenden Traum gemacht, den Kunden mit Kunst oder Kitsch ausfüllen können – ganz nach Belieben. Er nimmt den weichen Lithostift in die Rechte, steckt die Linke lässig in die Hosentasche und fährt mit eleganter Bewegung um den Schlapphut eines gerade entworfenen Mafioso.

«Achtzig Stunden sitze ich an so einem Blatt», sagt Bruni. Seine Bilder entstehen nach Fotografien. Wie bei Rossetti, Stuck, Warhol oder Wunderlich. Er entwirft seine Kompositionen mit einer billigen Polaroid, er knipst eine zerknüllte Decke, einen Regenmantel, eine Lilie, umarmt seine Frau für die Umarmungen in seiner Kunst.

Margit Phess ist Belgierin. Die beiden heirateten an einem 1. April in Brüssel. «Es war höchste Eisenbahn.» Warum? «Weil

Bruni junior kam», sagt Bruni senior. Nachmittags zeichnet er sechs Stunden im Atelier, an dessen Wänden vergoldete Rahmen auf Inhalt warten, in dessen Bücherregalen Dürer an Leonardo lehnt und Lenin an Lorenzetti, der von Max Frisch gestützt wird. Seinen «Stiller» hat er nur bis zur Hälfte gelesen. Pasolini liest er lieber. Und Kafka hat ihn absolut betäubt.

In Deutschland sind seine Freunde keine Maler. «Sie reden nur über sich.» Das kennt er aus Frankreich nicht und nicht aus Italien. Wenn er in Rom mit Renato Guttuso, dem führenden Maler des kritischen Realismus, spricht, dann geht es – wie in den Werken des Freundes – meist um Politik. Doch der Sozialist Bruni transportiert seine Ansichten selten ins Bild. Er hat zwar eine Serie über Algerien geritzt und einen Zyklus über Rosa Luxemburg. Doch selbst im Mord an ihr bleibt Brunis Ästhetik unangetastet: Die Vorkämpferin des demokratischen Kommunismus ist eine geknickte Nelke im Landwehrkanal. «Allein durch Bilder kann man keine Revolution machen.»

Brunis Freunde in Deutschland sind Schauspieler und Galeristen. Und mit dem Kunsthändler Brockstedt wettet er häufig um alles oder nichts und verliert dabei Champagner – kistenweise. Am liebsten mag er Fußballspieler. Einmal war Hollands Star Krol bei ihm. Sie tobten im Atelier herum, diskutierten die Abseitsfalle und spielten Tischtennis.

Bruni schaut auf die Strichliste seiner Tennistriumphe an der Atelierwand und merkt, daß er eigentlich mal wieder Hunger haben könnte: Eine siegreiche Partie vom Tag zuvor wartet noch auf die Umsetzung in Kalorien. Wir fahren in Richtung Reeperbahn.

Rosa Albach-Retty

Komplimente von Moltke, Tee mit Bismarck

Sie ist so alt wie der Viertaktmotor, die drahtlose Telegrafie, der europäische Kartoffelkäfer und die «Fledermaus» von Johann Strauß: Rosa Albach-Retty, 103, Star des Burgtheaters, Lieblingspartnerin von Josef Kainz, Mutter von Wolf Albach-Retty, dem Peter Alexander der dreißiger Jahre, und Großmutter von Romy Schneider, der Film-Femme-fatale der sechziger Jahre.

«Ich habe keine Lust mehr», sagt sie. «Kein Schlaf in der Nacht, zwei Pellkartoffeln am Tag, na geh, was soll ich da noch auf der Welt?» Und sitzt im blauen Rüschenkleid auf rotem Diwan, Perlen im Ohr, Barockperlen am Hals, den goldenen Burgtheater-Ring am Finger – und glaubt sich selber nicht.

Dem Fotografen gibt sie Anweisungen: Nein, nicht mit der Torte auf dem Tisch. «Das sieht so tutig aus.» Und nicht zu nah. «Sonst kommt mein Vollbart mit drauf.» Dann greift sie zur Dames-Filter-Zigarette, sagt: «Sie wollen mich doch sicher mondän», und fängt an zu erzählen.

Mit hundert Jahren bekam sie einen Jieper auf Zigaretten und begann zu rauchen. Mit hunderteins warf sie einen Vertreter raus, der ihr einen Schleudersitz für Altersschwache andrehen wollte. «Ich kann noch sehr gut allein hochkommen», hatte sie ihm barsch gesagt. Mit hundertzwei machte sie einem Fünfundsiebziger mit Traumvilla im Scherz den Antrag, zu ihm zu ziehen. Sie würde auch Staub wischen. Der alte Herr nahm es ernst und verkaufte sein Anwesen. Und mit hundertdrei diktierte sie im kleinen Dreißig-Quadratmeter-Appartement des Hilde-Wagener-Heims in Baden bei Wien ihre Memoiren «So kurz sind hundert Jahre».

Sie beginnen mit dem Feldmarschall Moltke, der der Achtjährigen im Berliner Tiergarten Komplimente machte, und mit Kanzler Bismarck, der einen «zarten Teint» hatte und «im Falsett» sprach und mit der Dreizehnjährigen süßen Tee trank und Erdbeermarmeladenbrot verzehrte.

Rosa Rettys Mutter war Sängerin, der Vater Schauspieler, die Mutter sang sie in den Schlaf, der Vater hielt sie mit Märchen wach, und Josef Kainz erzählte ihr von Ludwig II., vor dem er auf Marmorpodesten Tell und Carlos rezitiert, und er war der erste, der ihr sagte: «Rosi, du mußt zum Theater.»

Sie ging. 1892. Ans Deutsche Theater Berlin zu Adolphe L'Arronge. Da war sie siebzehn.

Sie lernte Gerhart Hauptmann kennen, «als er sich noch nicht goethisch gab», sondern gehemmt an Bleistiften saugte. Sie sah Ibsen, der sich vorm Spiegel wild die Haare zerzauste, um mit Löwenmähne vors Berliner Publikum zu treten.

Bei Kainz, dem Angebeteten, lernte sie sprechen. Wie er steckte sie sich vor jeder Vorstellung mit ihm einen Korken zwischen die Zähne und memorierte den Text. Danach aßen beide einen «Leichenfinger», leckere Stinkkäse-Stangen vom Kaufmann nebenan.

Und dann kam die Duse nach Berlin. Rosa Retty sah ihre «Kameliendame» und schmolz dahin.

«Sie war nie geschminkt», sagt die Albach-Retty und wirft drei Stücke Zucker in ihren Kaffee. «Ich übrigens auch nicht», fügt sie knapp hinzu.

Sie blättert in ihren Memoiren. Zeigt mir ihr Bild auf Seite 112. Seufzt. «Schauen Sie sich diesen Busen an», sagt sie und deutet dann verächtlich auf das Verbliebene im Rüschenkleid. Jetzt übertreibt sie, meine ich. «Meine Liebe!» sagt sie und erhebt sich. «Ich war berühmt für meinen Busen. Werner Krauss hat von ihm geschwärmt!» Sie erzählt von den Besuchen bei Krauss und seiner Frau, erzählt, wie er oft betrunken auf die Bühne kam, Cäsar im Vollrausch sterben ließ und die Kollegen zum Wahnsinn trieb, wenn er als Bühnenleiche immer wieder in ihren Text hineinquatschte. «Wenn er nicht voll war, war er ganz nett», sagt sie.

1903 kam Rosa Retty ans Burgtheater. Sie blieb fünfundfünfzig Jahre, ging bei Schnitzler und Adele Sandrock ein und aus, bei Thimig und Girardi, spielte Königin und Küchentrampel, Salondame und Kokotte, wurde 1912 zur Hofschauspielerin ernannt. «Rosi», schrieb der Vater aus Leipzig, «dieser Titel ist das Adelsprädikat der Mimen.» In Wien heiratet Rosa Retty den «hochgewachsenen, feschen» Offizier Karl Albach, bekommt einen Sohn, Wolf, der heiratet Magda Schneider, beide bekommen eine Tochter, die heißt Romy. Und als Romy fünfzehn ist, sagt Magda zur Rosa: «Du, das Kind will Schauspielerin werden, kannst du sie prüfen?» – «Natürlich», sagt die Großmama, «laß sie die Balkonszene aus ‹*Romeo und Julia*› lernen.» Romy kommt und spielt. Dann sagt die Retty der Schneider: «Nein, das ist nix. Kein Talent. Kein Organ. Die kann nicht zum Theater.»

Heute hat sie all ihre Filme gesehen. Das Organ gefällt ihr noch immer nicht. Das Talent schon eher. «Aber warum muß sie sich eigentlich vor der Kamera ausziehen?»

Und weil die Oma sich um den Rummel und das Enkelkind sorgt, ging sie eines Tages zur Graphologin, legte die herausgeschnittene Schriftprobe eines Romy-Briefes vor, log, daß sie von keiner Verwandten stamme, erfuhr, daß die Schreiberin «hochbegabt und labil» sei und «durch Selbstmord enden» könne.

Das hat sie erschreckt. Aber Romys Lebensweise erschreckt sie genauso. Ihre Kinder, die so zwischen Filmen erzogen werden, falsche Partner, zuviel Geld, zuviel Snobiety und kein Familiensinn, nicht zur Mutter, nicht zur Großmutter. «Zum Geburtstag schickt sie Blumen. Aber sie kommt nicht.»

Rosa Albach-Retty redet seit gut zwei Stunden, spielt Szenen vor und erzählt das ganze Buch noch einmal.

Seit ihre Memoiren in Baden die Runde gemacht haben, geht sie nur noch auf die Straße, wenn es dunkel ist. «Die Leute gucken und wollen Autogramme.» Das ist ihr lästig.

Sie steht jeden Morgen um sechs Uhr auf, frühstückt um acht, läßt sich dann – weil sie kurzsichtig ist – vorlesen: die

«Glauben Sie, ich sollte mich liften lassen?»
fragt die 103 Jahre alte Rosa Albach-Retty.

Zeitung oder Torbergs «Tante Jolesch» oder die Memoiren von Will Quadflieg oder Tilla Durieux. Und alle vierzehn Tage geht sie zum Friseur.

Ihr Appartement ist winzig. Ein Bett, ein Diwan, eine Ablage mit Kocher, ein Tisch, zwei Sessel, ein Teddy von der letzten Premiere 1958, eine Kommode mit Erinnerungen, Fotos vom Sohn, der 1967 starb, Fotos von Romy und ihrer Mutter, dazwischen vergoldete Rosen.

Nein, sie ist nicht gern im Heim für alternde Schauspieler. «Die Insassen sind nett. Aber es sterben zu viele.» So hat sie denn auch schon mal ihre melancholischen Tage. «Dann schließ ich mich in mein Zimmer ein und heule.» Manchmal macht sie auch ein Gedicht:

Das Waldhorn schweigt,
kein Reh sich zeigt,
der Wald ist öd
und ich bin blöd.

Nach Wien kommt sie selten. «Das ist für mich heute so weit wie nach Amerika.» Ins Theater mag sie nicht mehr. «Dann käme die Sehnsucht wieder.» In die Sommerfrische will sie dieses Jahr nicht. «Es regnet ja doch.» Da spart sie lieber.

Sie ist die bestbezahlte Pensionärin der Burg. Sie bekommt sechzehnmal pro Jahr 4000 Mark. Was macht sie mit dem ganzen Geld?

«Ich hab es ein Leben lang verschenkt, ich Trottel.»

Sieht sie fern? Gelegentlich. Robert Lembkes «Was bin ich?» mag sie. Die Krimis sind ihr zu dumm. Und gute Theaterstücke sind selten.

Ganz unvermittelt fragt sie: «Meinen Sie, ich sollte mich liften lassen?»

Damit man sie für sechzig hält?

Sie kichert. «Na geh, wie schrecklich. Ich würd's auch nie tun. Mein Mann hätte mich rausgeschmissen.»

«So kurz sind hundert Jahre» – Kaiserzeit, Erster Weltkrieg,

Inflation, Drittes Reich, Zweiter Weltkrieg und dann die Republik. Sie hat alles miterlebt. Geblieben sind Moltkes Handschlag, die Erdbeermarmelade mit Bismarck – und eine Episode:

Adolf, Maler und Milchtrinker, singt 1911 im «Theater an der Wien» Direktor Karczag vor. Danilos «Da geh ich in's Maxim». Nicht die Stimme, der geflickte Anzug ist es, der ihn aus dem Musentempel treibt. Adolf hat keinen Frack. Und ohne Frack kann Karczag ihn nicht engagieren.

Adolf war Hitler.

«Für Politik habe ich mich nie interessiert», sagt Rosa Albach-Retty. Aber zum Schluß unseres Gesprächs plädiert sie – im Zusammenhang mit dem Terrorismus – für die Wiedereinführung der Todesstrafe.

Als ich meine Zweifel anmelde, stampft sie kaum merkbar mit dem Fuß auf. Und besteht auf ihrer Lösung.

Ernst Schröder

«Ich habe nie gesessen, wenn ich liegen konnte»

Ernst Schröder fegt über die Autobahn Basel–Frankfurt. Er muß nach Paris, spielt dort den Feuerleger in Max Frischs «Biedermann und die Brandstifter». Es ist Sommer. Es ist heiß. Mit hundertneunzig Stundenkilometern rast er im offenen Triumpf TR 3 über den Asphalt, denn Rasen ist für ihn schön wie Lyrik von Trakl:

Über schwärzliche Klippen
Stürzt todestrunken
Die erglühende Windsbraut ...

In der Höhe von Offenbach riecht er Rauch. Er denkt: Die verbrennen wohl Kartoffelstroh.

Da saust auf der Gegenfahrbahn ein offenes Cabrio heran. Ein Mann neben dem Fahrer gestikuliert, brüllt, macht wilde Stoppbewegungen.

Schröder nimmt Gas weg und steuert in eine Parkbuchtung – ein Komet mit Feuerschweif. Als er aussteigt, schlagen ihm Flammen um die Ohren. Der Auspuff ist durchgebrannt. Erst brannte der Boden, dann der Sitz. Ernst Schröders Rücken ist angeschmort.

So ist es mit ihm: spielt er einen Brandstifter, gerät er in Brand. Spielt er einen Betrunkenen, fährt er, stocknüchtern, nur mit der Rolle im Blut, gegen einen Laternenpfahl. Erdrosselt er sich als Franz Moor auf der Bühne, zerrt er an der Schlinge, bis sein Gesicht blau anläuft und Kollegen ihn in panischer Angst noch vor ihrem Auftritt befreien – so geschehen 1953 in Berlin.

Man sagt: Wenn Schröder morgen für eine Rolle grüne Haare braucht, so wachsen sie ihm über Nacht.

Jetzt hat der Schauspieler, Regisseur, Maler, Lyriker, Stückeschreiber und Kunstsammler seine Memoiren geschrieben. Zehn Monate hat er in der oberen Remise seines Hauses in der Toskana gewütet und gekämpft und mit Wörtern gerungen wie Jakob mit dem Engel. «Es ging bis zu Heulkrämpfen», sagt er, als ich ihn in Salzburg besuche, wo er Sonntag für Sonntag den «Jedermann» spielt.

Schröder ist der barocke Komödiantentyp – prall, satt, rund. Und das wichtigste ist der Kopf, und der ist groß und angespannt und voll durchblutet. Der Intellekt sitzt in den Augen, den trügerisch sanften. Sie registrieren jede Bewegung, jedes Wort. Schröder ist einer, der das Gesagte sieht. Der Jedermann, sagt er, sei die einzige Rolle, die er noch einmal spielen möchte. Eine ganze Stadt schaue da zu, unterwerfe sich der Stimme des Dichters. Und vor allem: «Man darf hier öffentlich sterben üben.»

Hat er Angst vor dem Tod? Ja. Er hat. Nicht vor dem Schmerz. Aber er möchte nicht sterben, bevor er alles gesagt habe. «Ich erwarte noch etwas von mir. Und das kann keine schauspielerische Figur sein.»

Deshalb machte Schröder auch mit dem Theater Schluß. Er stieg einfach aus, zog von Berlin nach Italien, baute in Castelliana bei Siena ein Haus mit kleinem Theater und Atelier, malte, stellte seine Bilder aus, schrieb fürs ZDF das Drehbuch «Lier in der Toskana», trug sich in der Universität von Siena für Kunstgeschichte und Italienisch ein und schrieb die Memoiren «Das Leben – verspielt».

Er, der vierzig Jahre lang Rollen durch die Worte anderer befreit hat, befreit jetzt sich selbst durch die eigenen Worte. «Man kann nicht nur rezipieren», sagt er. «Man muß auch mal rauskotzen können.»

Schröder schrieb die spannendsten Schauspielermemoiren seit Kortner. Sie sind ein Sprachfest, sind eine literarische Analyse, eine Spielreflexion: Er zeichnet sein eigenes Porträt durch die Psychogramme der Freunde Dürrenmatt, Frisch, Beckett, Kortner, Heinrich George, Bellmer, Varlin oder Antes.

Geboren wurde Schröder am 27. Januar 1915 in Wanne-Eickel. Der Vater war Schneider, die Mutter eine «dramatische Person». Als Ernst neun war, erzählte sie ihm die gesamte Weltliteratur in Form von Rede und Gegenrede. Als er neunzehn war, begann er im Bochumer Theater bei Saladin Schmitt als Anfänger und Hilfsdramaturg. Der lud ihn täglich zum Essen, und manchmal nahm er ihn mit zum Cousin Stefan George. Als dieser Schröders Gedichte las, sagte er: «Der Junge ist zu schade fürs Theater.»

Aber der Junge blieb beim Theater. Paul Wegener sah ihn, schickte ihn zu Heinrich George nach Berlin, und der küßte ihn nach zwei Stunden Vorsprechen auf die Backe und sagte: «Du bist engagiert.»

Das war 1938. Er hat die extravagante, sechs Jahre ältere Inge Thiesfeld geheiratet, schwelgte zwischen Liebessehnsucht und Vaterfreuden und klassischen Helden und Erfolgen. Die Ehe ging nach dem Krieg kaputt. 1946 heiratet Schröder seine Schauspielschülerin Gesa. Sie ist einundzwanzig, er einunddreißig. Sie leben noch heute zusammen.

In den fünfziger und sechziger Jahren spielt Schröder die Typen mit den Laufmaschen im Charakter: Schurken, Spießer, Puristen, Typen, die ihn besonders im Film berühmt gemacht haben, in «Waterloo» und «Stresemann».

Für seinen Stresemann studiert er die Geschichte der Weimarer Republik, liest, was der Politiker geschrieben hat, lernt seine Reden auswendig, lernt seinen Gang, kann die Unterschrift fälschen.

Perfektion ist Schröders Markenzeichen. Und Egoismus. «Da bin ich wie Churchill. Ich habe nie gestanden, wenn ich sitzen konnte. Ich habe nie gesessen, wenn ich liegen konnte.»

George warf er einen Stuhl hinterher, als der seine Frau Berta Drews ungebührlich zurechtwies. Anschließend bot George ihm das Du an und trank eine Nacht lang mit ihm am Wannsee und warf die schönen alten Gläser anschließend ins Wasser.

Schröder ließ auch Fritz Kortner bei Proben einfach stehen,

wenn Kollegen schikaniert wurden. Er fuhr dann ab zum Flughafen. Kortner jedesmal hinterher. «Und mit feuchten Augen gaben wir uns dann die Hand, wollten Geduld miteinander haben.»

Dürrenmatt zuliebe lernte Schröder für dessen Stück «Herkules und der Stall von Augias» melken. Und Schröder zuliebe änderte Dürrenmatt Szenen seiner «Wiedertäufer».

Wenn Schröder erzählt, knausert er nicht mit Dramatik. Er tänzelt mit den Augen, krümmt sich, kichert, flucht, bricht die Figuren gleichsam mit den Fingern auf, knackt sie wie Nüsse, guckt hinein, will sehen, was da los ist. Ein Seelenvoyeur.

Wir haben Hunger. Gehen essen, trinken Bier. Das Restaurant am Rande von Salzburg ist voll. Ich spiele mit ihm, dem Sammler von Moore, Picasso und Rodin das Museumsspiel. Fünf Maler darf er sich aus aller Welt für seine Wohnung wählen. «Du lieber Gott, wie schön», sagt er und schließt die Augen.

Dann genießt er jeden Namen wie Austern auf der Zunge: Piero della Francesca, Lucas Cranach, Max Beckmann, Giacometti, Francis Bacon. Das sind die Schröder-Träume.

Warum hat er das Theater nun wirklich verlassen? frage ich. «Sind vierzig Jahre nicht genug?» fragt er zurück. Und erzählt von Becketts «Endspiel» in Becketts eigener Inszenierung von 1967. Einhundertfünfzigmal hat er den blinden Hamm gespielt. Das bedeutete einhundertfünfzigmal Abstraktion. «Mein Privatleben war tot», sagt er. «Mein Leben wurde zum Stilleben. Ich vom Subjekt zum Objekt.»

Das hielt er nicht aus. «Ich wollte mich umbringen», sagt Schröder, fuhr zu Beckett nach Südfrankreich, sagte ihm das, und Beckett ließ das Stück absetzen.

Das war der Wegweiser zum neuen Leben, das Schröder im Theater nicht mehr finden konnte. Heinrich George war für ihn ein Synonym für Witz, Humor und Komödiantentum. In jeder Vorstellung wurde improvisiert. Und pariert. Und fiel Schröder nichts ein, hatte er einen Sektkübel im Gesicht oder einen Degen im Kreuz oder weiß der Teufel, was George gerade griff.

«Damals», sagt Schröder, «war Theater noch nicht so ängstlich auf Belehrung bedacht wie heute.» Ihn stört die maßlose Vertrocknung, die Blutleere, das betuliche Sendungsbewußtsein auf Deutschlands Bühnen.

«Es ist doch absurd zu glauben, ein Schauspieler könne Kerzen aufstellen! Wenn das so wäre, hätten wir längst keine Kriege mehr.»

Peter Stein wollte das Volk aufklären. Aber was ist daraus

Ernst Schröder als Mammon im «Jedermann». Kollegen sagen über ihn: Wenn er für eine Rolle grüne Haare braucht, wachsen sie ihm über Nacht.

geworden? Mandarinenkunst. Und Strehler? Seine große Zeit ist auch vorbei. «Wir haben keinen Hunger mehr auf Theater. Wir sind visuell überfüttert. Wenn Eva Mattes nicht nackt auf der Bühne steht, sind die Leute schon enttäuscht.» Das sei die Bankrotterklärung des Theaters.

Er ist gegen jede kleinkarierte Ideologie. Er ist sogar gegen Theatersubventionen. Soll der Schauspieler sich doch durchsetzen. Wie im Boxring. «Wenn's heute noch so ein Theater gäbe – auf Socken würde ich hinlaufen.»

Ingmar Bergman

«Jeder Künstler muß Anarchist sein»

Er streicht der Madonna von Landsberg zärtlich über Mund und Augen. «Sehen Sie sich das Gesicht an», sagt er und reicht mir die vierhundertneunzig Jahre alte Mutter Gottes, die er ein paar Tage zuvor im Münchner Nationalmuseum sah und sofort für sich fotografieren ließ. «Ist das eine Frau!»

Er sitzt da und ist entzückt von Maria. Er sitzt da mit lockerer Jacke über lockerem Streifenhemd in lockerer Hose – und hält Zwiesprache mit der Urmutter, der Heiligen, der Erde, der Mater Dolorosa, der Frau, dem Weib – dem immer wiederkehrenden Thema des sechsmal Verheirateten.

Ingmar Bergman hat einen freien Tag. Seine Akteure aus dem Residenztheater sind in Bayreuth, spielen Strindbergs «Traumspiel», eine Bergman-Inszenierung vom letzten Jahr.

Am Montag stehen sie wieder in München auf der Bühne und probieren die «Drei Schwestern» von Tschechow, diesen russischen Blues von der Sehnsucht nach einem anderen Leben. «Bei ihm», sagt Bergman, «stehen wir da und sind seelisch völlig nackt.» Natürlich, meint er, hätte man mit Tschechow auch experimentieren können, hätte aus dem Haus ein Bordell, aus den Schwestern Nutten machen und die Bühne unter Wasser setzen können. «Und im Wasser fließt dann Dreck umher, denn die Schwestern ersticken ja in diesem bürgerlichen Unrat.» Aber das wäre ein kaputter Tschechow, «masturbieren auf der Bühne», Betrug am Publikum.

Jetzt hat er Zeit, ist ausgeruht, hat nach dem Mittagessen eine halbe Stunde geschlafen. Jetzt bringt Ingrid von Rosen, die 6. Frau und gleichzeitig seine Sekretärin, Kaffee und braune Plätzchen. «Sie schmecken schrecklich», sagt er lachend, «sie kommen aus Schweden.»

Bergman trinkt nichts, ißt nichts, raucht nichts. Vor achtunddreißig Jahren, sagt er, habe er noch vierzig bis sechzig Zigaretten am Tag konsumiert – und Unmengen von Kaffee. Da bekam er eines Tages eine Nikotinvergiftung. Mit einundzwanzig. «Seitdem habe ich nie wieder geraucht und nie wieder Kaffee getrunken.»

Es ist inzwischen zwei Jahre her, daß Ingmar Bergman nach München ging. Ins Exil. Nach der Beschuldigung des Steuerbetrugs, nach Verhör, Polizeibespitzelung, Selbstmordabsichten, einem schweren Nervenzusammenbruch und dem Aufenthalt in einer psychiatrischen Klinik, verließ Bergman Schweden. Nicht wegen zu hoher Steuern. «Geld spielt für mich keine Rolle.» Er flüchtet vor einer «machtbesessenen Bürokratie».

Er geht zunächst nach Los Angeles, weiß aber nicht, ob er dort bleiben will, liebäugelt mit Paris und Rom und dreht schließlich in München «Das Schlangenei» mit Liv Ullmann.

Da bricht zum Schock der Emigration der Schock der fremden Sprache über ihn herein. Ein zweiter Erdrutsch. Er kann sich unterhalten, ja, aber jetzt muß er seelische Zusammenhänge erklären und dabei präzise Regieanweisungen geben. Panik ergreift ihn. Er sagt zu seiner Frau: «Entweder sterbe ich oder es stimuliert mich.»

Er starb nicht. Er lernt. Und sagt: «In München bin ich heute sehr zu Hause.» Und erzählt vom Glück, ein neues Ensemble zu haben und vom Vergnügen, ins Theater zu gehen oder in die Oper oder ins Kino. Er ist heiter. Er ist gelassen. Er sucht nicht nach Wörtern. Er sucht nur nach der schlichtesten Beschreibung seines Zustands.

Hat er diese Tugend aus der Not der fremden Sprache gezogen? «Nein», sagt er, «ich habe als Kind gestottert. Wenn ich etwas in zehn Sätzen erklären wollte, hörte mir niemand mehr zu. Es dauerte den Leuten zu lange. Da mußte ich das Schwedische ins Schwedische ‹übersetzen›, mußte aus zehn komplizierten Sätzen einen einfachen machen.»

In seiner Jugend, sagt er, war er überhaupt in jeder Hinsicht gehemmt. Er hatte Schwierigkeiten zu schreiben, konnte nicht

zeichnen, nicht singen, spielte ein paar Musikinstrumente, aber schlecht, weil er keine Noten kannte. Und tanzen konnte er schon gar nicht.

Er, der Sohn eines evangelischen Pfarrers, litt in der «hochbürgerlichen Welt», in der moralische Rechtschaffenheit oberstes Gesetz war. «Die Geborgenheit war da. Aber auch die Konvention. Ich wurde geliebt, aber auch geschlagen. Ein Signal hob das andere wieder auf.»

Er war sechs. Da lief in Stockholm der Film «Der schöne Schwarze», die Geschichte eines Pferdes. «Ich erinnere mich

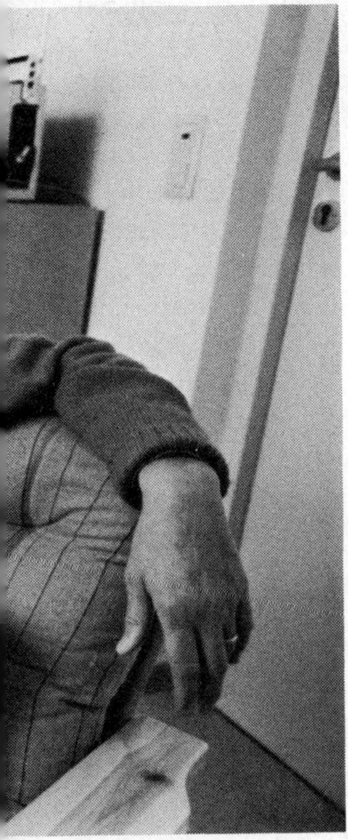

Ingmar Bergman erklärt, warum er komplizierte Dinge so einfach ausdrückt: «Ich habe als Kind gestottert.»

noch heute an eine Szene, in der es brannte», sagt er. «Und ich weiß auch, daß es mich ziemlich aufregte.» Er ließ sich das Buch «Der schöne Schwarze» schenken und lernte die Brandpassage auswendig.

Mit neun tauschte er seine Zinnsoldaten für eine zerbeulte Laterna magica ein. Mit elf bekam er ein Puppentheater. Mit zwölf eine Kastenkamera für sechs Gulden fünfzig.

Von da an schrieb er Theaterstücke und Filme. «Ich habe die ganze dramatische Weltliteratur benutzt. Viel Strindberg. Und sogar Maeterlinck.»

Er schrieb alle Texte, sprach alle Rollen, baute alle Kulissen. Und 1940, als er zweiundzwanzig war, inszenierte er an der Stockholmer Universität eine Anti-Nazi-Version von Shakespeares «Macbeth».

Aus Geldmangel gab er sein Studium der Literatur und Theaterwissenschaft auf und zog ins Bohemeviertel der Stadt, wurde Theaterleiter in Helsingborg, später in Göteborg und Malmö, schrieb Drehbücher, Szenen, Theaterstücke. 1959, als er in Stockholm Direktor des Königlichen Dramatischen Theaters wird, sind bereits «Abend der Gaukler», «Das siebente Siegel» und «Wilde Erdbeeren» gedreht, die ersten Filme, die Bergman international bekannt machen.

Weltweites Aufsehen erregt 1964 sein Film «Das Schweigen». Im ersten Jahr sehen elf Millionen Bundesbürger den Film. Zwölf Strafanzeigen gehen wegen unzüchtiger Darstellung ein. Und neben «Vom Winde verweht» wird er der erfolgreichste Film.

Bergmans Frau kommt herein. Sie ist ein Liv Ullmann-Typ, üppig, offen, herzlich. Sie ist keine Schauspielerin wie Ulla Jacobsson, Bergmans dritte Frau. Eine war Pianistin, eine die Tochter des estnischen Botschafters in Schweden. Nein, er redet nicht über seine Frauen. «Das ist Privatterrain.» Genauso, wie er nicht über seine Schauspieler redet. «Das wäre auch indiskret.»

Seine Frau Ingrid bringt frischen Kaffee, verabschiedet sich, will Besorgungen machen, sagt noch zwischen Tür und Angel und augenzwinkernd zum Fotografen: «Du, Ingmar, wir haben überhaupt keine Fotos mehr von dir.» Bergmans Gesicht ist Harmonie aus Unregelmäßigkeit: Die mächtige Stirn ist überschlank. Das linke Auge wirkt kleiner, unter dem rechten Auge liegt eine Narbe. Die vampirischen Eckzähne kommen nur bei vollem Gelächter unter hochgewölbter Oberlippe zum Vorschein. Die Backenknochen bilden Berge, wenn er redet.

Und er redet ruhig und gelassen.

Wenn er überlegt, hängen die Hände mit schmalen, gepflegten Nägeln über Knie oder Lehne. Wenn er erzählt, arbeiten sie mit.

Ich frage nach der Insel Fârö, der Ostseeinsel, auf der Bergman, als er noch in Schweden lebte, immer einige Monate im Jahr verbrachte. Sage, daß er über sie spricht, wie über eine Frau. Oder eine Geliebte. Will wissen, ob sie vielleicht so eine Art Mutterschoß für ihn bedeute. Er lacht. Dann schweigt er fast eine Minute. «Den Gedanken habe ich nie gehabt», sagt er. «Aber, wer weiß.» Würde er in der heutigen Gesellschaft protestieren – wie in seiner Jugend? «Natürlich. Mir ist jede Konvention unerträglich.» Müssen Künstler protestieren?

«Ja. Jeder Künstler muß ein Anarchist sein. Jeder ist einer. Egal, wen Sie nehmen. Baudelaire oder Proust. Sie werfen einen in Schrecken, die ungeheuerlich sind.» Müssen Künstler politisch sein?

«Es kann sich keiner von der Politik abschneiden. Die Resultate sind nur unterschiedlich. Der eine macht ein Pamphlet, der andere *‹Von Angesicht zu Angesicht›*.»

In Schweden, sagt er, wisse jeder: Kultur muß sein. Also wehre sich die Gesellschaft nicht. «Man kann tun, was man will. Kann auf der Bühne beischlafen oder pinkeln. Immer gibt es Applaus, immer bekommt man ein Stipendium, immer einen Zuschuß. Da kann man sich doch nur noch aus dem Fenster werfen.»

Aber hier, in Deutschland, sei es schon ein bißchen riskant. Das Telefon klingelt. Bergman schreckt zusammen, als sei eine Eichentür ins Schloß gefallen.

Es gab Zeiten, da brauchte er absolute Stille und Einsamkeit. Vor der Ehe mit seiner sechsten Frau war er sieben Monate allein auf Fârö. Jeden Tag um halb vier Uhr kam eine Frau, die für sich und ihn Essen kochte. Dann ging sie wieder. Und er war wieder vierundzwanzig Stunden allein. Heute, sagt er, gibt ihm seine Frau dieselbe Geborgenheit, die er einmal auf Fârö suchen mußte. Und die Entspannung nach den täglichen Theaterproben findet er vor dem Fernsehapparat. «Bei Krimis. Vor allem bei schlechten. Sie sind wunderbar zum Erholen.»

Er steht morgens zwischen sechs und sieben auf, liest zum Frühstück zwei Zeitungen, vier weitere nach dem Abendessen. Eine schwedische und fünf deutsche, von links bis rechts.

Und er liest Bücher. Jeden Abend vor dem Schlafengehen. In der letzten Zeit vor allem Tschechow, «Rothschilds Geige» und «Flattergeist». Feuchtwanger hat er vor kurzem gelesen. «Und ganz zu meinem Vergnügen ist jetzt wieder der *‹Zauberberg›* an der Reihe.»

Auch Musik hört er jeden Tag. «Da bin ich ein Allesfresser, höre Pop und Jazz und Bartók und Mozart.»

Ganz unvermittelt fragt er: «Wie finden Sie eigentlich mein Deutsch?» Ich finde es fabelhaft. «Aber ich verwechsle doch immer noch ‹der, die und das›.» Das sollten Sie auch in Zukunft tun. «Merkwürdig», sagt er, «das raten mir alle.»

Und er sitzt völlig entspannt da. Das Gesicht ist geglättet, die Augen sind ruhig, die Hände liegen locker über der Lehne. In vollkommener Ruhe sagt er, was auf dieser Welt ihm die Ruhe rauben würde: «Wenn jetzt einer käme und sagte: ‹Herr Bergman, Sie dürfen nicht mehr ins Theater.›» Das wäre die Katastrophe, das wäre der Tod. «Denn Theater», sagt er, «ist für mich – Überleben.»

Reiner Kunze

«Dichten ist wie Radium gewinnen»

Kunzes Tag beginnt auf dem Kopf. Zehn Minuten jeden Morgen. Mit den Beinen in der Luft. Ich glaube ihm nicht. Kunze läßt sein Eis stehen, holt ein Kissen, legt es über die Steine der Terrasse, stellt sich aufs kurzgeschorene Haupt, zieht die Beine nach, steht da wie eine Eins. Das Blut schießt ihm ins Gehirn.

Ich sage, er soll wieder hochkommen. Aber Kunze lacht auf dem Kopf und beantwortet Fragen von unten.

Wir warten auf das Filmteam, warten unter Kronachs brütendem Himmel bei Fürst-Pückler-Eis, Bier und Schinkenbrot.

Reiner Kunze verfilmt seine «Wunderbaren Jahre», jene – wie Heinrich Böll schreibt – «scharf aus der DDR-Wirklichkeit herausgestochenen Medaillons». In der Demokratischen Republik durften sie nicht erscheinen, in der Bundesrepublik wurden sie zum Bestseller.

Ein Drehbuch aus lyrischer Prosa zu schreiben war Schwerarbeit. Zwei Jahre hat es Kunze gekostet. Für ihn gilt, was Majakowskij schrieb:

> Dichten ist so
> wie Radium gewinnen.
> Ein Gramm gefördert –
> geschuftet ein Jahr.

Dann ist es soweit. Kunze fährt auf Motivsuche nach Coburg und Kronach, sucht Kirchen, Fabriken, Schulen, prüft Laien für Hauptrollen, untheatralisch sollen sie sein und den Dialekt beherrschen, den vor allem. «Bei uns sprechen selbst die Stummen sächsisch», sagt Kunze auf sächsisch.

Und da sitzt er im Plastikstuhl der Hotelterrasse, peinlich gepflegt in grünen Cordhosen, gestreiftem Hemd und heller Windjacke. Die bedeutungsvolle Mimik, mit der er seine Sätze begleitet, geht langsam in die zerfalteten Hände über.

Er führt selbst Regie. Er steht jeden Morgen um sieben auf. Frühstückt Marmeladenbrot zu Saft und Tee, fährt zum Drehort, probt, wiederholt, analysiert den Text, erklärt behutsam, spielt vor, entschuldigt sich dafür und lacht wie ertappt.

Reiner Kunze lebt seit 1977 im Westen. Er hat sich mit seiner Frau an den Rand von Passau gedrückt, in ein halbes Haus mit Wohnzimmer, Küche, Bad und zwei Arbeitszimmern. Vom Honorar der «Wunderbaren Jahre» wurden neue Möbel gekauft. Die alten blieben in der DDR.

Hat er sich an den Westen gewöhnt? Die Hektik irritiert ihn noch immer. Er könnte unmöglich in einer Großstadt leben. «Zum Glück», sagt er, «sind meine Frau und ich Einzelgänger.» Aber eine Stunde am Abend brauchen beide, um sich zu regenerieren. Dann reden sie, lesen, hören Musik. «Sonst werden wir krank.»

Krank machen Anrufe, Briefe, Besucher. Man will ihn zur Talk-Show, zur Lesung, zum Interview. «Ich weiß, daß ich nein sage. Aber ich möchte es freundlich tun.» Man will Autogramme, Lebensrezepte, Schlafstellen. «Manchmal kommen sie sogar nachts, wenn ich arbeite.»

Da stehen dann zwei Tramper vor der Tür, mit Wolldecken auf dem Buckel und Zigaretten im Mund, qualmen dem Nichtraucher das Zimmer voll, hocken sich hin, sagen, sie wollen mit ihm reden. Wenn sie schließlich die Schlafsäcke ausrollen, gibt Kunze ihnen Geld für den nächsten Gasthof.

Krank machen auch Briefe. Manchmal bekommt er hundert in der Woche. Manchmal mehr. Meist schreiben junge Leute. Neugierige sind dabei, Hoffnungslose und Selbstmordkandidaten. Als ein junges Mädchen ihm zum zweitenmal erklärt, seine Argumente für das Leben überzeugten sie nicht, sie würde sich nun doch umbringen, setzt Kunze sich – trotz Krankheit – nachts hin, schreibt vier volle Seiten und bringt

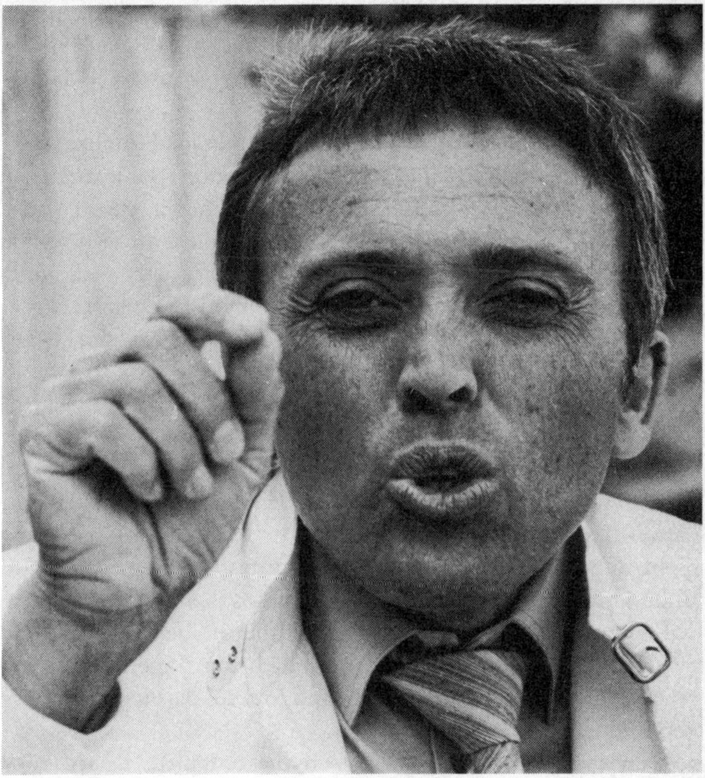

Reiner Kunze
während der Dreharbeiten
zu seinem Film:
«Wenn der im Fernsehen läuft,
müssen die in der DDR
den Strom abschalten.»

sie in der Morgendämmerung zur Hauptpost. Von Nötigung würde Kunze nie sprechen. Es stört ihn nur, daß man ihn als Seelsorger mißbraucht. «Ich habe nun einmal keine Heilslehre.»

Wir kommen nach zehn Stunden Drehtag ins Hotel zurück. Ein Anruf zu Hause macht ihn wieder munter. Ja, jetzt hat er Lust auf Essen, auf Pfeffersteak und Wein. Er trinkt sonst kaum Alkohol, nur ein Bier ganz gerne mal. Und von seiner Frau erzählt er lieber als von sich. Sie ist Kieferorthopädin und hat eine eigene Praxis mit vier Angestellten. In der DDR gab es für die Ehefrau «eines solchen Mannes» fünfzehn Jahre keine Aufstiegschancen.

Kennengelernt hat Kunze seine Frau durch eine Postkarte. Sie bat um ein Gedicht, das sie im Radio gehört hatte. Er schickt es. Danach schreiben sie sich 400 Briefe, einige 25 Seiten lang. In einem liegt ihr Foto. Ein altes. Sie ist siebzehn darauf und sieht «unmöglich» aus. Aber das kümmert Kunze nicht. Und eines Nachts ruft er sie an und fragt, ob sie seine Frau werden will. «Sie sagte bedenkenlos ja.»

Kunze hat sein Steak und alles drumherum bis auf ein müdes Salatblatt gegessen. Auch an den nächsten Tagen bleibt nie etwas auf seinem Teller zurück. Ich merke, daß ich seinetwegen meine Reste aufesse.

Er hat etwas Zwingendes an sich, dieser Kunze, fast Missionarisches. Seine Freundlichkeit beschämt. Er läßt jeden ausreden, hört jedem zu, läßt sich nichts holen, holt für andere, steht auf, wenn man den Tisch verläßt, steht auf, wenn man sich wieder setzt.

Kunze – das ist der personifizierte Anstand, der alle Mühseligen, alle Beladenen und Moribunden anzieht, ist einer, der im Krippenspiel nur Engel sein kann. Das machte ihn so konsequent in der DDR. Aber auch so verwundbar. «Ohne meine Frau», sagt er, «hätte ich nicht überlebt.»

Reiner Kunze wurde am 16. August 1933 in Oelsnitz im Erzgebirge geboren. Der Vater ist Bergmann, die Mutter kettelt daheim für eine Strumpffabrik, der Sohn soll Schuster werden. Er wird Dichter. Schon mit zehn macht er Verse. Und er malt. «Malen», sagt er, «wäre für mich eine Alternative gewesen.» Aber beim Gedanken an seine frühen Ölschinken lacht er sich weg. Einmal hat er den «Weg des Lebens» gemalt. Da liefen und krochen auf felsigem Weg lauter nackte Menschlein in Öl einen Berg empor – hinein in den Sarg, der auf der Spitze stand. «Als ich merkte, daß ich malte, was ich eigentlich schreiben wollte, ließ ich das Malen.»

Kunze macht Abitur, studiert Philosophie und Journalistik. Er ist dem Staat dankbar, der ihn aus armen Verhältnissen geholt und gefördert hat. Dafür schreibt er klischeevolle Verse nach erwünschten Mustern.

Die Desillusion beginnt in den fünfziger Jahren. Er schreibt über die Zensur:

Retuschierbar ist
alles
Nur
das negativ nicht
in uns

Einer politischen Treibjagd der Kollegen folgt der physische Zusammenbruch des «Konterrevolutionärs» Kunze. «Wenn eine herrschende Ideologie auf dem Quadrat beruht», sagt er, «kann man der Erfinder des Kreises sein, man wird gerädert.» 1959, kurz vor der Promotion, verläßt Kunze die Universität und wird Hilfsschlosser im Schwermaschinenbau. «Das war in meinem Leben die Stunde Null.» Er dichtet:

Ausgesperrt aus büchern
ausgesperrt aus zeitungen
ausgesperrt aus sälen
eingesperrt in dieses land
das ich wieder und wieder wählen würde.

Er läßt Marx links liegen und liest Camus. Camus ist verboten. Er schreibt ihn ab. Den ganzen «Mythos von Sisyphos». Mit der Hand. Nachts.

Sisyphos – der die Götter kränkte, weil er den Tod gefesselt und dafür zur Strafe einen Felsblock unablässig einen Berg hochrollen muß – Sisyphos wird zum Spiegelbild für Kunze. «Es gibt kein Schicksal, das nicht durch Verachtung überwunden werden könnte», schreibt Camus. Kunze erprobt es. Und wie Sisyphos den Stein mit der Einsicht bewegt, daß sein Bemühen hoffnungslos ist, so schreibt Kunze Gedichte, weil auch er erkennt, daß es hoffnungslos ist. Das ist absurd. Aber der absurde Mensch sagt ja. Und was seine Strafe sein sollte, verkehrt er durch Einsicht in seinen Sieg.

Der zweite Schock kommt am 21. August 1968, als Panzer in Prag einrollen. Panzer auch aus der DDR. Kunze tritt aus der Partei aus. Er schreibt:

Ich bin K.
und wohne
hier
Der dichter
ist verzogen
Anschrift unbekannt

Die Zeit der schweren Repressalien beginnt. Das Telefon wird angezapft. Die Post wird überprüft. Kunze wird nicht mehr gedruckt, seiner Frau die erste Beförderung seit Jahren verweigert, seiner Tochter das Abitur verwehrt. Das junge Mädchen wird beschattet. Der Spitzel verliebt sich in sie, gesteht ihr seinen «Beruf», will nicht mehr zurück, kann nicht mehr. Nimmt sich das Leben.

Am 29. Oktober 1976 wird Kunze aus dem Schriftstellerverband ausgeschlossen. Am 13. April 1977 kommt er mit Frau und Tochter und der Hälfte seiner Bücher in den Westen.

Was sagt er zu neuen Autoren-Ausschlüssen in der DDR, zu denen auch Stefan Heym gehört? «Ich würde jedem Schriftsteller, von dessen Integrität ich überzeugt bin, helfen», sagt Kunze. «Aber es gibt schlimmere Fälle.» Und er erzählt die Geschichte von Burkart Günther, Eisenhüttenstadt, Leninstraße 49. Er ist Ingenieur. In den siebziger Jahren entdeckt er seine Liebe zur Literatur, liest und besucht Autoren, auch Kunze. Vier Jahre korrespondieren die beiden miteinander. Der Ingenieur liefert Material zu den «Wunderbaren Jahren». Am 27. September 1978 wird er zu sechs Jahren Haft verurteilt. «Wegen des Briefwechsels mit Kunze», sagt Kunze.

Als er im Westen ankommt, glaubt er, mit dem Schreiben sei es nun vorbei. Keine Themen und zuviel Konkurrenz. Damals war ihm das egal. «Ich wäre auch Lastkraftwagenfahrer geworden.» Und heute? Er schwappe über vor Themen, sagt er. Und Gedichte habe er schon viele geschrieben. «Heitere. Ich bin nämlich ein heiterer Mensch.» Und lacht ganz unvermittelt laut auf. «Heitere Sachen!» sagt er und mimt den imaginären Kunze-Konsumenten mit wild rollenden Augen. «Hach! Der hat wohl den Druck von drüben verloren.»

Er hat. Und dem Druck von hier will er sich erst gar nicht unterwerfen. Er hat keinen Fernseher, hält sich keine Zeitung, informiert sich aus dem Radio. Womit ist er verführbar? Mit Schallplatten und Autos. «Da könnte ich meine Disziplin schon mal vergessen.»

Im Zwei-Liter-Ford fühlt er sich wohl wie zu Hause. Wenn er allein fährt, singt er zur Kassette alle Partien aus Haydns «Schöpfung» mit.

Er arbeitet vierzehn bis achtzehn Stunden am Tag, geht manchmal fünfunddreißig Kilometer spazieren, lernt Englisch im Abendkurs, liest Freud und Eibl-Eibesfeldt und alles über den Zweiten Weltkrieg. «Ich war fassungslos, wie das wirklich war.»

Bei Neustadt an einer Schnellstraße bereitet das Filmteam eine Szene der «Wunderbaren Jahre» mit einem alten Wartburg vor. Kunze sieht die DDR-Grenze zum erstenmal, seit er im Westen ist. Er steht da und sagt sächselnd in östliche Richtung: «Wenn mein Film im Fernsehen läuft, müssen die da drüben den Strom abschalten.»

Nina Kandinsky

Kriegerische Witwe

«Und hier sehen Sie Kandinsky-Zimmer aus Bauhauszeit, Tisch und Stühle aus schwarze Kreise, rechts Kandinsky-Aquarell von 1916, links ‹*Intime Mitteilung*› von 1925 – bitte, folgen mir jetzt in Salon.» Wie eine Museumswärterin führt uns Nina Kandinsky durch die Pariser Wohnung in Neuilly-sur-Seine, in die sie schon 1934 mit ihrem Mann gezogen war.

Im Salon stehen die Möbel, die Wassily Kandinsky in den zwanziger Jahren aus Moskau mitgebracht hat: Plüschsofa, Schaukelstuhl, Sessel, alte Tischchen. Hier, auf dem Bücherregal, steht das alte Chinoiserienvölkchen noch so, wie es der Maler vor mehr als vierzig Jahren, als er vor Hitler-Deutschland nach Paris floh, aufgestellt hat. Hier hängt seine Hinterglasmalerei «Sintflut», hier hängen seine leuchtenden Kreise und Quadrate.

Dann steht die Witwe dem Fotografen im Atelier des Meisters Modell: Sie ist achtzig, sie ist winzig, sie ist unter Militärmaß: Zierlich an ihr ist vor allem der Kopf geblieben, aber auch dessen Attraktivität hat mit den Jahren durch schüttere Haare und merkwürdig durchscheinende Augenlider gelitten.

Sie stellt sich an die Staffeleien, drückt das leicht geschminkte Gesicht an Porträtfotografien des 1944 verstorbenen Gatten, sagt: «Ich war der Frühling in seinem Lebensherbst», schaut zur Palette empor, die in einem Rahmen an der Wand hängt, schiebt Stühle und Aktenbündel beiseite, lehnt sich an den Arbeitsplatz, auf dem noch immer die alte «Continental»-Schreibmaschine der Wanderer Werke AG aus Chemnitz steht, auf der Kandinsky seine theoretischen Schriften tippte, drapiert sich an den Schrank, in dem die Farbtöpfe stehen, die der Maler sich, auch während des Krieges, immer aus München hatte schicken lassen, drängt den Fotografen in die für Altersfalten zulässige Distanz und bedauert – zwecks Überprüfung harmonischer Bewegungen –, keinen Spiegel vis-à-vis zu haben.

Warum hat Nina Kandinsky ihre Memoiren geschrieben? Auf Drängen der Freunde und Verlage, sagt sie. Vor allem aber, um «Falschmeldungen, Unrichtigkeiten und Unterstellungen» endlich an den Tag zu bringen.

Aber ist sie als Kandinskys Witwe nicht ein sehr subjektiver Berichterstatter? «Nein», sagt sie. «Im Buch bin ich absolut neutral und objektiv.» Und glaubt sie, daß alle Fehler in Zukunft getilgt würden? «Die Leute», sagt sie, «die gewissenhaft sind, werden mein Buch als Unterlage nehmen.»

Die Unterlage für das Leben und Schaffen Kandinskys entstand in zweieinhalb Jahren. Die Witwe diktierte sie in russisch gebrochenem Deutsch aufs Tonband, der Kunstkritiker Werner Schröder übertrug sie in einen seelenlosen, betulich-weihevollen Stil.

«Das Buch werden in alle Sprachen übersetzt», jubiliert die Autorin. «Alle wollen es.» Wer sind alle? Sie überlegt. Die Franzosen, die Engländer – ja, und die Italiener. Dabei schenkt sie eisgekühlten Wodka im russischen Zimmer aus und läßt die Pappschachtel mit Käsegebäck kreisen.

Es ist keine Frage: Das Buch bringt Skurrilitäten und reizvolle Petitessen aus erster Hand. Wer weiß schon, daß Wassily Kandinsky seiner dreißig Jahre jüngeren Frau, die ihn «nicht wegen seiner Berühmtheit» geheiratet hat, das Kochen beibrachte? Wer weiß, daß er leidenschaftlich gern ins Kino ging und fotografierte und, genau wie Paul Klee, die Tanzerei auf den Bauhausfesten in Weimar, Dessau und Berlin gräßlich fand, daß er stets nur einmal im Jahr, nämlich zu Silvester, einen Pflichtwalzer mit seiner tanzwütigen Nina absolvierte, daß er nie Zeitungen las, weil er fand, daß Zeitungen überflüssig seien, daß ihm Wagner-Opern zuwider waren, daß er großen Wert auf elegante Kleidung legte und peinliche Ordnung hielt im Atelier. «Es zeugt von schlechtem Geschmack», sagt er im Buch seiner Witwe, «wenn Maler im Atelier Schmutz dulden. Ich kann im Smoking malen.»

Und wer weiß, daß Madame Nina verhinderte, daß Kandinsky seinen Führerschein machte, aus Furcht, ihm könnte «im mörderischen Verkehr auf den Straßen von Paris» etwas zustoßen, daß er sich selbst mit seinem besten Freund Paul Klee nie duzte, daß er mit schlechtem Erfolg versuchte, Englisch zu lernen, daß er um neun Uhr frühstückte, dann ein Bad nahm, von zehn bis zwölf Uhr dreißig im Atelier arbeitete, anschließend im Bois de Boulogne oder an der Seine spazierenging, bevor er zu Mittag aß, eine halbe Stunde schlief, Tee mit Zitrone trank und dann bis zum Einbruch der Dunkelheit malte, anschließend aß, zeichnete oder an seinen Schriften arbeitete?

Das Leben im Bauhaus, die Vorbereitungen auf den Unterricht, die berühmten Feste, auf denen Bilder von Jawlensky, Feininger oder Willi Baumeister in der Tombola verlost wurden, die nachmittäglichen Teebesuche von Klee oder Mondrian, der es «ach, wie entsetzlich» fand, in blühende Bäume sehen zu müssen – das sind die Geschichten, die man lesen will und die nur scheinbar die glanzlackierte Oberfläche der Künstlerleben ausmachen.

Auf Braque, liest man da, war Nina ärgerlich. Vielleicht, weil er «niemals zu uns nach Neuilly herausgefunden»? Vielleicht, weil er sich nicht überschwenglich zu Kandinsky bekannt hat? Picasso mochte sie auch nicht. Sie schreibt, er wollte «immer Alleinherrscher sein». Und auf einer Vernissage in der Galerie Maeght, als man die beiden einander vorstellte, hatte Picasso doch tatsächlich die Stirn, sie nach einem gelangweilten «Guten Abend» links liegenzulassen. Klar für Nina K.: «Er hat Kandinskys Ankunft in Paris nicht gern gesehen.»

Sonst sagt sie nichts Neues über die Kunst, außer daß Kandinskys Malerei auch dann «nicht ganz in Vergessenheit geraten wäre», wenn sie ihn nicht überlebt hätte.

Was sie zum «Blauen Reiter» weiß oder zur künstlerischen Intention des Bauhauses, kann man in jeder Kunstgeschichte

Nina Kandinsky auf einem Sessel, den ihr Mann Wassily aus Moskau mitgebracht hat.

nachlesen. Was sie Kühnes über Malerei im allgemeinen – «Was mich in der Malerei am meisten faszinierte, waren die Farben» – und Kandinsky im besonderen schreibt – «Seine Kunst war auf Breite und auf Vielfalt angelegt» –, über Fernand Léger, dessen Malerei sie «etwas zu flach» findet oder Dalí, den «Surrealisten reinsten Wassers» – kann man nur vergessen.

Vergessen aber sollte man nicht so rasch, was sie zu ihrem «dreizehnjährigen Krieg» schreibt, dem größten Kunstprozeß der Nachkriegszeit, an dem sich Jurastudenten noch heute die Zähne ausbeißen.

Worum ging es? Lothar-Günther Buchheim, Autor von «Boot» und «U-Boot-Krieg», hatte 1959 einen kostspieligen Prachtband über den «Blauen Reiter» im eigenen Verlag publiziert, ohne – wie Nina Kandinsky behauptet – das Placet zur Reproduktion der neunundsechzig dort abgedruckten Kandinsky-Bilder besessen zu haben.

«Das Buch muß werden verhaftet», sagte sie damals und verklagte ihn. Sie gewann in erster Instanz, verlor zweimal vor dem Oberlandesgericht in München und siegte schließlich 1973 vor dem Bundesgerichtshof in Karlsruhe. Der «Blaue Reiter» durfte nicht mehr gedruckt werden. Er war ohnehin nur in einer Auflage erschienen, die sofort vergriffen war. Buchheim kostete der «Krieg» eine sechsstellige Summe, sagt er.

Inoffiziell, das war während des ganzen Prozesses klar – denn es war ersichtlich aus den Korrekturen, die Nina Kandinsky in den Fahnen des Buchheim-Textes angebracht hatte – inoffiziell ging der Streit um die Malerin Gabriele Münter, die langjährige Lebensgefährtin Kandinskys aus den Münchner Jahren.

Ihr hatte Kandinsky – so zitierte es Buchheim aus einer Münter-Biographie – 1914, also drei Jahre vor der Heirat mit Nina, «hoch und heilig» die Ehe versprochen. «An diesem Zitat, das nicht einmal von mir war», sagt Buchheim, «entbrannte der ganze Streit. Und das, obwohl ich bereit war, es in der zweiten Auflage zu schwärzen.» Doch die Witwe ließ nicht mit sich reden.

Niemals, so schreibt sie jetzt, habe ihr Mann zu dieser Zeit an eine Ehe mit der Malerin gedacht, und sie fügt hinzu, daß «die» Münter einen merkwürdigen Charakter gehabt, den auch Kandinsky sehr bald nach ihrer Begegnung nicht mehr hätte ertragen können.

Da sie in den wenigen Zeilen über Gabriele Münter gleich viermal die Andeutung von deren unschönem Charakter macht, frage ich sie, wie, um Himmels willen, der denn ausgesehen habe? Das wolle sie nicht sagen, sagt sie. Da wolle sie diskret sein. Aber warum hat sie Gabriele Münter in ihren Memoiren denn auch künstlerisch abqualifiziert mit dem Satz: «Was die Kunst betraf, so konnte Kandinsky der Münter nur von Nutzen sein»? Sie habe doch die Münter damit nicht abqualifiziert, sie kenne ja kaum Bilder von ihr. Im Buch behauptet sie aber, daß Gabriele Münters Bilder einen «starken Einfluß» Kandinskys zeigten.

Nein, mit der Wahrheit, um die es ihr in ihrem Buch vor allem geht, nimmt sie es selbst nicht immer so genau. Oder warum hätte sie sonst geschrieben, daß die an Buchheims «Blauem Reiter» erzielten Gewinne an sie abgetreten werden mußten und daß sie diese Gelder dann an ein Waisenhaus überwies, wenn es, wie Buchheim mir versicherte, an seinem kostspieligen Buch – eben weil es nur eine kleine Auflage hatte – auch nicht einen Pfennig Gewinn gab?

Nina Kandinsky wehrt ab. «Nein», sagt sie, «reden wir nicht mehr über diese Dinge, reden wir nicht mehr über Prozeß.» Da wehre ich ab. «Wenn Sie dreizehn Jahre einen Prozeß geführt haben, werden Sie doch noch eine halbe Stunde Unklarheiten aus dem Buch beseitigen können.» Also: Da liest man jetzt zum erstenmal, daß der «Fall Buchheim» der Grund dafür war, daß die Witwe Nina dreizehn Jahre lang alle Bilder Kandinskys für Ausstellungen in Deutschland sperrte.

«Nein», sagt sie, «nicht nur Fall Buchheim, auch Presse war Schuld. Deutsche Presse war furchtbar. Verbreitete nur Lügen.»

Aber das sei doch grotesk, sage ich. Das klingt ja, als hätten wir in Deutschland eine dirigistische Presse. Die Presse sei nicht *gegen* sie gewesen, weil sie *für* Buchheim war. Die Presse sei gegen sie gewesen, weil sie, Nina Kandinsky, mit ihrem Verhalten eine Art Zensur ausgeübt hätte, und weil sie, die Presse, der Öffentlichkeit ein Recht zugestand auf ein Sachbuch über den «Blauen Reiter», vor allem aber auf einen Künstler, der Wassily Kandinsky heißt und der – all ihre privaten Gefühle und Verletzungen in Ehren – eben doch mehr gewesen sei als nur ihr Ehemann.

Aber sie könne, das müsse ich doch verstehen, das Werk Kandinskys nicht ihren Feinden ausliefern! Ja, aber wer seien denn diese Feinde? Na, Buchheim natürlich, die Presse und alle die, die beiden glaubten. Immerhin, wende ich ein, ist Buchheim nachgewiesenermaßen ein Kenner Kandinskys und einer seiner ganz großen Bewunderer.

«Bewunderer?» ruft Nina Kandinsky aufgebracht. «Nie ist er gewesen Bewunderer!» Und woher wisse sie das? «Na, wäre er gewesen Bewunderer von Kandinsky, hätte er hören müssen auf das, was Kandinsky am meisten geliebt in seinem Leben: auf mich.»

Max Ernst soll in Paris während des Prozesses gesagt haben: «Diese Frau tut ja gerade so, als wäre sie die Urheberin des Werks. Kandinsky würde sich im Grabe umdrehen, wenn er wüßte, welche Tollheiten sie in seinem Namen begeht.»

Doch Nina Kandinsky ist da anderer Meinung. Sie glaubt, daß ihr Mann, genau wie sie, überzeugt gewesen wäre, daß der Prozeß sich gelohnt habe, «sicher» und «absolut».

Und wie sie so dasitzt in ihrem russischen Plüschsessel, ganz gerade, ganz sicher, ganz überzeugt, ganz ohne eine Spur von Furcht, sie hätte sich auch nur in einem Punkt täuschen können, da denkt man plötzlich, daß diese Nina Kandinsky, die ihrem Mann nie beim Malen zugesehen hat, die in ihrem Buch keine Zeile über den intellektuellen Entstehungsprozeß auch nur eines einzigen Bildes von Kandinsky hat schreiben können, daß diese alte Dame, Witwe eines der größten Maler des

20. Jahrhunderts, vielleicht, und vielleicht ganz unbewußt, der Kunstwelt einen kräftigen Tritt versetzte, weil sie in der Welt der Kunst, in der sie den wichtigsten Teil ihres Lebens verbrachte, am Ende nicht mehr sein konnte als ein hübsches Accessoire mit weißer Schwanenboa.

Martin Held

«Ich kenne die besten Museen und die besten Bäckereien»

Einhundertfünfzig Jahre verschwinden hinterm Busch. Sie, achtzig, kichert etwas von einem Damenbart. Er, siebzig, prustet: «Nein, laß das.» Zweige knacken. Stille. Gelächter.

Sie: «Du hast ja Sekt getrunken, du bist ja besoffen.» Er: «Sag lieber deinen Text richtig.»

«Wie heißt er bloß noch?»

«Also, du sabbelst jetzt so vor dich hin . . .»

Elisabeth Bergner zieht Martin Held aus dem Busch hervor, sabbelt so vor sich hin, «huch, ein Graben», er springt drüber weg, «so jetzt du», sagt er und streckt strahlend die Hände nach ihr aus. Aber Elisabeth Bergner kann nicht mehr. Sie biegt sich vor Lachen. «Martin, ich bin sicher, du läßt mich in den Graben fallen.»

Stopp. Ton weg. Kamera aus. Die Szene muß wiederholt werden.

Martin Held, der Werner Krauss der siebziger Jahre, hat gerade mit Elisabeth Bergner den Film «Pfingstausflug» beendet. In diesem Jahr wird er siebzig, der Held, den das französische Magazin *Paris Match* zur «Theaterhydra mit den hundert Charakterköpfen» machte.

Eigentlich sollte Martin Held Elektrotechniker werden. Der Vater wollte es so. Und weil der Sohn den Vater liebte, ging er zu Siemens. Da war er vierzehn. «Siemens war damals so ein Ding zwischen Kadettenanstalt und Zuchthaus», sagt Held, als wir während einer Drehpause im Wohnwagen Sekt aus Bechern trinken.

Es gab zwei Rettungen: Lesen und Theater. Er las Klassiker, lernte Texte, sah jeden Max Reinhardt, jeden Piscator, jeden Barnowski. Er sah die zehn Jahre ältere Elisabeth Bergner als Julia und Portia und heilige Johanna Triumphe feiern. Er gehörte zu den Kindern des Olymp, die auf Stehplätzen von der Zukunft träumten.

Seine Zukunft begann mit neunzehn. Er ging zum Portier des Berliner Staatstheaters und fragte ihn, wie man Schauspieler werden könne. Das hörte der Intendant des Hauses – Leopold Jessner. Er ließ den jungen Held vorsprechen. Und ein paar Wochen später war er sein Schüler.

Seine Karriere begann mit neunundzwanzig. Darmstadt, Frankfurt, Berlin. Heinz Hilpert holt ihn. Boleslaw Barlog behält ihn. Er ist bis heute das Zugpferd der alten Theaterstadt.

Warum hat Held internationale Filmangebote immer wieder abgelehnt?

«Sagen Sie ruhig, daß ich töricht war», sagt er. «Stimmt ja», und drückt mit schmalen, schönen Händen die Zigarre zurecht. «Immer, wenn ich weg wollte, sagte Barlog: ‹Natürlich kannst du gehen. Aber dann muß ich den Laden hier dichtmachen.›» Und dann blieb er.

Die Dreharbeiten sind um 16 Uhr beendet. Im kleinen Wohnwagen an der Matterhornstraße in Berlin-Nikolassee zieht Held den alten Mann aus, kommt zurück in weißen Schuhen, heller Hose, blauem Hemd.

Wir fahren zum Tee nach Hause. Lore Hartling-Held, seine zweite Frau, kommt uns mit dem Wäschekorb entgegen, küßt Held, sagt: «Ich hab draußen gedeckt.» Das Haus ist alt und gemütlich. Weite Räume, warme Perser, barocke Möbel, Samt an den Fenstern, Bücher an den Wänden, Bücher, wohin man sieht.

«Ich kann an keiner Buchhandlung vorbeigehen», sagt Held, als spräche er von einer schönen Krankheit. Im Augenblick liest er Dostojewski, Voltaire und Talleyrand. Und Bücher über die Etrusker. «Ich weiß nicht mehr, wohin mit den Dingern.»

Wir setzen uns auf die Terrasse, sprechen über Ödipus auf

der Rolltreppe, Hamlet im Lendenschurz und den Prinzen von Homburg im Kartoffelacker.

Was, wenn er heute so Lear oder Macbeth spielen müßte? «Rühren Sie nicht dran!» sagt er. Die modernen Klassiker-Aufführungen sind für ihn nur noch Karikaturen. «Das ist äußere Artistik, überpinselt mit verlogener Weltanschauung.»

Die ganz großen Rollen? Nein, er wüßte wirklich nicht, mit wem er sie heute studieren sollte.

Es gibt Regie-Ausnahmen. Peter Stein sei so eine. Und Ingmar Bergman natürlich. «Zu ihm würde ich zu Fuß hingehen!»

Helds Frau bringt Tee und einen Riesenteller Kuchen, sagt, daß die drei Damen in der Konditorei ganz besorgt festgestellt hätten, wie alt doch ihr Mann geworden sei.

Held lacht wissend. Als er gestern seinen Kuchen dort kaufte, war er noch als tatteriger Film-Heinrich geschminkt.

Kuchen ist seine Leidenschaft. «Ich kenne in Deutschland die besten Museen und die besten Bäckereien.» Der Bauch dankt es ihm. Und wächst.

Privat ist nichts Theatralisches an Martin Held. Privat hat er jede Rolle abgelegt. Doch wenn er zwischendurch aufsteht – den Bissen Bienenstich noch im Mund – und einen phlegmatischen Kollegen nachmacht oder einen cholerischen Kortner, dann tränt ihm die Tumbheit aus dem Auge oder im Blick wächst der Witz, dann muffelt er Traniges in den Bart oder rasiert mit rollendem R die Wörter von der Zunge.

Wie wird er Heydrich oder Zille? Er liest über sie. Er fragt die Leute aus, die sie noch gekannt haben. Und dann sieht er sich Fotos an. Immer wieder Fotos. Die prägen sich ins Gesicht.

Sieht er abends fern? Ja, häufig. «Der Apparat bringt mir alle Kollegen ins Haus.» Und bei wem entspannt er sich am meisten? Bei Loriot.

Kennen Sie sein Fernsehen für Hunde? Und das Vier-Minuten-Ei? Oder das Interview über mündelsichere Briefe? Das

Martin Held wartet auf seinen Auftritt.
Mit neunzehn hatte er den Portier im Theater gefragt:
«Wie wird man Schauspieler?»

reicht. Held nimmt seine Schildpattbrille ab. Lachtränen laufen ihm die Wangen runter.

Kann er sich über Politik aufregen? Ja, er kann.

Hat er sich je für eine Partei öffentlich engagiert? Früher. Für die SPD. Aber das würde er heute nicht mehr tun. «Die Leute, die im Parkett sitzen und den König Philipp sehen», sagt er, «müssen nicht meine politische Einstellung kennen.»

Albert, der älteste Sohn, setzt sich zu uns. Maximilian, der zweite, ist noch unterwegs, spielt Tennis. Daß die Kinder so jung sind, beschäftigt den Vater, der im November siebzig wird. Bedrückt ihn wohl auch.

Er schreibt für die beiden ein Tagebuch. So wie es der Großvater einst für den Vater getan.

Schielt Held während des Schreibens auf einen Verlag? Sind die Tagebücher getarnte Memoiren? Nein. Es hätten schon genug Verlage angeklingelt und einen Korb bekommen. «Ich würde innerlich rot werden», sagt er, «wenn ich über mich für die Öffentlichkeit schreiben sollte.»

Kollegen-Erinnerungen liest er mit unterschiedlichem Vergnügen. Ich zähle ein paar auf, denke, er wird schon «stopp» sagen – Knef, Marais, Flickenschildt, Palmer, Knuth, Kinski. Erst bei Liv Ullmann und Rudolf Forster hellt sich sein Blick auf. Bei Simone Signoret fängt er an zu schwärmen. Auch, wenn er manchmal «an die Decke» gegangen sei, wenn sie «Politik über die Kunst» gestellt habe.

Aber Könnern konzediert er unantastbare Individualität. Wie bei Elisabeth Bergner: Nach der zerlachten Szene – «Martin, du läßt mich in den Graben fallen!» – schlurft Held zum Klappstuhl, sinkt hinein, stöhnt: «Können Sie jetzt verstehen, warum es unmöglich ist, mit Elisabeth zu drehen?» Aber er sagt es so laut, daß Elisabeth es versteht. Und wie erwartet, kommen ihre zarten Schwanenschreie: «Martin, was erzählst du da wieder über mich?» Und schwupps, sitzt sie auf seinem Schoß.

Ich möchte wissen, wie die Szene weitergeht. Von Held. Sie sagt: «Das weiß er nicht. Das erzähl ich lieber.»

Er muffelt. Greift zitternd zum Tee. Nur die Lachfalten an den Augen verraten, daß er das Spiel mitmacht, die Rolle des greisen Heinrich weiterspinnt. Für die Bergner.

Und sie genießt das. Sie flüstert mir ins Ohr: «Ich hab den Film umgetauft. Er heißt jetzt ‹Der Virtuose und die Amateuse›. Martin weiß es nicht. Ich möchte, daß er es aus der Zeitung erfährt. Schscht . . .» Und legt den Finger auf den Mund.

Held rekelt sich wohlig in der Sonne, nimmt einen Zug aus der Zigarre und fragt: «Na, Elisabeth, erzählst du wieder das Geheimnis von deinem Titel?»

Hans Hollein

«Ich gebe dem sechsten Sinn eine Chance»

Zwischen Katalogen und Skizzen und Blöcken und Briefen und Büchern und Bergen von Akten auf Tischen und Stühlen und Borden und Schränken sitzt er in rosa Hemd und beigem Anzug wie ein unverschuldet in Not geratener Vampir. Bleich. Als hätte man ihm seit Wochen Blut verweigert. Sein Ersatzstoff scheint Papier zu sein, das er hier im Atelier zu abenteuerlicher Unordnung um sich herum drapiert hat.

Findet er immer, was er sucht? Er lächelt, daß der Eckzahn blinkt, streicht sich mit schlanken Fingern, deren Nägel lang sind wie die einer Frau, durchs gelichtete Haar und sagt: «Ich gebe gern dem sechsten Sinn eine Chance.»

Mit ihm ist er berüchtigt und dann berühmt geworden: Hans Hollein, Architekt, freier Künstler, Designer, Planer und Professor an der Düsseldorfer Kunstakademie. «Alles ist Architektur», verkündet er schon Anfang der sechziger Jahre, und Architektur ist für ihn die Verlängerung der Sinne. Er prangert rein funktionale Bauten an, phantasielose Gehäuse, predigt die unauflösliche Verquickung von Kunst und Architektur und erwartet, daß ein Planer nicht nur das Problem löst, ein Haus zu bauen, sondern es aus psychologischen, kultischen und lebensphilosophischen Aspekten entwickelt.

«Da haben die Leute sich gefährdet gefühlt», sagt Hollein. Die Leute, das sind die Professoren der Technischen Hochschule von Wien. Sie schneiden den provokanten jungen Mann, der ihnen mit architektonischer Psychoanalyse die Leviten lesen will. Ihre Devise: «Er muß verhindert werden.» Und wie zu Sezessionszeiten verbieten sie Studenten, seine Ausstellungen zu besuchen.

1966 aber bringen Kerzen internationalen Glanz in Holleins

Leben: Am Wiener Kohlmarkt 10 baut er die Kerzenboutique Retti um. Sie sichert ihm den begehrten Reynolds-Architektur-Preis, benannt nach dem englischen Maler, samt 25 000 Dollar, damals 100 000 Mark. Er kann seine Schulden zahlen und heiraten. «Der monetäre Aspekt», sagt Hollein, «hat die Leute dann überzeugt.» Aber die Aufträge kommen aus Amerika, der Bundesrepublik und Italien.

Daheim will man nur das, wofür er gekürt wurde: Fassaden. Das lehnt er ab. «Ich wollte nicht als Ladenbauer abgestempelt werden.» Und baut die Feigen-Galerie in New York und die Kulturabteilung der Amerikanischen Botschaft in Moskau, er entwirft ein Theater für St. Louis und einen Wolkenkratzer als gewaltigen Kühlergrill für Manhattan. In München «revitalisiert» er ein klassizistisches Palais für Siemens und entwickelt aus den Stallungen der Villa Strozzi über den Hügeln von Florenz ein Museum für moderne Kunst.

Brasilianischer Granit, Marmor, Messing, Stahl – das sind seine Materialien. Und wenn es nach ihm ginge, würden sie auch im sozialen Wohnungsbau zu finden sein. «Die pauvre Ästhetik einer Eingangstür fordert zur Beschädigung ja geradezu heraus.»

Mit hochgezogenen Schultern angelt Hollein zielsicher Fotos aus einem Tütenberg, reicht sie mir mit der jaspisberingten Linken und sagt: «Mein interessantester Auftrag.» Es ist das Museumszentrum in Mönchengladbach, entworfen als kühle, romantische Hommage auf Raum in der Natur und Natur im Raum. Seine Absicht: Wirklichkeit mit intellektuell gezügelter Phantasie zu untergraben.

Wir gehen zu ihm nach Hause in die Prinz-Eugen-Straße, nah am Belvedere. Unterwegs sagt er: «Meine Frau hat Tendenzen zu einer Ordnung.» Fürchtet er, ich fürchte mich vor einem neuen Chaos? Er lacht und zieht die Schultern hoch, daß der Kopf geschützt wie in einer Schale liegt. Die Holleins leben mit Max und Caroline im zweiten Stock eines alten Hauses. Hohe Räume, Stuck an den Decken, Flügeltüren verbinden die Zimmer – herrschaftlich pompöses Wien. «Ich

*H*ans Hollein
in seiner Wiener Wohnung.
Er liest am liebsten Karl Kraus:
«Der charakterisiert
die Situation in unserem
Lande noch heute.»

lebe simpel», hatte er gesagt. Das stimmt nur im Vergleich mit «supergestalteten» Architektenwohnungen, die Hollein meist «penetrant» findet.

Seine Frau, eine ehemalige Direktrice, und er haben sich nie nach Plan eingerichtet. «Ein paar Objekte sind zusammengeklaubt», sagt Hollein, «zufällig geerbt, geschenkt bekommen.» Einige alte Kommoden und Thonet-Liegen allerdings sind museumsreif. Doch hier, in den weißgetünchten Riesenräumen, stehen sie locker herum, ohne Anspruch, als Antiquität ernst genommen zu werden. Wandschmuck sind Bücher. Sie lehnen meterweise hoch und lang. Hesse und Dante, Nietzsche und Joyce, Cäsar, Canetti, Freud, Warhol, Speers Architektur, Militärstrategien aus USA und Kunsthistorisches vor allem.

Bilder gibt es nicht an den Wänden. Hat er keine? «Sie liegen bei mir in den Laden», sagt Hollein. Warum hängt er sie nicht? Er hat sie lieber lose, tauscht sie auch schon mal mit Freunden oder schenkt sie weg. Seinen amerikanischen Pop-Artisten Claes Oldenburg, ja, den wird er vielleicht einmal rahmen lassen.

Wenn er sich – zum Hängen natürlich – wählen könnte, was er wollte? Er lächelt bis zum Vampirzahn und zählt sie nachdenklich auf: Piero della Francescas «Geißelung», Böcklins «Toteninsel», Veroneses «Venus und Mars», eine Madonna von Bellini und «Das weiße Quadrat auf weißem Grund» von Malewitsch. Die würde er hängen.

Hans Baptist Leo Alois Ludwig Hollein, Sohn eines Elektroingenieurs, wird am 30. März 1934 in Wien geboren. Der Vater stirbt, als der Junge acht ist. Die Mutter gibt die wesentlichen Anregungen für den späteren Beruf. Das Elternhaus ist liberal, die Nazi-Erziehung durch Lehrer hinterläßt keine tiefe Spur. Und bei den Wiener Sängerknaben fällt er durch, weil er die deutsche Nationalhymne nicht vortragen kann. Kurz vor Kriegsende wird der Junge ins Sudetenland verschickt. Er ist in der ersten Klasse der Mittelschule und soll eine «Deutsche Eiche» malen. Er kann das nicht und wird beschimpft. «Aber es wurde immer wieder ein Apfelbaum», sagt Hollein. Drei

Wochen später – die Russen waren einmarschiert – sieht der Elfjährige jenen Zeichenlehrer noch einmal, als kahlgeschorenen Inhaftierten auf einem Lastwagen. Da denkt er: Das hast du jetzt von deiner deutschen Eiche.

Ihn hat die Doppelerziehung von nazistisch und liberal «früh erwachsen und selbständig gemacht». Die erste Dokumentation über Judenvernichtung sieht er mit zwölf. «Das vergißt man nicht mehr.» Wie sehr die heutige Jugend schon wieder vergessen – oder nie gewußt – hat, erschreckt ihn. Genauso wie ihn die Lehrer seines Sohnes erschrecken: «Viele sind reaktionär wie damals.»

Nach dem Abtitur lernt Hollein Bauzeichner. «Die Mutter wollte, daß i bald a Göld verdien.» Aber er studiert noch drei Jahre an der Akademie der bildenden Künste Architektur, geht zwei weitere Jahre nach Schweden, ins «Mekka der modernen Architektur», danach in die USA, wo er von einem Stipendium lebt, das ihm gestattet, fünf Dollar am Tag auszugeben. Und für zehn Dollar kann man damals schon ein altes Auto kaufen. «Das war zwar bald kaputt, aber dann nahm man das nächste.»

Chicago. New York. San Francisco. Für Hollein ist es die Zeit der großen Befreiung. 80 000 Kilometer verfährt er drüben. Einmal setzt er sich in New York hinters Steuer und rast quer durch die Staaten nach Los Angeles. Einfach so. «Um die Freiheit zu fühlen.» Das kannte er bis dahin nicht. Für Spanien hatte er neben einem Visum noch ein Unbedenklichkeitszeugnis des Pfarrers gebraucht – «Dabei war ich gar nicht fromm und gläubig» – und zum Baden eine Hose mit Oberteil.

Das freie, unkomplizierte Verhältnis zu den Amerikanern hat ihn geprägt. Er verhandelt am liebsten mit ihnen, arbeitet am liebsten für sie. Noch heute. Und er wäre sicher in den USA geblieben, wenn in Wien nicht die Sache mit dem Kerzenladen am Kohlmarkt 10 dazwischengekommen wäre.

So lebt er also in Wien. Er steht früh auf, pendelt bis zum Abend ein paarmal zu Fuß zwischen Wohnung und Atelier. Er liest mit angeborenem Wiener Mißtrauen nicht nur eine Zeitung, sondern den *Kurier*, die *Presse*, die *Abendzeitung* und *Profil*. Fern sieht er gelegentlich. Dann gern. Aber Rudi Carrell wird abgeschaltet. Den findet er unmöglich. Da haben selbst die Kinder Fernsehverbot.

Geld hat er nur früher verspielt, als er wenig hatte und mehr brauchte, «im Kasino von Nevada». Witze kennt er keine. Und er findet Leute gräßlich, die sich Witze aufschreiben. «Das heißt aber nicht, daß ich humorlos bin», sagt er. «Über Buster Keaton kann ich lachen.» Urlaub macht er meist in Österreich, in «bergiger Gegend». Vor dem Tod hat er keine Angst, dafür ist er schon zu gefährliche Routen gegangen. «Und ich habe mich auch noch nie psychiatrieren lassen.»

Er liest jeden Tag. Liest viel Gedichte, wenig Romane, die Hälfte auf englisch, Philosophisches, auch Biographisches. Egon Friedell, den Feuilletonisten, las er gern. Schnitzler, den Dramatiker, liest er gern. Und «Die letzten Tage der Menschheit» von Karl Kraus holt er sich immer wieder. «Sie charakterisieren die Situation in unserem Lande noch heute.» Er liest zwischen Mitternacht und zwei. Und steht um fünf Uhr wieder auf.

Als wir uns nach dem Essen am Rande der Gärten des Schwarzenberg-Palais verabschieden, ist mir klar, warum auch ein Glas Rotwein seiner Blässe da nicht helfen kann.

Gudrun Landgrebe

«Die Leute sollen nach dir schmachten»

Gott sei Dank haben wir gerade noch in Frieden essen können. Seezunge und Salat. Gudrun Landgrebe liebt die Ruhe. Mit der ist es aus, als die beiden Machos ihre Schatten über den Tisch werfen: Wolf Wondratschek und Bernd Eichinger, der Dichter der «Einsamkeit der Männer» und der Produzent der «Unendlichen Geschichte». Die setzen sich und übernehmen.

«Gudrun», sagt Eichinger, «du bist ein Star. Weißt du das?» «Ja, ja», sagt sie und lacht ihn an. «Und warum hast du dann in Blumenbergs bescheuerten *‹1000 Augen›* mitgespielt?» Warum? Er habe ihr gute Kritiken geschrieben, war der erste, der ihre Begabung erkannte. «Es war ein Dankeschön.» – «Dankeschön? Ein Star dankt nicht!» brüllt er. «Ein Star tritt.» Die Landgrebe tritt nicht. Kann sie gar nicht. Will sie auch nicht.

«Mußt du aber», sagt der Produzent. Und wie war das mit «Annas Mutter»? Auch so ein Schwachsinn. Mußte ja unbedingt ein Wettlauf sein. Zwei Filme. Zwei Annas. Und los. Wer gewinnt? «Du warst es nicht», sagt er. Weiß sie doch. Wondratschek auch. Er traf sie nämlich am Abend, als sie gerade den anderen «Anna»-Film gesehen hatte. «Du warst ja völlig hinüber», sagt er, «hast getrunken und geheult und . . .» Sie hält ihm sanft den Mund zu, sagt: «Du hast mich gesehen, wie mich noch nie einer gesehen hat», und erzählt, wie sie sich Marie Colbin als «Annas Mutter» angesehen hat. Erschlagen und verwirrt sei sie aus dem Kino gekommen und habe gewußt: Du hast den falschen Film gemacht. Das war ein Schock. Na, und da hat sie halt trinken müssen und weinen. «Wunderbar warst du», sagt Wondratschek und küßt ihr die Hände. «Quatsch nicht», sagt Eichinger. «Die richtigen Filme soll sie machen!» Wie Marilyn Monroe und Brigitte Bardot. «Die haben auch schlimme Filme gemacht», sagt sie. «Waren aber immer Stars», sagt er. Waren jedermanns Verheißung, jedermanns Geliebte und Erlösung, waren Futter für alle. Basta. Und dafür muß man Publicity machen. Immer und immer wieder. Wie eine Hure. Egal. «Das habe ich nach der *‹Flambierten Frau›* doch getan», sagt sie, habe zwar die Ohren zugeknöpft, als jeder sie nur nackt belichten wollte, aber das Gesicht habe sie hingehalten. Immer und immer wieder. Gräßlich fand sie das. Aber bitte schön. «Die Leute sollen eben schmachten nach dir.» – «Ich weiß», sagt sie, «sollen sich identifizieren mit einer, die sie selbst sein möchten.» – «Falsch. Total falsch», unterbricht Eichinger. «Nicht identifizieren. Wie Sklaven sollen sie an dir hängen. Denn du bist die Königin.» Und wo auch immer sie in einen Spiegel schaue, da müsse sie zu ihrem Bild sagen: «Gudrun, du bist ein Star, ein Star, ein Star.»

Als ich sie am Nachmittag in ihrer Wohnung in München-Harlaching besuche, steht sie im Badezimmer vor dem Spiegel und putzt sich die Zähne. Nach jedem Essen tut sie das. Mit Munddusche und allem. Dann kocht sie Tee.

Die Wohnung ist hell und frisch gepinselt. Schrank, Tisch, Stühle – Jahrhundertwende. Der Kirschholzsekretär ist eine Antiquität. Die Bilder lehnen noch unten an den Wänden. Romantisches und Dramatisches. Ein Vater verflucht mit wilder Gebärde seinen Sohn. Und im Bücherbord stehen alle stramm. Der Fassbinder, der Benn, der Resnais. Und Federico García Lorca.

Gudrun Landgrebe hat seine «Yerma» gerade in Spanien gespielt, jene schöne, sanfte Bäuerin, die sich nach einem Kind sehnt. Aber Yermas Mann ist einer von denen, die nur aufstehen, schwitzen, ein paar Brote essen und sterben. Er will seine Ruhe. Da «mordet» Yerma ihr Kind, indem sie ihren Mann erwürgt.

Lorca. Literatur. Das kommt der Landgrebe nach «Annas Mutter» gerade recht, nach einer Rolle, in der sie dauernd durch Regen rennt und unter Duschen steht, was sich bitte schön auf Blusen niederzuschlagen hat. Das nun erst mal nicht mehr. Und nahm das neue Drehbuch und liest, daß Yerma durch Regen rennt und in den Bach läuft und in ein Gewitter gerät und denkt: Geht das schon wieder los!

Aber dieser Regen hatte nichts mit ihrem Busen im Sinn, und da war sie froh, denn sie setzte damals schon auf die ungarischen Regisseure Barna Kabay und Imre Gyöngyössy. Sie hatte deren Film «Hiob» gesehen, der für den Oscar vorgeschlagen war. «Hiob» hatte sie tief beeindruckt. Da hatte sie sogar geweint. Und sie weint sehr selten im Kino.

Über «Yerma» hat sie gelesen, was sie kriegen konnte. Nach Literatur über «Frauen in Spanien» hat sie vergeblich in Buchhandlungen gesucht. So ist sie denn in das Land hineingesprungen mit ihrer Phantasie im Kopf und Lorcas Gedichten im Herzen. Und sie hat bald gemerkt, daß sie sich der Yerma, dieser weichen, willensstarken Frau sehr ähnlich fühlte.

Nicht aber in Yermas Wunsch nach Kindern. Oder möchte sie inzwischen welche haben?

Ihre Antwort ist wie die Lösung einer Rechenaufgabe: Eins plus eins ist zwei, wie Kind plus Landgrebe gleich nein ist. Nie hat sie Lust auf Nachwuchs gehabt. «Auch nicht in sentimentalen Augenblicken.»

Und da sitzt sie in ihrem blauen Sessel, mit weitem weißem Rock und Spitzenstrümpfen und rotem Angorapullover und brauner Haut frisch aus der Toscana. Ihre krausen Haare sind halb hochgesteckt. Früher hat sie unter der Wolle gelitten, hat sie beim Schopf gepackt, aufs Bügelbrett gelegt und ist mit dem heißen Eisen so lange darübergefahren, bis die Locken glatt waren.

Ihrer flambierten Domina hätte jeder die Absage an mütterliche Glücksgefühle geglaubt. Bei ihr selbst verblüfft der fast schroffe Entsagungssatz. Sie ist ja eben nicht die Zynikerin, die Berechnende, die Feilscherin, die clevere Karrierefrau, die mit Kalkül die Maschinerie Startum anwirft.

Sie ist neugierig und hin und wieder auf die natürlichste Weise naiv. Daß sie schön ist, hat sie früher immer eher

Gudrun Landgrebe zu Birgit Lahann:
«Nach der ‹Flambierten Frau› habe ich jedem
Fotografen mein Gesicht hinhalten müssen.»

irritiert. Schon als Kind ärgerte es sie, wenn die Leute sagten: «Ach, was bist du hübsch, mein Kind.» Dann dachte sie: Und sonst nichts?

Ihre Schönheit empfindet sie, wenn sie sich wohl fühlt. Wenn sie nicht glücklich ist, mag sie sich auch nicht im Spiegel ansehen. Wann ist sie unglücklich? «Wenn ich merke, daß ich Mozart und Beethoven nicht ertrage.» Das ist ihr Zeichen für Krisen.

Und sie greift zur Zigarette. Zur x-ten schon an diesem Tag. Nein, darauf mag sie nicht angesprochen werden. Sie kann das Rauchen nicht lassen. Natürlich hat sie es versucht. Geht aber nicht. Sonst sieht sie schon auf Gesundheit. Kauft auch mal im Reformhaus. Achtet sogar auf Formaldehyd im Shampoo. Aber rauchen? Manchmal ist ihr Jieper darauf so groß, dann raucht sie «alles, was brennt». Beim Rauchen sieht man, wie grob ihre Hände sind. Wie breit der Daumen. Die Füße stecken gottlob in Schuhen. Ihre einzigen Handikaps am so schönen Körper, der allen Klischees Futter gibt, einschließlich der himmelblauen Augen.

Wie oft hat sie sich ihre «Flambierte Frau» angesehen? Viermal. Das erste Mal war es wie im Rausch. In Paris sah sie den Film zum letztenmal. «Da hat er mich schon wahnsinnig gelangweilt.»

Denkt sie an Cannes, wenn sie Filme dreht? «Natürlich», sagt sie. «‹Yerma› zum Beispiel muß nach Cannes.» Die «Flambierte» kam nach Cannes. Und sie sollte auch hin. Also packt sie den Koffer, mit Glitzerkleid und Silberschuhen. Am nächsten Morgen um zehn soll es losgehen. Nachts um eins klingelt das Telefon. Einer vom Film-Verlag sagt ihr, man könne für sie den Flug nach Cannes nicht bezahlen. Sie solle zu Hause bleiben.

Aus dem Fernsehen erfährt sie vom Erfolg der «Flambierten Frau», vor allem von ihrem Erfolg. Der gefeierte Regisseur Robert van Ackeren hat nicht einmal angerufen.

Haben sich die Eltern über die nackte Tochter aufgeregt? Nein. Die Mutter hat sie ziemlich liberal erzogen. Tabus gab es keine. Sie wußte schon früh, was homosexuell ist. «Das gibt es», sagte die Mutter, «das muß man akzeptieren.» Aufgeregt haben sich nur die Nachbarn. Gewaltig. Dabei haben sie den Film nicht einmal gesehen. Nur «gehört» haben sie. Und schon standen denen die Haare zu Berge.

Hat sie bei der letzten Bundestagswahl gewählt? Natürlich. Sie sagt auch, wen. Will das aber nicht gedruckt sehen. Würde sie in eine Partei eintreten? Eigentlich nein. Aber so nein nun auch wieder nicht, «nicht so entschieden wie beim Kinderkriegen». Da ist sie sicher. Hier nicht.

Was würde sie tun, wenn Innenminister Zimmermann sie beim Filmball zum Tanz aufforderte? «Ich hätte Hühneraugen», sagt sie. Und erzählt dann von so einem Fest, und daß der Minister zum Foto bat. Da hat sie höflich abgelehnt. Aber Burckhard Driest, ihr «Anna»-Regisseur, sagte: «Natürlich gehst du. Und beim Knipsen steckst du ihm die Zunge raus.» Aber das hätte sie nie getan. «Das ist nicht mein Stil.»

Auf einem anderen Fest war sie Tischdame von Verteidigungsminister Manfred Wörner. Sie war gerade von den «Yerma»-Dreharbeiten aus Spanien zurück. Seine Nachbarschaft war ihr unangenehm, weil Wörners Kießling-Affäre noch ziemlich frisch war.

Herr Wörner plauderte munter drauflos. So, aus Spanien käme sie? Also, der Stierkampf dort begeisterte ihn. Stierkampf sei die edelste Art des Kampfes und des Tötens. Das habe sie degoutant gefunden aus dem Mund eines Verteidigungsministers. «Und überhaupt: Wann hat denn der Stier eine Chance?»

Mit welchem Politiker würde sie gern ein Interview machen? Mit Helmut Kohl, sagt sie. Von dem würde sie gern wissen, wie man mit einer Doppelmoral lebt: über Familie und Treue reden und sich selbst nicht daran halten. «Ich glaube», sagt sie, «aus dem würde ich einiges rauskriegen.»

Ist sie selbst seit ihrem Schuß auf die Star-Rampe Verführungen ausgesetzt, denen sie nicht widerstehen kann? Also, da muß sie lachen. Natürlich hat jeder sie gewarnt: Gudrun, haben sie gesagt, sieh dich vor bei Produktionen. Da blüht die Untreue, die Eifersucht, der Neid und alles, was es sonst noch gibt.

Nein, das gilt nicht für sie. Die drei Wochen im spanischen Dörflein Campanera – abgeschlossen von der Welt und eingeschlossen in die «Yerma»-Produktion – haben sie nicht nervös gemacht. Sie hat ihrem Geliebten, dem Gynäkologen, lange Briefe geschrieben. Täglich.

Sie ist, sagt sie, eine treue Seele, die nie allein in einen Nachtklub gehen würde, auch nicht in Lokale, um Freunde und Bekannte zu treffen. «Was soll ich da?» Sie haßt Massen und Bars und den Smalltalk zwischen Tür und Angel. All die Aufgeregtheiten ihrer Branche sind ihr fremd und zuwider.

Sie mag Freunde am Abend, ein Essen mit Geplauder und Gespräch – im kleinen. Und wenn sie allein ist, bricht sie auch nicht zusammen, liest einfach ein Gedicht oder den «Letzten Seufzer» von Buñuel. Am stärksten beeindruckt haben sie die «Wahlverwandtschaften» von Goethe.

Tagebuch schreibt sie von Zeit zu Zeit. Sehr offen, sehr ehrlich und ausführlich. «Eine Sucht», sagt sie, «die manchmal ausartet.»

Beantwortet sie alle Fan-Post selbst? Natürlich. Die meisten wollen nur Autogramme, ein paar bedichten ihre Schönheit, einer hätte sie gern zur Frau, andere bescheiden sich mit Gedankenliebe. Ein Zahnarzt aus Süddeutschland bedauert ihre «Stellungsanomalie» im «Oralbereich», verweist auf ihre Oberschneider 1 und 2, entschuldigt sich für den verbalen Eingriff in ihre *regio intima* und wünscht ihr weiterhin alles Gute.

Zeitungen liest sie unregelmäßig, weil ihr Leben unregelmäßig ist. *Welt* und *Bild* lehnt sie ab. Liest sie nicht. Manchmal die *Zeit*, sonst die *Frankfurter Rundschau*. Fern sieht sie gar nicht, hat nicht einmal einen Apparat. Hat der *Playboy* mal bei ihr angeklopft? «Hat er», sagt sie. «Ich habe abgelehnt.»

Gudrun Landgrebe hat keinen Berater und keinen Starmaker. Sie will nicht anders aussehen und reden und sich anziehen. Und will sich weiterhin auf ihr Gefühl verlassen. Nicht aufs Kalkül von Fremden. Sie ist sinnlich. Und sinnlich will sie bleiben. Und sentimental werden auch, wann immer sie Lust dazu hat. Gudrun Landgrebe braucht die Gänsehaut. Fürs Theater hat sie sie auch immer gebraucht. Egal, ob bei Shakespeare oder bei Brecht.

Gänsehaut bei Brecht? Der Epiker hätte sie erschlagen, wenn er sie so auf der Bühne gesehen hätte. Da lächelt die Landgrebe und sagt: «Dem Brecht hätte ich schon erklärt, wie wichtig die Gänsehaut ist.»

Und sitzt ganz zart und klein im Sessel, so wie sie auf der Leinwand nie aussieht.

Das ist ihre Chance: Im dunklen Loch Kino, in dem die Leute zu ihr hochgucken, da wird sie überlebensgroß und kühl und unnahbar. Da ist sie das mit Likör gefüllte Praline. Der Star.

Mit der Angst, die ihr das neue Leben auch einbringt, der Angst zu versagen, die falschen Rollen zu wählen und morgen nicht mehr gefragt zu sein, muß sie allein fertig werden. Manchmal erledigt sie das im Traum.

Es gibt einen, den hat sie schon oft geträumt. Da fährt sie Auto. Sie kann gar nicht Auto fahren. Nicht im Traum und nicht im Leben. Aber sie fährt. Und fährt immer schneller, direkt auf eine Böschung zu, weiß nicht, wo die Bremse ist, rast und bekommt das Ding im letzten Augenblick zum Stehen. Wie – weiß sie nicht.

Rainer Werner Fassbinder

Der Phönix aus dem Schrott

Fassbinder trommelt in aller Herrgottsfrühe an die Tür seines Freundes. Der torkelt schlaftrunken aus dem Hotelzimmer. «Komm, wir fahren ein Stück die Küste entlang.» Sie steigen in den Mercedes. Fassbinder fährt los. Fährt wie der Teufel. Dabei hat er gar keinen Führerschein, ist dreimal durch die Prüfung gefallen. Egal. Fahren kann er. Er tritt aufs Gas. Der Freund ist aschfahl. Die Straße kerzengerade. In der Ferne eine Kreuzung. Fassbinder rast darauf zu und sagt: «Ich bremse nicht. Wenn jetzt ein Auto kommt, sterbe ich wie James Dean.»

Das war 1970 im spanischen Almeria. Der Freund ist Kurt Raab, Fassbinders böser Held aus «Bolwieser» und «Satansbraten». Damals dreht die Truppe gerade «Whity». Gespenstische Tage sind das, voll Angst und Aggression. Fassbinder buhlt um die Liebe eines schönen Schauspielers – Günther Kaufmann. Aber das Mischblut aus München, das die Gruppe den «bayrischen Neger» nennt, bestimmt das Tempo selbst. Er nimmt ein Einzelzimmer, kein Doppel mit dem Chef, kommt zu ihm, wenn er Lust hat, verteilt seine Gunst kalkuliert und dosiert. Das ist sonst Fassbinders Rolle.

Da spielt Fassbinder die andere. Er ertränkt sein Leid schon morgens vor Drehbeginn mit zehn Bacardi-Cola, droht mit Selbstmord, wenn der Kaufmann ihn verschmäht, leiht sich Rasierklingen aus, er, der sich doch kaum rasiert. Und wenn dann immer noch niemand das Schlimmste befürchtet, nimmt er das Auto und rast einfach mit einem in die Angst.

Nein, Selbstmord hätte Fassbinder nie gemacht. Dazu liebte er sich zu sehr. Einmal, im New Yorker Lincoln-Center, sucht der Schauspieler Peter Chatel den Fassbinder. Er findet ihn in

Rainer Werner Fassbinder hat den Tod
im Leben und im Film immer wieder an die Hand genommen.
Er spielte gern mit ihm.

einer Kinologe. «Da saß er tränenüberströmt und schaute sich selbst in *‹Faustrecht der Freiheit›* an. So einer bringt sich nicht um. Der hat zu viel Bewunderung für sich.»

Fassbinder hat aber den Tod immer an die Hand genommen. Er ist mit ihm losgezogen, wenn er den Alkohol in sich hineingoß und das Kokain an der zerfetzten Nasenwand hochzog, wenn er Aufputschmittel nahm zum Wachbleiben und abends schwere Schlafmittel schluckte und eine Stunde später wieder Wachmacher nachwarf, weil er ja eigentlich noch arbeiten wollte. Da sahen ihn die Freunde schon mal vom Stuhl wegrutschen oder fanden ihn nachts im Badezimmer zusammengebrochen und dachten: Nun ist er tot. Aber der spielte nur mit dem Tod.

Was hat er nicht alles an Aufputschern und Schlafversenkern, an Muntermachern und Eindämmerern in den blassen, aufgedunsenen Körper hineingepumpt, was nicht alles hineingefressen, gesoffen, und irgendwann überschlägt sich sein Wagen bei Tempo 200, und er steigt einfach aus dem Blechhaufen raus, Phönix Fassbinder aus dem Schrott.

So bekam er den Nimbus des Unbesiegbaren. Und die Truppe betete ihn an. Er ging voran wie Alexander oder Napoleon. Immer mitten hinein in die Schlacht, in den Dreck, in den Mist. Auf der Strecke blieben die anderen. Er kam durch. Warum sollte er da nicht auch «Querelle» schaffen? Thomas Schühly, der Freund, der Fassbinders «Sehnsucht der Veronica Voss» produzierte, sagt: «Er hätte den Film nicht drehen dürfen. Er war krank.» Wie hat er ihn bekniet: «Fahr nach Haiti und such dir ein paar Mädchen oder Jungs.» Aber Fassbinder unterschreibt den Vertrag. «Es war ein schändlicher Vertrag», sagt Schühly, «er grenzte an Sklavenhandel.» Da steht, *‹Querelle›* sei in zwanzig Tagen zu drehen. Für jeden Tag drüber müsse Fassbinder draufzahlen. Fassbinder zahlt 13 500 Mark drauf. Er dreht zweiundzwanzig Tage. «Das war ein Tempo, wie wenn man mit 250 Stundenkilometern über die Landstraße rast.»

Aber Fassbinder war doch berühmt dafür, in rasender Eile

zu drehen, Filme in wenigen Tagen, ganze Serien in wenigen Wochen zu drehen. Das ist bares Geld für jeden Produzenten. Warum also nicht «Querelle» in zwanzig Tagen? Es ist doch bisher alles gutgegangen. Aber an den Abenden, nach den Dreharbeiten, muß Schühly den Freund in den Schlaf reden, weil die Tabletten nicht mehr wirken. Und am Morgen steht er dann wieder da mit der eingepumpten Energie. Wie der gefallene Engel «Querelle», der Matrose, der von seinen Instinkten zum Töten und zum Tod getrieben wird. Der Held in dem berüchtigten Roman des französischen Schriftstellers Jean Genet sagt: «Ich habe ein Abenteuer hinter mich gebracht, dem ein Stück meiner selbst verschrieben war ... Ich gehe eine Art Pakt mit dem Teufel ein.»

Fassbinder inszeniert das wie ein Requiem für Blut und Hoden. Sein Mörder ist ein Erlöser, der vor ewig untergehender Sonne zu Zimbeln und Trompeten in den Hades absteigt. Fassbinder war dem Anarchisten Genet schon mit zwanzig Jahren verfallen. Er verschlingt dessen «Querelle». Das Buch ist bald völlig zerfleddert und zerlesen. Damals gilt Genet – der wegen vieler Einbrüche und Überfälle zu lebenslänglicher Zuchthausstrafe verurteilt, aber dank des Zuspruchs von Jean-Paul Sartre und Jean Cocteau begnadigt wird – noch als «Orpheus des Abschaums». Seine Bücher werden unter dem Ladentisch verkauft, sind lange, weil «blasphemisch» und «obszön», verboten. Für Fassbinder aber blühen Blumen in der Kloake von Querelle. Und sechzehn Jahre später zeigt der Regisseur der Welt ein letztes Mal den blanken Hintern und schert sich ein letztes Mal den Teufel ums gesellschaftliche Korsett. Er ist fasziniert von der Energie, mit der Genets Held sich selbst zerstört, ohne dabei zugrunde zu gehen, mit der er mordet, ohne sich nach dem Tod zu sehnen. Querelle frißt das Leben in sich hinein.

Auch Fassbinder fraß ja das Leben in sich hinein und verbreitete Angst und Schrecken in seiner Umgebung. Erst jetzt – nach seinem Tod – wagen einige, das Bild ihres Übervaters zu beschreiben, ihre Qualen, Ängste, Lüste zu erklären, ihre

Demütigungen preiszugeben. Kurt Raab, Fassbinders Schauspieler mit Peter Lorre-Appeal, Co-Autor, Ausstatter vieler Filme, Kindermädchen, Putzfrau und Köchin, geht wohl am konsequentesten mit ihm zu Gericht: Hart und liebevoll, wehmütig und ironisch zerpflückt er den Clan, der den Rainer Werner Fassbinder «Mary» nannte.

Mary findet seine Truppe 1967. Da ist Hanna Schygulla, die Maria der Hinterhöfe, die Lichtgestalt seiner Filme. Da ist Irm Hermann, der zickige, geifernde Hausdrache. Die eine stilisiert er zur «Heiligen» – zu der er ein scheues, fast sprachloses Verhältnis hat. «Wir haben so gut wie gar nicht miteinander geredet», sagt er einmal. Die andere macht er zur «Hure», die er schlägt und die ihn liebt.

Manchmal erhört er Irm Hermann. Meist demütigt er sie. Dann bringt er einen Freund mit, und sie muß auf dem Boden schlafen, weil der andere ins Bett kommt. Oder er läßt sie alles Geld von ihrem Konto holen, nimmt es und verkündet, er werde sie verlassen. Da schluckt die Verzweifelte vierzig Schlaftabletten und wird nur durch Zufall von ihrem Peiniger entdeckt, weil der einmal den Hausschlüssel nicht vergessen hat. Zwei Tage ist Irm Hermann bewußtlos. «Ich war schon schwer hinüber», sagt sie.

Hanna Schygulla und Irm Hermann sind für Fassbinder die zwei Seiten seines gespaltenen Mutterbildes. Daß die Hermann dabei den so fatalen Part bekam, hat sie immer tief verletzt. Sie war doch die erste, die den Genius Fassbinder entdeckte. «Ich hätte auf die Knie gehen können vor ihm», sagt sie. «In meinem Kopf habe ich mich immer als seine Ehefrau gesehen.»

Aber eines Tages im August 1970 trifft sie den Angebeteten – mit dem sie gerade den Film «Der amerikanische Soldat» dreht – vor einem Schalter der Deutschen Bank, und der sagt ihr so ganz nebenbei: «Ich heirate heute.» Dann schenkt er ihr 500 Mark von den 40 000, die er gerade abgehoben hat. «Da habe ich die Hanna Schygulla getroffen», sagt Irm Hermann, «und wir haben uns beide betrunken.»

In der Drehpause dieses Tages heiratet Rainer Werner Fassbinder im weißen Anzug aus dem Film die leicht beschwipste Ingrid Caven. In der Hochzeitsnacht schläft ein Freund in Fassbinders Zimmer.

Ingrid Caven wird von ihrem Mann im Hotelzimmer eingeschlossen. Sie langweilt sich, will arbeiten, will was tun. «Meine Frau arbeitet nicht, sie hat das nicht nötig!» brüllt Fassbinder. Der Narziß kann es nicht ertragen, wenn sie sich am Telefon mit «Fassbinder» meldet. Die Ehe dauert wohl zwei Wochen. Nach zwei Jahren wird sie geschieden. Fassbinder beherrscht die Gruppe. Und die Gruppe, mit Ausnahme der Schygulla, unterwirft sich ihm: Hermann, Caven, Raab, Harry Baer, Ulli Lommel, Peer Raben. Keiner darf ausbrechen. Keiner zu selbständig werden. Wenn die Gruppe ein Leck hätte, ginge sie unter. Und das heißt: Fassbinder ginge unter. Denn Fassbinder ist ängstlich und scheu, ist unsicher. Die Gruppe ist sein Bollwerk, seine Höhle, in der er hausen kann wie ein echter Macho. Also wird jeder, der ein Leck schlagen will, bestraft: mit Liebesentzug, mit Rollenentzug.

Da bekriegen sich die Eingeschlossenen untereinander. Sie hängen herum. Sie hassen sich. Sie tricksen den aus, der sich gerade in Fassbinders Strahlenkranz sonnt. Sie verpetzen den, der Schlechtes sagt über Fassbinders Mutter. Das wird strengstens bestraft, denn Schlechtes über die Mutter darf nur der Sohn sagen, er, der ihr zeigt, wie groß er ist, wenn er ihr kleine Rollen gibt.

Aber sie saugen den Vampir auch aus. Er will sie für sich allein? Dann soll er sie auch beschäftigen. Sie zwingen ihn, mehr Filme zu machen, als er eigentlich schaffen kann. Dafür zwingt er den einen, Kokain zu schnupfen, weil er ohne das Zeug die Rolle im Film gar nicht hinkriegt; schminkt die andere zum Erbrechen häßlich und quält sie dazu, so gut zu sein wie nie.

Am Abend werden die Sklaven belohnt. Ob im Münchner Haus oder in den großen Wohnungen, die sie an den Spielorten mieten, man sitzt in der Küche um den großen Holztisch herum, ißt, trinkt, redet, spielt. Spielt «Mensch-ärgere-dich-nicht», aber Gnade dem, der gewinnt und nicht Fassbinder heißt. Spielt «Rommé», und da kann nur der Boss gewinnen, denn der hat ja das komplizierte Punktsystem erdacht, das gar kein anderer begreift. Spielt «Chinesisches Roulette», sein Lieblingsspiel, das er zu einem Film macht. «Wenn Irm eine Blume wäre, was wäre sie dann?» Raab sagt: «Eine Nelke.» Irm nimmt ihm das übel, aber Fassbinder lacht sich weg. Doch wenn einer fragt: «Mit welcher Person möchtest du gern auf eine einsame Insel fahren?» und die Person nicht Fassbinder heißt, dann kann Fassbinder nicht mehr lachen.

Will dann irgendwann doch mal wieder einer ausbrechen wie Peter Chatel, der in Paris inszenieren möchte, zertrümmert ihm der Chef die Brille, damit er den Weg zum Flughafen nicht findet. Nach Paris fährt man nicht ohne ihn, und schon gar nicht, um Filme zu machen, sondern um mit ihm in die Sauna zu gehen. Auf dem Pariser Sauna-Strich haben sie doch schon so manchen guten Griff getan. Fassbinders schicksalsvollster heißt El Hedi Ben Salem.

Daß er homophile Neigungen hat, hat Fassbinder mit vierzehn oder fünfzehn Jahren gemerkt. Er ist wie Unkraut aufgewachsen. Der Vater interessiert sich nicht für den Sohn. Die Mutter sucht nach der Scheidung neue Bindungen, lebt einmal mit einem Neunzehnjährigen zusammen, der dem neunjährigen Rainer den Vater vorspielt. Das erträgt der Junge nicht. Er kommt kaum mehr nach Hause. Er hat reichlich Taschengeld für die mittäglichen Wiener oder Debrecziner am Bratwurststand. Er hat keine Menschen, an die er sich hätte lehnen können, wenn ihn dieses merkwürdige Gefühl der Trauer und der Depression befällt. Er ist allein und hat Angst, wenn er allein ist.

Irgendwann malt er sich dann die Finger an und stopft ein paar Socken in den Schritt der hautengen Hosen, weil das kraftvoll wirkt. Und wenn ihm auch beim erstenmal eine Nutte den rechten Weg gewiesen hat, so ist doch bald ein Grieche sein bester Freund. Ein Grieche ist auch der Held in seinem Film «Katzelmacher». Er spielt ihn selbst. Er projiziert sein Leben in den Film.

El Hedi Ben Salem ist Berber. Fassbinder nimmt ihn aus der Pariser Sauna mit nach Deutschland. Abends erzählt der junge Nordafrikaner mit dem Vollbart von seiner Heimat, von seiner Frau, von den fünf Kindern, um die er sich so lange nicht gekümmert hat. Fassbinder ist entzückt, will mit Salem eine Familie gründen, fliegt mit ihm nach Algerien, bringt den Berber dazu, sich von seiner Frau scheiden zu lassen, und dann nehmen sie zwei der Söhne mit nach Deutschland, Hamdan und Abdelkader.

Salem ist Fassbinders Glück der frühen Siebziger. Fassbinder dreht in zweiundzwanzig Tagen «Warnung vor einer heiligen Nutte», in elf Tagen «Der Händler der vier Jahreszeiten», in zehn Tagen «Die bitteren Tränen der Petra von Kant», in vierzehn Tagen «Wildwechsel». Fassbinder hat Geld. Er ist großzügig. Nicht mit dem Taschengeld für die Truppe, das ist stets knapp bemessen, damit sich niemand davonmacht. Aber er lädt ein. Übers Wochenende fliegt man nach Paris, zu Sauna, Liebe, Hummer, Kaviar und Pellkartoffeln.

Kurz vor der WDR-Produktion «Acht Stunden sind kein Tag» machen sich Fassbinder, Salem, Irm Hermann und Kurt Raab auf in den Senegal. Am ersten Tag liegt der bleiche Filmer auf einer Hochseejacht bei kühlendem Fahrtwind Stunden in der sengenden Sonne. Ein gesottener Krebs geht von Bord. In der Nacht bekommt er Schüttelfrost. Er zieht sich die verbrannte Haut vom Körper. Darunter sind weiße Bläschen. Alarmzeichen. Diesen Sonnenbrand wird er später in seinem Film «Martha» verewigen. Da läßt er die versengte Margit Carstensen von ihrem Mann vergewaltigen. Fassbinder bekommt bei seinem Sonnenbrand schwere Fieberanfälle. Aber er weigert sich, einen Arzt zu sehen.

Er hat panische Angst vor Ärzten. Nie läßt er sich untersuchen. Nicht einmal für die Versicherungen der Produktionsfirmen, mit denen er filmt. Dabei sind die verpflichtet, einen Regisseur zu versichern. Wer zahlt sonst, wenn einer umfällt oder krank wird? Ausgefallene Drehtage kosten ein Vermögen.

Als sie «Bolwieser» machen, passiert es dann. Fassbinder wacht nicht auf. Er hat drei Mandrax genommen, da ist nichts zu machen. Den kriegt keiner hoch. Da fleht der Produktionsleiter den Raab an, doch bitte krank zu sein. «Du hast eine Gastritis, Kurt», sagt er. «Das kann man doch haben, nicht?» Der Raab spielt dem Doktor eine Gastritis vor. Und die Versicherung zahlt den Ausfall.

Bis zum Ende seines Lebens geht Fassbinder nicht zum Arzt. Dabei hat er Angst, wenn er nur Bläschen im Mund hat. «Schau mal, ich hab Bläschen, das ist Krebs», sagt er dann. Auch für «Querelle», seinen letzten Film, läßt er sich nicht untersuchen. Deshalb ist er nur gegen Unfälle und Krankheiten versichert, die nichts mit dem Kreislauf zu tun haben.

Im September 1973 setzt Fassbinder seinem Freund Salem mit «Angst essen Seele auf», dem Film gegen Ausländerhaß, ein Denkmal. Das ist sein Abschiedsgeschenk. Er sagt ihm das. Die «Familie» bricht auseinander, als Salem sich an Rainer «Mary» Fassbinder gewöhnt hat. Der Berber richtet gerade eine Wohnung in Berlin ein. Aber Fassbinder meidet ihn. Der Ruhelose braucht Anregung, Aufregung, kein Nest. Das hat er doch nie gehabt, auch wenn so vieles bei ihm nach Nähe und Wärme schreit. Wenn er ins Bett geht, muß die Tür geöffnet bleiben, wenn er schläft, ein Mensch in der Nähe sein, wenn er aufsteht, einer zum Anziehen kommen. Er ist hilflos wie ein Kind, dem man in Hemd und Hose helfen muß wie eine Mutter.

Salem tobt, als er erfährt, daß Fassbinder heimlich in ein Hotel gezogen ist. Der Berber trägt immer ein Messer bei sich. Er ist jähzornig. Und wenn er Whisky getrunken hat, vergißt er sich. Eines Abends sticht er drei Menschen nieder. Einer ist schwer verletzt. Freunde bringen Salem zur Frühmaschine nach Paris.

Acht Jahre später, als Fassbinder «Querelle» dreht, erfährt er, daß Salem sich in einem französischen Gefängnis aufgehängt hat. Fassbinder scheint ungerührt. Aber er gibt Anweisung, dem Film «Querelle» eine Widmung für Salem voranzustellen.

Damals, nach der Trennung von Salem, jagt er weiter durchs Leben, dreht Fontanes «Effi Briest» und «Faustrecht der Freiheit», ißt Kaviar – und frißt Bratwürste, sucht den Geschmack seiner Kinderzeit. Manchmal treibt er die Freunde nachts aus dem Bett, dann müssen die Würste besorgen, gebacken oder gekocht, egal. Und sie tun es, weil sie wissen, es ist einfacher, nachts Würste zu finden, als die verlorene Sympathie des Übervaters wiederzufinden.

Immer wieder fliegt er nach New York, hockt stundenlang im Lederlokal *Amboß*, bewundert die saftigen Kerle, die da auf Podesten ihre nackte Haut in Ketten legen. Er liest alle Simmels und alle Willi Heinrichs, er liest den ganzen Freud, schreibt Drehbücher bei lauter Musik in Cafés und Bars, diktiert Raab «Mutter Küsters' Fahrt zum Himmel» zwischen einarmigen Banditen ins Stenogramm.

Darin spielt Armin Meier seine erste Rolle, Armin, die größte Liebe Fassbinders. Der Regisseur lernt ihn in seinem Münchner Stammlokal kennen, in der *Deutschen Eiche*. Kurt Raab muß vermitteln zwischen dem scheuen Fassbinder und dem schönen Schlachter, der jetzt hinterm Tresen steht. Sie werden einmal die langersehnte Familie sein, die Armin Meier dann so beschreibt: «Der Rainer ist der Vater, ich bin die Mutter, und der Kurti ist das Kind.» Das Kind darf überall dabei sein, auch wenn Mama und Papa sich lieben. Und abends, bei Wein und Zigarettenqualm, erzählt der Armin seine Geschichte. Er war ein «Zufallstreffer», von einem Soldaten gezeugt, von der Mutter nicht gewollt. So landet er im Waisenhaus.

Gleich gegenüber der *Deutschen Eiche* mietet Fassbinder eine feudale Wohnung, drückt Raab 120 000 Mark einfach so in die Hand. «Richte sie ein», sagt er, «aber nur nicht hell.» Und zwei Riesenwannen sollen in die beiden Badezimmer. Fassbinder badet gern in Gesellschaft, er badet nämlich oft und möchte dabei unterhalten sein.

Fünf Bühnenbauer arbeiten fünf Monate an der vornehmsten Höhle, die Fassbinder je gehabt hat. Die Küche hellbraun, der Rest dunkelbraun, das Schlafzimmer des Meisters schwarz. Schwarze Wände und Stores, schwarze Wäsche auf schwarzem Lederbett, und ringsum Spiegel in Lendenhöhe. Tag und Nacht muß das Licht brennen.

Raab wird Küchenmädchen, Telefonabnehmer, Privatsekretär und Putzfrau. Emma Kartoffel nennt Fassbinder ihn. Emma Kartoffel geht von 17 Uhr bis 17 Uhr 30 mit dem Staubsauger durch die schwarze Pracht. Fassbinder tobt dann jedesmal. «Ich kann dieses Geräusch nicht hören!» – «Dann geh spazieren!» Da dreht Fassbinder widerwillig seine Runden um den Gärtnerplatz. Danach spült Emma Kartoffel die Geschirrberge weg. Immer sind ja Leute da, die essen und dann alles stehenlassen und dann wiederkommen, mittags, abends, nachts, immer.

Schlimmer wird es, wenn Mary in der Küche Regieanweisungen gibt, für Senfeier, Königsberger Klopse und Blaukraut, seine Lieblingsgerichte. Erinnerungen an die schönen Tage seiner Kindheit, wenn die Mutter einmal Zeit hatte und etwas Schnelles kochte. Manchmal jammert er dreimal die Woche danach. Dann heißt es nur: «Meine Mutter . . .», und wer nicht wie seine Mutter kocht, dem fliegen die Senfeier um die Ohren.

1978 muß sich Fassbinder wieder einmal befreien von der Liebe, die ihn umschnürt. Er ist mit Armin Meier in New York. Er betrügt ihn mit einem Neger. Er sagt Armin, er solle nach Hause fliegen und aus der Wohnung ziehen.

Er schickt dem Verschreckten einen Brief hinterdrein, einen Abschiedsbrief, den Armin nicht versteht. Der läuft damit in München umher, fragt die Freunde. «Was soll das heißen?»

Am 7. Juni wird seine Leiche in Fassbinders Wohnung gefunden. Die Obduktion ergibt, daß der Tablettentod schon eine Woche zuvor eingetreten ist. Da weiß man, daß Armin sich an Fassbinders Geburtstag das Leben genommen hat, am 31. Mai.

Einen Monat später dreht Fassbinder sein Requiem für den toten Freund: «In einem Jahr mit 13 Monden». Und jedes weitere Jahr trägt er an seinem Geburtstag ein schwarzes Tüchlein in der Tasche. Und feiert wie gewohnt, frißt den Spargeln nur die Köpfe ab, der Rainer Cesare Borgia, befiehlt den anderen, alles aufzuessen, und lacht den «Querelle»-Produzenten Schidor aus, weil der nicht weiß, wie man ein Besteck hinlegt. Ja, das freut ihn, wenn er einen erwischt, der es eigentlich wissen müßte, einen Doktor noch dazu. Er nennt den Schidor «Kitty Babuffke», so nennt man in Berlin die Putzfrauen.

«Er war wirklich ein Phänomen», sagt Peter Chatel. Aber der Schauspieler glaubt nicht, daß man von Fassbinders Filmen einen als Meisterwerk bezeichnen könnte. «Das Meisterwerk», sagt er, «sind die einundvierzig Filme und das Leben und alles dazu. Die Filme sind ein Abfallprodukt dieses Lebens.»

Der Produzent Thomas Schühly wollte ihn in den letzten Monaten in cin anderes Leben drängen. Er ist sein «Beschützer» geworden. Als die zwei das letzte Mal in New York sind, sorgt er dafür, daß Fassbinder immer vor Mitternacht ins Bett geht, daß er morgens turnt und Gymnastik macht, daß er nicht dauernd alles so in sich hineinfrißt. Sie sehen stundenlang fern, und Fassbinder findet, daß die Hausfrauen in den Ratesendungen viel verrückter sind als er selbst.

«Er hat seine Unschuld bis zum Tod nicht verloren», sagt Thomas Schühly. «Deshalb hat er auch Regie nie mit der Trickhaftigkeit von Produzenten geführt.» Volker Schlöndorff, der ist zum Schluß für Fassbinder so einer gewesen. Den hat er nach einem Vortrag über Regie ausgelacht. «Volker, fang wieder als Regieassistent an», hat er ihm gesagt. Für Fassbinder war das Spontane, Naive, Überraschende das Große. Shakespeare, Mozart und Michelangelo – die waren für ihn drei Gottesbeweise. Er hat ihre Biographien gelesen, und es hat ihn fasziniert, «daß drei so unbedarfte Charaktere» aus so kleinbürgerlichen Verhältnissen einen Kosmos entwerfen konnten.

Ein Kosmos schwebte auch ihm vor. Er wollte für den Film das sein, was Shakespeare für das Theater war. Er wollte sich von der Welt lösen, sie von oben in Cinemascope sehen. Deshalb übertrat er Normen, verlachte Moral, durchbrach Tabus. Er wählte bei keiner Wahl. Parteien waren ihm Wurst. Ihn interessierte nicht die Nachricht von 1,7 Millionen Arbeitslosen. Ihn interessierte, ob bei fünf Millionen Arbeitslosen das Chaos ausbricht, ob fünf Millionen Arbeitslose sich von den anderen nehmen würden, was sie brauchen. Er hatte Anarchie im Kopf. Und Phantasie im Leib. Er stieg mit der Sicherheit eines Kindes aufs Seil und zeigte seine Kunststücke. Und wenn ihn einer störte, dann schubste er ihn runter.

Zum Schluß ist er müde geworden. Und er ist dick geworden. Der bleiche, durchscheinende, völlig unbehaarte Körper ist aufgeschwemmt von Pillen, vom Alkohol, vom Königspulver, dem Kokain. Die Zähne sind kaputt, die Stummel haben gelbe Nikotinhauben. Er hält die Hände vor den Mund, wenn er lacht. Er schläft nicht mehr gern allein. Da muß einer neben ihm sein, der ihn beschützt. Geht der mal raus in der Nacht, ist er in Panik. Und er ist noch immer so scheu.

Als er Jeanne Moreau, seine Lysiane in «Querelle», zum erstenmal sieht, gibt er ihr nur verlegen die Hand. Vor dem Drehen sagt er dann: «You just have to be great», läuft fort und kichert: «Sie muß nur toll sein! Jetzt hab ich ihr die einzige Regieanweisung gegeben.»

Nach den Dreharbeiten an «Querelle», nach zweiundzwanzig hochgeputschten Tagen und zweiundzwanzig Nächten ohne tiefen Schlaf bekommt Fassbinder einen Herzanfall. Er ruft den Freund Schühly an und sagt: «Heute bin ich meinem Schöpfer sehr nahe gewesen.»

Joseph Beuys

«Ich bin ein ganz scharfer Hase»

Lahann: Herr Beuys, Sie sagen, jeder ist ein Künstler. Bin ich auch einer?

Beuys: Ja, das mit Sicherheit.

Lahann: Gut, dann male ich Ihnen etwas. Und nun signier ich das.

Beuys: Sie können das signieren, das ist ja auch Ihre Arbeit.

Lahann: Machen Sie jetzt bitte auch eine kleine Figur.

Beuys: Ich soll eine kleine Figur machen? Gut. Sagen wir, eine ähnliche Struktur wie Sie, Sie malten eine Blume, ich mache mal ein Pflänzchen – so fertig.

Lahann: Ob Sie das signieren?

Beuys: Bitte.

Lahann: Beuys und Lahann. Zwei Künstler. Zwei Werke. Wenn ich die auf dem Kunstmarkt anbiete, ernte ich Spott und Hohn, und Sie ein paar Hunderter.

Beuys: Also, das glaube ich nicht. Hier liegt ein ganz großes Mißverständnis vor. Wenn ich sage, jeder Mensch ist ein Künstler, sage ich ja nicht, daß jeder Mensch ein Maler ist. Also, wenn ich sage, jeder Mensch ist ein Künstler, ist das Bestandteil eines erweiterten Kunstbegriffs, und er bezieht sich auf jede menschliche Arbeit und damit selbstverständlich auch auf die Arbeitsplätze und ob an diesen Arbeitsplätzen Bedingungen bestehen, unter denen die menschliche Kreativität sich frei entfalten kann. Denn ohne Freiheit ist Kreativität undenkbar.

Lahann: Kommen wir noch einmal auf uns zwei Künstler zurück . . .

Beuys: Da sage ich: Die Leute lachen sich nicht tot. Die sagen, da ist ein kleines Mädchen drauf mit 'ner Blume, und da

Joseph Beuys: «Ich soll eine kleine Figur machen? Gut . . .

drunter steht ein Name. Die Menschen sind ja nicht so bösartig, wie Sie sie schildern.

Lahann: Vielleicht noch viel bösartiger. Sie, Joseph Beuys, sagen: Jeder Mensch ist ein Künstler. Und ich sage, all diese Künstler halten Sie für einen Scharlatan. All diese Menschen würden Ihre Kunst, wenn sie es könnten, abschaffen.

Beuys: Ja, das ist richtig. Das heißt aber wahrscheinlich, daß viele Leute noch kein richtiges Bild von sich selbst haben. Aber Künstler sind sie trotzdem.

Lahann: Es kränkt Sie also nicht, daß viele Sie für einen Scharlatan halten?

Beuys: Nein, keineswegs. Es kann ja gar nicht anders sein. Es ist ja nicht nur so, daß der Otto Normalverbraucher mich ablehnt, sondern auch der Minister von Nordrhein-Westfalen. Aber das stört mich nicht.

Lahann: So sind Sie denn ein guter Christ. Die, die Sie

. . . dann zeichne ich eine ähnliche wie Sie.»

schlagen, die streicheln Sie. Denken Sie an 1964 in Aachen. Damals hatten Sie eine Aktion, in der Sie von einem Studenten ziemlich wüst zusammengeschlagen wurden. Da holten Sie ein Kruzifix aus der Tasche und hielten es gen Himmel. Haben Sie sich damals als Märtyrer gefühlt?

Beuys: Ich hab mich eben als Aktionskünstler gefühlt. Ich war immer vorbereitet auf diesen Schlag, denn sonst hätte ich nicht blitzartig dieses Gerät aus der Klamottenkiste gezogen. Und ich hätte ja auch nicht die vielen Tafeln Schokolade bei mir gehabt, um sie dann gleichzeitig hinterher ans Publikum zu verteilen. Also der Aggression von seiten des Publikums, der bin ich begegnet mit einer positiven Gabe.

Lahann: Mit einer christlichen Geste.

Beuys: Ja, das kann man sagen. Aber doch sicherlich keine christliche Geste im Sinne des tradierten Christentums. So was wird man da nicht so leicht finden.

Lahann: War Christus ein Künstler?

Beuys: Das sowieso. Darüber braucht man sich nicht zu streiten. Ich meine in bezug auf Umgestaltung, da war er vielleicht der größte Künstler.

Lahann: Welches ist sein größtes Kunstwerk?

Beuys: Ein Kunstwerk von Christus? Ja, etwa das Abendmahl, was ja die substantielle Gabe ist, sagen wir mal einfach, die Welt zu erlösen. Aber auch Hitler war ein Künstler, ein großer Aktionist. Der hat nur seine schöpferische Fähigkeit negativ gebraucht. John Dillinger, Al Capone, alle großen Gangster hatten natürlich eine Menge Kreativität. Sie haben sie nur gegen die Menschen verwandt.

Lahann: Wann haben Sie zum erstenmal an sich bemerkt, daß Sie eine künstlerische Begabung haben?

Beuys: Mit fünf Jahren, dabei habe ich mich während meiner ganzen Kindheit und Jugend eher für Naturwissenschaften interessiert als für Kunst. Und ich habe ja noch ein naturwissenschaftliches Studium begonnen.

Lahann: Dann haben Sie sich aber auf der Kunstakademie beworben und wurden angenommen.

Beuys: . . . und da habe ich eine ähnliche Einengung erfahren wie auf der Universität. Ich habe also den Akademismus kennengelernt. Ich wollte aus diesem Grunde niemals in meinem Leben eine Ausstellung machen. Irgendwie ist es dann doch dazu gekommen. Sehr spät. Ich war schon vierzig Jahre alt. Und das war ja dann doch vielleicht auch ganz gut, denn dadurch ist die Diskussion um den «traditionellen Kunstbegriff» vital geworden. Hätte ich mich nur auf das Theoretische geworfen, hätte also nicht noch diese Bilder dahin gesetzt, die die Menschen so aufregen, Filz und Fett und alle diese Sachen. Dann hätten die Leute nicht gehört. Die Provokation, das Hervorrufen von provokativen Zentren im Publikum, das war ja sehr wichtig. Inklusive derjenigen Provokation, die dahin führt, daß man einen Schlag ins Gesicht bekommt.

Lahann: Was ist Ihre erste Kindheitserinnerung?

Beuys: Meine allererste? Das war, als ich auf dem Rücken lag und in den Himmel geschaut habe. In die Wolken.

Lahann: Wie alt waren Sie da?

Beuys: So anderthalb Jahre. Ich konnte jedenfalls noch nicht laufen. Da habe ich dieses Blau gesehen und die Wolken; ich fand das wunderbar.

Lahann: Wie haben Sie als Kind gezeichnet? Aggressiv, sanftmütig?

Beuys: Ich habe vielleicht seltener gezeichnet als andere Kinder. Die Sachen waren mit Sicherheit nicht aggressiv. Ich weiß noch genau: Buchstaben haben mich sehr interessiert, die habe ich gemalt, später natürlich auch Indianer, wie jedes Kind.

Lahann: War die Schule für Sie eine Katastrophenzeit?

Beuys: Nein, das war sie nicht, keineswegs. Oder doch. Auch eine Katastrophenzeit. Es war ein merkwürdiger Widerspruch zwischen Katastrophe und einer Fülle von Grunderlebnissen.

Lahann: Gibt es noch Alpträume aus der Zeit?

Beuys: Ja. Ich träume auf einmal, ich habe das Heft nicht dabei, weil ich sie gar nicht gemacht habe, die Hausaufgabe. Aber ich träume auch, daß ich die Gasmaske aus dem Krieg nicht habe. Oder das Gewehr habe ich nicht geputzt. Alles solche Sachen.

Lahann: Sie sind 1943 mit Ihrer Ju 87 über der Krim abgestürzt und schwer verletzt worden?

Beuys: Ja, aber das wissen ja nun alle. Das hängt mir schon allmählich zum Hals raus. Ja, also bin abgestürzt, schwer verletzt, gut . . .

Lahann: Immerhin war das der Anfang von Filz und Fett.

Beuys: Ja, das sagen viele Leute.

Lahann: Dann sagen Sie, bitte, wie's wirklich war.

Beuys: Also, wir haben beim Angriff auf eine Flakstellung einen Treffer bekommen. Beim Heruntergehen. Also beim Abwurf der Bomben. Da sind wir in einen Schneesturm geraten. Die ganze Staffel. Der Höhenmesser funktionierte nicht mehr, wir hatten keine Orientierung, sind also unangespitzt in den Boden hineingekommen mit laufendem Motor. Aber was jetzt die Leute sagen, daß ich deswegen Filz und Fett genommen habe, weil ich bei den Tataren zum erstenmal Filz und Fett gesehen habe, das ist übertrieben. Vielleicht ist ein kleiner Akzent richtig und wahr – daß dieses Erlebnis von der ranzigen Butter und von dem Filz, in den sie mich eingewickelt haben, in mein Seelenleben eingeschlagen ist.

Lahann: Immerhin. Die Tataren haben Sie mit Filz und Fett vor dem Erfrieren gerettet – bis Sie mit dem Schädelbasisbruch ins Lazarett eingeliefert wurden. Heute lehnen Sie es ab, krank zu sein. Wie machen Sie das?

Beuys: Ja, das ist eine einfache Willenstherapie. Dabei ist bei mir schon viel kaputt. Ich bin im Erdeinsatz noch viermal verwundet worden. Habe den Rückzug durch Nordholland mitgemacht, nach Oldenburg bis zum letzten Kriegstag. Da ist mir noch etliches widerfahren. Dann bin ich vom hohen Gerüst gefallen, habe die Niere und die Milz verloren und alles so was.

Lahann: Dann haben Sie einen Herzinfarkt gehabt und dem Arzt erklärt, daß es auch ohne Herz gehen müßte.

Beuys: Ich habe ihm sogar gesagt, wie man das machen

müßte. Ich habe ihm die ganze Theorie des Blutkreislaufs erzählt, und er fand das interessant, der Arzt. Ich habe ihm gesagt, daß das Herz keine Pumpe ist, sondern im Gegenteil, daß das Herz angeworfen wird durch den Blutkreislauf, also ein autonomer Wert ist, wo das Herz nur eine bestimmte Steuerungsmitte ist. Man müßte also, wenn man künstliche Herzen macht, das berücksichtigen.

Lahann: Sie arbeiten mit Fett. Fett speichert. Sie arbeiten mit Filz. Filz wärmt. Auch Ihr Hut schützt. Sind sie dabei, auf Ihre Weise das Energieproblem zu lösen?

Beuys: Zu lösen wäre wohl eine Anmaßung. Aber ich befasse mich mit diesem Energieproblem. Das habe ich immer schon getan. Das mit der Energiekrise war ja vorgezeichnet. Erste Umweltschutzaktionen habe ich schon sehr früh gemacht. Waldsachen und so was.

Lahann: Die kleine rote Beuys-Birne bei Ihnen in der Küche, es heißt, daß sie ewig brennt.

Beuys: Doch, die schalte ich nachts aus. Das wäre ja sonst so eine Art Ewiges Licht.

Lahann: Amerikanische Kritiker haben Ihnen nach Ihrer Ausstellung im New Yorker Guggenheim-Museum deutschen Mystizismus und Romantizismus vorgeworfen.

Beuys: Das ist eine Fehlinterpretation, weil keiner richtig darauf eingeht, was deutscher Geist ist oder deutscher Idealismus oder deutsche Mystik, eine Veranlagung nämlich zur Innerlichkeit. Da greift man dann zum Klischee. Es ist doch sehr positiv, daß ich aus diesem Boden komme.

Lahann: Aber Klischee und Fehlinterpretationen kommen ja vielleicht daher, daß man Sie einfach nicht versteht. Also jetzt mal für uns Doofe: Gibt es eine Erklärung für Filz, gibt es eine «Übersetzung» für Fett?

Beuys: Ja, aber nicht im Sinne von Bedeutung. Das würde ja heißen, daß hinter der Idee eines Kunstwerkes das Eigentliche steht. Damit käme man ja wieder in diesen verkommenen Ästhetikbegriff, daß das Kunstwerk selbst nicht die ganze Sache ist, sondern nur, was als Idee dahintersteht.

Lahann: Und nicht eine kleine Hilfeleistung?

Beuys: Doch. Hilfeleistung kann man bringen. Man kann Bildbeschreibungen machen, kann den begrifflichen Zusammenhang schildern, der dahin geführt hat, daß solche Materialien benutzt werden. Das kann man. Aber nicht in dem Sinne, das und das soll das bedeuten.

Lahann: Also nicht: Fett gleich Leben?

Beuys: Das ist eine heruntergekommene Interpretation. Also: Fett ist ein flexibles Material, was in sehr unbestimmter Form erscheinen kann, ganz besonders, wenn man Wärme an es heranbringt. Man hat ja nie über Wärme innerhalb der Plastik gesprochen, aber dadurch, daß ich Fett benutzt habe, war der Begriff Wärme in der plastischen Diskussion. Also eine Dimension der Skulptur, die man vorher gar nicht hatte.

Lahann: Und was bedeutet dann Ihre Aktion «Der Chef»? Da haben Sie neun Stunden lang unbeweglich in einer Filzrolle gelegen, flankiert von zwei toten Hasen.

Beuys: «Der Chef» ist ja nur ein Titel. Das heißt, man gibt einer ganz bestimmten experimentellen Anordnung einen Namen. Ähnlich wie man einem bestimmten Manöver den Namen «Roter Oktober» oder «Kommando Adler» gibt.

Lahann: Wenn jetzt ein schlichtes Gemüt sagt: Das ist ja wunderbar, wissen Sie, im Filz würde ich meinen Chef auch gern mal sehen.

Beuys: Der Chef heißt ja nun nicht der Chef im Büro.

Lahann: Aber der Chef ist für die meisten der Chef im Büro. Und wenn Sie den einrollen, dann könnte doch jemand sagen: Na, prima, würd ich auch gerne.

Beuys: So habe ich das selbstverständlich nicht gemeint. Und jeder, der sich ein bißchen mit meiner Arbeit befaßt hat, müßte ja wissen, daß ich diese Form von Chef nicht meine, sondern den Chef im eigenen Menschen. Der «Chef» da drin ist das menschliche Haupt. Das Wort Chef kommt von Kopf. Und den hat jeder Mensch. Jeder Mensch hat seinen Chef. Jeder Mensch hat also die Möglichkeit zu bestimmen. Es ist also das Element der Selbstbestimmung drin. Das heißt Chef.

Lahann: Für viele ist es sicher schwer, Ihnen zu folgen.

Beuys: Es ist nicht schwer, man muß nur keine krummen Wege gehen. Denn die Menschen wissen alle viel mehr, als man meint. Also es handelt sich da beim Einrollen um eine Hülle. Jeder kann das sehen. Der Mensch als Hülle für was? Für das Element Chef. Eigentlich ist sogar diese Aktion, die so aussieht, als wäre sie sehr ichbezogen, weil ich in der Rolle lag, doch sehr mit der Idee befaßt, wie jeder einzelne Mensch seine Idee in dieser Trägerwelle eingeben kann, damit Inhalte der verschiedensten Art entstehen können. Und dieses Stumme, das drückt sich dadurch aus, daß am oberen und unteren Ende ein toter Hase lag.

Lahann: Warum tragen Sie immer ein Stück Hasenfell bei sich?

Beuys: Weil ich ein Hase bin. Beim «Chef» lagen die Hasen ja schon in der verlängerten Achse meines eigenen Körpers. Also bin ich ein Hase. Ganz einfach. Ich bin gar kein Mensch.

Lahann: Wann wurden Sie ein Hase?

Beuys: Erlebnisse mit Tieren hatte ich schon sehr früh. Aber ich wurde ganz besonders ein Hase während der Zeit, als ich Lehrer auf der Akademie wurde und mitanhörte, wie Menschen über Kunst und über Zeitprobleme sprachen. Da wurde ich ganz besonders ein scharfer Hase. Und das steigerte sich mit der Zeit, bis ich sagte, daß innerhalb der ganzen ideologischen Diskussion, besonders um den dogmatischen Marxismus herum, ein toter Hase für die Revolution, also für die Umwandlung der Gesellschaft, mehr bewirken könnte als die Theorie.

Lahann: Wie bitte?

Beuys: Das habe ich gesagt. Und infolgedessen will ich gar kein Mensch mehr sein. Denn solche Menschen werden die Revolution nicht machen. Aber ein Hase wird sie machen. Ich bin ein Hase. Und das stimmt.

Lahann: Haben Sie jemals einen Kollegen gegessen?

Beuys: Ja. Früher hat mir meine Mutter zu Weihnachten immer einen Hasen geschickt. Und solche Hasen wurden auch immer in den Aktionen verwandt. Ich habe also nie ein Tier getötet, mit dem ich agiert habe.

Lahann: Heute essen Sie keine Hasen mehr?

Beuys: Heute nicht mehr.

Lahann: Ich sage Ihnen jetzt ein paar Stichwörter, und Sie reagieren bitte ganz spontan. Also: Karl Carstens wandert durch Deutschland.

Beuys: Das ist Kitsch.

Lahann: Tutanchamun.

Beuys: Das ist das Gegenteil von Kitsch. Das ist eine Figur, die durchaus lebt.

Lahann: Jane Fonda.

Beuys: Jane Fonda verehre ich sehr, die ist auch eine Grüne.

Lahann: El Salvador.

Beuys: El Salvador – stehe ich auf seiten derjenigen, die dort geknechtet und geprügelt werden.

Lahann: Ernst Fuchs.

Beuys: Ernst Fuchs – möchte ich ganz gerne ein Gespräch mit führen.

Lahann: Leopard II.

Beuys: Ist auch ein Unfug.

Lahann: Drogen?

Beuys: Drogen – da finde ich Kamillentee sehr gut.

Lahann: Welches Gesetz würden Sie gerne erlassen?

Beuys: Ich kann doch keine Gesetze erlassen. Ich bin doch kein Diktator. Aber neue Wirtschaftsgesetze würde ich schon schaffen wollen. Sie wissen ja, daß ich bei den Grünen arbeite. Die Grünen werden solche neuen Wirtschaftsgesetze machen. Denn die Grünen haben eine Konzeption für die Umgestaltung der Gesellschaft. Unsere Zeit wird ja nicht vom kulturellen Leben geprägt, sondern vom Wirtschaftsleben. Also muß man ins Herz der Wirtschaftsvorgänge stoßen.

Lahann: Sie sagen, Sie sind ein Grüner. Ich sage, Sie sind ein Kind von Coca-Cola. Sie sind ein Kind des Kapitalismus. Oder können Sie sich vorstellen, daß ein Beuys im Kommunismus möglich wäre?

Beuys: Ich nehme an. Denn der Kommunismus ist eine andere Spielart des Kapitalismus.

Lahann: Könnten Sie eine Woche lang in einer guten Stube sitzen, mit Plüsch, Schrankwand, Spitzendeckchen – und künstlerisch tätig sein?

Beuys: Kann ich. Ich kann überall künstlerisch tätig sein.

Lahann: Ihre Kunst sähe nicht anders aus?

Beuys: Nein. Aber wenn ich meine eigene Umwelt bestimmen kann, setz ich mich nicht zwischen Plüsch und Deckchen.

Lahann: Hätten Sie Hemmungen, in einer Apotheke Arsen zu verlangen?

Beuys: Wenn ich es brauche für meine Arbeit, nein. Arsen ist ja ein Stoff der Natur. Ein sehr interessantes Element. Ich habe übrigens schon als Kind mit Arsen experimentiert.

Lahann: Wie bitte?

Beuys: In meinem Laboratorium. Man kann sehr interessante Experimente machen. Und ich wußte auch, wie man im Physiksaal an den Giftschrank kam.

Lahann: Und da war das Arsen her?

Beuys: Klar. Ich hatte die gefährlichsten Sachen.

Lahann: Und niemand ist draufgegangen?

Beuys: Nee. Außerdem ist Arsen ein Heilmittel, man muß es nur in der richtigen Dosierung verabreichen. Dosierung hängt auch zusammen mit Form und Rhythmus. Also beispielsweise in der Homöopathie ist Arsen ein sehr gutes Heilmittel. Aber es ist dann schon nicht mehr, es ist praktisch überhaupt nichts mehr, es ist nur noch Geist, nur noch die Idee von Arsen, nicht mehr der Stoff.

Lahann: Sie kochen gerne. Sind Sie ein kreativer oder ein konservativer Koch?

Beuys: Ich bin ein konservativer Kocher in bezug auf die Gerichte. Aber ich bin ein progressiver Kocher auf das Wie dieser konventionellen Form. Also nehmen wir Grünkohl, Erbsensuppe, Linsensuppe. Das sind ja alles ganz konventionelle Sachen. Aber ich überfrachte sie nicht mit Fett, vor allen Dingen nicht mit Fleischfetten. Und ich nehme sehr viele Kräuter.

Lahann: Sagen Sie, wieviel würden Sie für einen Beuys ausgeben?

Beuys: Nehmen wir mal an, ich wäre nicht Beuys, und Beuys wäre ein anderer, dann würde ich alles, was ich in meinem Leben erarbeiten könnte, ausgeben, um einen Beuys zu erwerben. Glaube ich. Aber es könnte auch sein, daß ich sage: Man braucht ihn gar nicht zu erwerben. Aber ich würde versuchen, mich in der Nähe eines Produkts von Beuys aufzuhalten.

Lahann: Wissen Sie, den wievielten Hut Sie heute tragen?

Beuys: Das könnte ich ungefähr rekonstruieren. Seit 1960 trage ich einen Hut. Und seit 1963 diesen Typ von Hut. Und so ein Hut hält nicht länger als zweieinhalb Jahre.

Lahann: Wie viele Hüte sind Ihnen schon gestohlen worden?

Beuys: Zwei.

Lahann: Vom Kopf weg?

Beuys: Na ja, so von hinten und dann weg.

Lahann: Sie verkaufen den alten, wenn Sie einen neuen kaufen?

Beuys: Ja, aber nur, wenn er eine bestimmte Funktion hat, wenn er entweder umgearbeitet wird oder in einer Aktion eine ganz bestimmte Bedeutung hat. Es gibt so ein Objekt mit einem Flügel, wo ein Hut draufliegt.

Lahann: Warum kaufen Sie Ihre Hüte in England?

Beuys: Weil mir dieser Typ von Hut am besten gefallen hat. Ich wollte einen Hut haben, der grau ist, Ähnlichkeit hat mit Filz, und dann habe ich mich daran gewöhnt, wie an die Weste, an die Bluejeans, das weiße Hemd. Dadurch bin ich ja eine Art Ikonographie im Bilde. Das ist einmal so geprägt und soll auch so bleiben.

Lahann: Wie viele Beuys könnten Sie sich heute leisten?

Beuys: Gar nicht viele. Sie wissen ja, wie die Preise heute gestiegen sind. Das ist wirklich wahr, ich könnte mir nicht mehr viele leisten.

Lahann: Also selbst für Sie zu teuer. Der Beuys feiert am 12. Mai Geburtstag. Wie sieht das aus?

Beuys: Ich kann nur sagen, an diesem Tage werde ich ab 11 Uhr zur Besichtigung zur Verfügung stehen.

Lahann: Für jedermann?

Beuys: Für jedermann.

Lahann: Wenn unter den Besichtigern Schmidt und Genscher und Strauß wären: Was sollten die mitbringen?

Beuys: Ach, es wäre mir schon lieb, wenn sie ohne Geschenk ankämen und sich mit einer Rose für direkte Demokratie bemühen würden.

Lahann: Wenn Sie sich nun zu Ihrem Sechzigsten aus allen Museen dieser Welt drei Kunstwerke wählen dürften, ganz privat und ganz für sich, für immer und ewig. Welche würden Sie da wählen?

Beuys: Drei Kunstwerke soll ich mir aussuchen? Tja, was möchte ich denn nun wirklich haben. Ja, die Mona Lisa würde ich nehmen. Also, das steht schon mal fest. Die würde ich nehmen. Das zweite ist schon schwieriger, tja. Die nächsten zwei würde ich wohl von mir selber nehmen.

Kurzbiographien

Rosa Albach-Retty, österreichische Schauspielerin, geboren 1874 in Hanau als Tochter des Schauspielers Rudolf Retty, debütierte 1892 am Deutschen Theater in Berlin, ging 1895 zum Volkstheater und 1903 zum Burgtheater in Wien, dem sie bis zu ihrer Pensionierung 1958 treu blieb. 1899 hatte sie Dr. Karl Albach geheiratet. Aus der Ehe ihres Sohnes Wolf stammte ihre berühmte Enkelin Romy Schneider. Rosa Albach-Retty spielte auch in verschiedenen Filmen. 1912 hatte ihr Kaiser Franz Joseph den Titel einer Hofschauspielerin verliehen, später erhielt sie den Professorentitel und wurde Ehrenmitglied des Burgtheaters. 1978, mit 103 Jahren, veröffentlichte sie ihre Memoiren «So kurz sind 100 Jahre». Die letzten Jahre verbrachte sie im Künstlerdomizil Hilde-Wagener-Heim in Baden bei Wien, wo sie im August 1980 starb.

Der Artikel erschien 1978 in der *Welt am Sonntag.*

Heinz Bennent, deutscher Schauspieler, geboren 1921 in Stolberg als Sohn eines Buchhalters, nimmt nach dem Krieg Schauspielunterricht und spielt an vielen deutschen Bühnen. Seit 1954 arbeitet er auch für das Fernsehen und ist gefragter Star internationaler Regisseure. Er spielt in Bergmans «Schlangenei» (1977), Truffauts «Le Dernier Métro» (1980) und in Filmen der Regisseure Schlöndorff und Geißendörffer. Seit 1963 ist er mit der französischen Tänzerin Diane Renou verheiratet und hat zwei Kinder: Tochter Anne (1963) spielt 1973 zusammen mit ihrem Vater in Geißendörffers Film «Eltern», 1977 unter derselben Regie in der Fernsehversion von Ibsens «Wildente». Großen Erfolg hat sie in der Titelrolle der «Lula» in der Wedekind-Verfilmung des polnischen Regisseurs Valerian Borowczyk. Sohn David (1966), der an einer Wachstumsstörung leidet, wird als Oskar Matzerath in Schlöndorffs Grass-Verfilmung «Die Blechtrommel» international bekannt. Die Familie wohnt in der Schweiz.

Der Artikel erschien 1979 im *stern.*

Martin Benrath, deutscher Schauspieler, geboren 1926 in Berlin, nimmt dort Schauspielunterricht und hat sein erstes Engagement von 1947 bis 1950 am Theater am Schiffbauerdamm in Berlin. Später holt ihn Gustaf Gründgens ans Düsseldorfer Schauspielhaus, wo er auch nach dessen Weggang unter Karlheinz Stroux bleibt. Von 1961 bis 1968 spielt Benrath in München am Residenztheater und den Kammerspielen, danach arbeitet er als freier Schauspieler auch für Film und Fernsehen. Seine großen Rollen sind «Bacchus», Eliots «Privatsekretär», Anouilhs «Becket» und alle Schiller-Jünglinge. 1953 wird er durch den Film «Meines Vaters Pferde» berühmt. Im Fernsehen spielt er «Heydrich in Prag», «Der Fall Liebknecht – Luxemburg», «Don Juan in der Hölle» und Senator Buddenbrook in Thomas Manns Verfilmung. Er lebt in Grünwald bei München.

Der Artikel erschien 1979 in *Brigitte.*

Ingmar Bergman, schwedischer Theater- und Filmregisseur, geboren 1918 in Uppsala als Sohn eines Pfarrers, studiert in Stockholm Literaturgeschichte und Theaterwissenschaft. Erste Erfolge hat er in den Jahren 1944 bis 1946 als Filmregisseur und Theaterleiter in Helsingborg. 1959 kehrt er nach Stockholm zurück und wird 1963 zum Direktor des Königlichen Dramatischen Theaters berufen. Seit 1940 dreht er Filme. International erfolgreich und weltberühmt wird er ab den fünfziger Jahren mit «Wilde Erdbeeren» (1956), das «Schweigen» (1963), das wegen seiner ungewohnt freien Behandlung sexueller Themen Stürme der Entrüstung entfesselte, «Persona» (1966), «Szenen einer Ehe» (1974), «Die Zauberflöte» (1975). 1976 wird er wegen des Verdachts auf Steuerbetrug verhaftet, aber freigesprochen. Dennoch verläßt Bergman nach einem Nervenzusammenbruch Schweden und geht nach München, wo er den Film «Das Schlangenei» (1977) und verschiedene Theaterinszenierungen macht. 1980 kehrt er zum erstenmal nach Schweden zurück, wo er 1983 seinen angeblich letzten Film dreht: «Fanny und Alexander», eine schwedische Familiensaga mit autobiographischen Zügen. Er lebt heute auf der schwedischen Insel Fârö.

Der Artikel erschien 1978 in der *Welt am Sonntag.*

Ingrid Bergman, schwedische Schauspielerin, geboren 1915 in Stockholm als Tochter eines Fotografen und Malers, nahm 1933/34 Unterricht an der Königlichen Schauspielschule in Stockholm. Schon 1935 erhielt sie ihren ersten Filmvertrag. 1939 ging sie nach Amerika.

Gleich mit ihrem ersten Film «Intermezzo» hatte sie großen Erfolg. Sie spielte «Liliom» am Broadway, war das Lieblingskind der Presse, war ihre «beseelte Schönheit». Weltruhm erlangte sie mit dem heute legendären Hollywood-Melodram «Casablanca» als Partnerin von Humphrey Bogart (1942). Sie war damals die höchstbezahlte Schauspielerin Hollywoods. Hemingway wollte nur sie für die Hauptrolle von «Wem die Stunde schlägt». Hitchcock wählte die sanfte Blonde für drei seiner Thriller. 1950 verließ sie ihre Familie und die USA, um den italienischen Filmregisseur Roberto Rossellini zu heiraten. Sie drehte «Stromboli» mit ihm. 1957 scheiterte auch die zweite Ehe, und sie kehrte in die USA zurück, wo man ihr inzwischen verziehen hatte. Sie drehte «Lieben Sie Brahms?» (1961), den «Besuch» nach Dürrenmatt (1963), «Mord im Orientexpress» (1974). 1978 stand sie zum letztenmal vor der Kamera in Ingmar Bergmans «Herbstsonate» mit Liv Ullmann. 1980 erschienen ihre Memoiren «Ingrid Bergman – mein Leben». Sie starb 1982 in London.

Der Artikel erschien 1980 im *stern*.

Elisabeth Bergner, österreichisch-britische Schauspielerin, geboren 1897 im damals österreichischen Galizien, erhält mit fünfzehn Jahren einen Freiplatz am Wiener Konservatorium. Ihre ersten Engagements hat sie in Innsbruck, Zürich, Berlin und von 1920 bis 1922 in München. Danach geht sie nach Berlin. Sie ist eine der berühmtesten Schauspielerinnen der zwanziger Jahre und wird zu einem Idol ihrer Zeit. Bevor die jüdische Schauspielerin vor dem Nationalsozialismus fliehen muß, geht sie 1932 mit ihrem Mann, dem Regisseur Paul Czinner, nach London, wo sie bald auf dem Theater Triumphe feiert wie einst in Berlin. Sie ist der Liebling der englischen Königin. 1938 erhält sie die englische Staatsbürgerschaft. 1940 übersiedelt sie in die USA, und erst 1954 ist sie wieder in Gastspielen in Deutschland zu sehen, zuerst mit Bibel-Lesungen, dann in O'Neills «Eines langen Tages Reise in die Nacht». Als Zweiundsiebzigjährige debütiert sie als Regisseurin in Berlin. 1978 erscheinen ihre Memoiren: «Bewundert viel und viel gescholten. Elisabeth Bergners unordentliche Erinnerungen». Danach dreht sie Filme mit Martin Held und Gert Fröbe. Elisabeth Bergner starb 1986 in London.

Der Artikel erschien 1977 in der *Welt am Sonntag*.

Joseph Beuys, deutscher Künstler, geboren 1921 in Kleve als Sohn eines Kaufmanns, beginnt Naturwissenschaften zu studieren, kommt während des Krieges zur Luftwaffe, wo er 1943 eine schwere Kopfverletzung als Stuka-Flieger erleidet. Von 1947 bis 1952 studiert er Malerei und Bildhauerei an der Kunstakademie in Düsseldorf: 1953 folgt die erste Ausstellung von Zeichnungen und Skulpturen. 1961 wird er Professor an der Düsseldorfer Akademie. Sein heftig umstrittenes Werk propagiert einen neuen Kunstbegriff und erzielt Höchstpreise auf dem Kunstmarkt. 1972 verliert Beuys seinen Lehrauftrag, behält aber Titel und Atelier. Er wird Gastprofessor in Wien und Frankfurt am Main. Auf verschiedenen Ausstellungen erregt er Aufsehen, so 1976 auf der Biennale von Venedig mit dem Environment «Straßenbahnhaltestelle» oder 1977 auf der documenta 6 mit der «Honigpumpe». 1979 beginnt im New Yorker Guggenheim-Museum eine Kette von Beuys-Ausstellungen in aller Welt. Er erhält zahlreiche Preise sowie die Ehrendoktorwürde des Nova Scotia College of Arts and Design in Halifax/Kanada. Beuys starb 1986 in Düsseldorf.

Der Artikel erschien 1981 im *stern*.

Bruno Bruni, italienischer Maler, geboren 1935 in Gradara bei Pesaro, erhält seine Ausbildung von 1953 bis 1959 am Istituto d'Arte in Pesaro. Anschließend lebt er in London. Entscheidend für seine künstlerische Entwicklung ist sein Studium an der Staatlichen Hochschule für bildende Künste in Hamburg, wo er von 1960 bis 1962 bei Georg Gresko studiert und nach dessen Tod bis 1965 Schüler von Paul Wunderlich ist. Seit 1959 ist er mit Einzelausstellungen in Italien, Deutschland, England, Holland, den Vereinigten Staaten und Japan vertreten. 1981 findet eine vielbeachtete Ausstellung im Palazzo Ducale in Urbino statt. Bruni lebt heute in Hamburg.

Der Artikel wird hier erstmals veröffentlicht.

Wladimir Bukowski, sowjetischer Schriftsteller und Regimekritiker, geboren 1942 als Sohn eines Redakteurs des «Roten Stern», studiert in Moskau Biophysik und Kybernetik. Durch seine Mitarbeit im Untergrund muß er das Studium aber bald aufgeben. 1963 erfolgt seine erste Festnahme wegen Besitzes verbotener Literatur; er wird in die Leningrader «Sonderklinik» für Psychiatrie gebracht. Nach seiner Freilassung erfolgen bald neue Inhaftierungen und Aufenthalte in

Arbeitslagern wegen «Untergrabung und Schwächung der sowjetischen Macht». Durch Vermittlung der USA wird Bukowski 1976 im Austausch gegen den chilenischen KP-Führer Luis Corvalan nach Zürich gebracht. 1978 bringt er seine Memoiren «Wind vor dem Eisgang» heraus. In nur vier Monaten schreibt er seine Erinnerungen auf einem englischen Landsitz in Essex. Von den Einnahmen des erfolgreichen, in viele Sprachen übersetzten Buches mietet er sich in Cambridge ein kleines Haus und studiert an der Universität, dem berühmten King's College, Neurophysiologie. Seit 1982 arbeitet er an der Stanford University in Kalifornien. Er veröffentlicht 1982 «Die Friedensbewegung in der Sowjetunion».

Der Artikel erschien 1979 in der *Welt am Sonntag.*

Friedrich Dürrenmatt, Schweizer Schriftsteller und Maler, geboren 1921 in Konolfingen, studiert in Bern und Zürich Philosophie, Theologie, deutsche Literatur und Kunstgeschichte, arbeitet als Zeichner und Grafiker in Zürich, dann als Theaterkritiker der «Weltwoche». Sein Debüt als Dramatiker hat er 1947 mit dem Stück «Es steht geschrieben», das ihm einen Literaturpreis einbringt und einen Theaterskandal. Der internationale Erfolg stellt sich mit den Stücken «Die Ehe des Herrn Mississippi» (1952), «Der Besuch der alten Dame» (1956) und der Anti-Atom-Komödie «Die Physiker» (1962) ein. 1968 und 1969 ist Dürrenmatt Co-Direktor am Basler Theater, wo er seine Collage «Play Strindberg» inszeniert. 1976 erhält er einen Fünf-Jahres-Regievertrag des Wiener Theaters in der Josefstadt. Er schreibt zahlreiche Hörspiele, Erzählungen und theoretische Schriften. Seit 1981 erscheinen seine, wie er sagt, wichtigsten Prosabände, «Stoffe» genannt. Unter seinen zahlreichen Auszeichnungen sind der Preis der New Yorker Theaterkritik (1959) und der Große Literaturpreis des Kantons Bern (1969). Dürrenmatt ist Ehrendoktor der Temple University Philadelphia, der Universitäten Nizza, Grenoble und Neuchâtel. Seine Frau Lotti, eine Schauspielerin, starb Anfang 1983. Seit Mai 1984 ist Dürrenmatt mit der Fernsehjournalistin Charlotte Kerr verheiratet. Er lebt in Neuchâtel/Schweiz.

Der Artikel erschien 1979 im *stern.*

Rainer Werner Fassbinder, deutscher Schauspieler, Regisseur, Filmautor, Produzent und Theaterleiter, geboren 1946 in Bad Wörishofen als Sohn eines Arztes. Bereits 1965 entstanden seine ersten beiden Kurzfilme. 1967 wurde er Mitglied und Regisseur des Münchner «Action Theaters», 1968 folgte die Gründung des «antitheaters», eines Schauspielerkollektivs, mit dem er auch die ersten Filme drehte. Schon sein zweiter Film «Katzelmacher» (1969) wurde zum Erfolg und war der Anfang seiner legendären Produktivität: Allein 1970 drehte er sechs Filme für Kino und Fernsehen, bearbeitete zehn Theaterstücke, inszenierte siebzehn Theaterstücke und zwei Hörspiele. Die bekanntesten Filme wurden «Die bitteren Tränen der Petra von Kant» (1971), «Angst essen Seele auf» und «Effie Briest» (1974), «Satansbraten» (1976) und im selben Jahr «Chinesisches Roulette». Dazwischen inszenierte er fürs Theater und leitete 1974 das Frankfurter Theater am Turm. Internationalen Erfolg brachte ihm 1978 die melodramatische Nachkriegsgeschichte «Die Ehe der Maria Braun». Doch der Höhepunkt seines Schaffens wurde 1980 seine Verfilmung von Döblins «Berlin Alexanderplatz», einer dreizehnteiligen Fernsehserie. «Querelle», nach dem Roman von Jean Genet, wurde sein letzter Film. Im Juni 1982 starb Fassbinder, wahrscheinlich nach Einnahme von Kokain und Schlaftabletten.

Der Artikel erschien 1982 im *stern.*

Federico Fellini, italienischer Filmregisseur und Autor, geboren 1920 in Rimini, arbeitet zuerst als Journalist und Karikaturist in Rom, seit 1939 auch als Co-Autor für Filmbücher. Seinen Durchbruch erlebt er 1945 mit dem Manuskript für den Film «Rom – offene Stadt», den Rossellini drehte. Seit 1950 ist er selbst als Regisseur tätig und wird mit dem 1954 gedrehten Film «La strada» weltberühmt. Zusammen mit seiner Frau Giulietta Masina, die in diesem Film über Nacht zum internationalen Star wird, erhält er für «La strada» rund 30 Preise für Regie, Darstellung und Drehbuch, darunter auch den Oscar. Ebenso erfolgreich ist der Film «La dolce vita» (1960). Es folgen «8 ½» (1963), der ebenfalls mit einem Oscar ausgezeichnet wird, «Satyricon» (1969), «Amarcord» (1973), «Schiff der Träume» (1984). Seit 1943 ist Fellini mit Giulietta Masina verheiratet und lebt in Rom.

Der Artikel erschien 1981 im *stern.*

Ivan Generalić, jugoslawischer Maler, geboren 1914 in Hlebine, entstammt einer Bauernfamilie. Er malt seit seiner Kindheit, prangert die soziale Ungerechtigkeit in seinem Land an und zeigt seine Bilder bereits 1931 auf einer Ausstellung in Zagreb. 1936 begründet er zusammen mit einem Freund die Gruppe der «Kroatischen Bauernmaler», später dann mit anderen Naiven die «Schule von Hlebine». 1952 initiiert er die «Ständige Ausstellung der Bauernmaler» in Zagreb und richtet eine Galerie in Hlebine ein. Auf Grund einer Ausstellung in Paris (1953) wurde die internationale Kritik auf die Schule von Hlebine aufmerksam. Es folgen zahlreiche, auch internationale Ausstellungen des Klassikers der Naiven Maler. Er lebt heute in Koprivnica.

Josip Generalić, jugoslawischer Maler, geboren 1936 in Hlebine als Sohn von Ivan Generalić, beginnt 1950 zu malen und stellt 1954 erstmals aus. Von 1960 bis 1962 studiert er an der Pädagogischen Hochschule in Zagreb, 1961 erfolgt die erste Einzelausstellung. In den sechziger Jahren beginnt er, sich von der Tradition der Schule abzuwenden und findet einen ihm eigenen Ausdruck. Er lebt seit 1960 in Zagreb und Hlebine.

Der Artikel erschien 1977 in der *Welt am Sonntag.*

Boy Gobert, deutscher Intendant, Schauspieler und Regisseur, geboren 1925 in Hamburg, entstammt einer alten Kaufmannsfamilie. Nach dem Abitur nimmt er 1946 Schauspielunterricht und ist dann in Karlsruhe, Frankfurt am Main und Hamburg engagiert. Von 1960 bis 1969 spielt er am Burgtheater in Wien. In den fünfziger und sechziger Jahren ist er in rund 50 Spielfilmen zu sehen, häufig in komischen Rollen, «Der Mustergatte», «Monpti», «Kriminaltango». 1969 wird er Intendant am Hamburger Thalia-Theater und ist auch hier bald der Liebling des Publikums. Während der großen Theaterkrise in den siebziger Jahren bleibt sein Theater bis zum letzten Platz gefüllt. 1980 wird er Generalintendant der Staatlichen Schauspielbühnen Berlin, wo sein Vertrag 1985 endet. Boy Gobert starb 1986.

Der Artikel erschien 1980 im *stern.*

Martin Held, deutscher Schauspieler, geboren 1908 in Berlin als Sohn eines Werkmeisters, beginnt seinem Vater zuliebe eine Ausbildung als Elektrotechniker und geht dann zur Berliner Theaterschule. Nachdem er an verschiedenen deutschen Bühnen gespielt hat, kehrt Held 1951 nach Berlin an das Schiller- und das Schloßpark-Theater zurück, deren Ensembles er seither mit Unterbrechungen angehört. Er gilt als besonders vielseitiger Schauspieler, war Mephisto und Holofernes, Zuckmayers General und Shakespeares Odysseus, war Charlys Tante und der Herr Ornifle, Brechts Puntila und Sternheims Theobald Maske. Die Bühnenerfolge wiederholen sich in Film, Funk und Fernsehen, so 1954 in «Canaris» und 1956 in «Der Hauptmann von Köpenick». Held lebt heute in Berlin.

Der Artikel erschien 1978 in der *Welt am Sonntag.*

Hans Hollein, österreichischer Architekt, geboren 1934, studiert in Wien und den USA. In den sechziger Jahren schließt er sich einer Gruppe Wiener Künstler an, die sich gegen die «Allherrschaft des trivialen Funktionalismus» wandte und mit denen er 1963 eine umstrittene Ausstellung veranstaltet. Seit 1964 hat er ein eigenes Architekturbüro in Wien, wo er mit dem eigenwilligen Ausbau von Ladengeschäften Aufsehen erregt. Heute baut er in aller Welt: Die österreichische Botschaft in Brasilia, ein Theater in St. Louis, die amerikanische Botschaft in Moskau, einen Wolkenkratzer in Manhattan. Er erhält zahlreiche Preise, darunter 1983 den Deutschen Architekturpreis für das Städtische Museum Abteiberg in Mönchengladbach, den österreichischen Staatspreis für bildende Kunst und 1985 den Pritzker-Preis, eine der höchsten Architektur-Auszeichnungen. Nach einer Professur an der Düsseldorfer Kunstakademie ist er heute Professor an der Wiener Hochschule für Angewandte Kunst. Hollein lebt in Wien.

Der Artikel erschien 1980 im *stern.*

Horst Janssen, deutscher Zeichner und Grafiker, geboren 1929 in Hamburg, studiert von 1945 bis 1951 an der Landeskunstschule in Hamburg. Seinen Durchbruch erlebt er 1965 mit einer Einzelausstellung bei der Kestner-Gesellschaft in Hannover. Neben Radierungen, Zeichnungen und Lithographien schreibt er Texte für Bücher: Autobiographisches, Traktate, Pamphlete, «Querbeet» oder «Die Kopie» (1977). Seine Bilder werden auf Ausstellungen in aller Welt gezeigt – in Basel, Oslo, Leipzig, der Wiener «Albertina» und im Museum von Kama-Kura in Japan. Das Museum für Kunst und Gewerbe in Hamburg besitzt die größte zugängliche Janssen-Sammlung. Horst Janssen ist als Zeichner einer der bedeutendsten Gegenwartskünstler; er erhielt verschiedene Förderungen und Preise, darunter 1968 den

Grafikerpreis der Biennale Venedig und 1974 den Preis der Stadt Mannheim. Er lebt in Hamburg-Blankenese.

Der Artikel erschien 1977 in der *Welt am Sonntag*.

Nina Kandinsky, geboren etwa 1900 in Tula/Rußland als Nina Andreewsky, stammte aus einer russischen Adelsfamilie und verbrachte ihre Jugend in Moskau, wo sie 1917 den damals fünfzigjährigen Maler Wassily Kandinsky heiratete. Danach studierte sie an der Moskauer Universität zwei Jahre lang Philologie, Geschichte und Philosophie. 1922 folgte sie mit ihrem Mann einer Einladung an das Bauhaus nach Weimar, später nach Dessau. Seit 1934 lebten die Kandinskys in Paris. Wassily Kandinsky starb 1944 in Paris, wo seine Frau weiterhin lebte. 1976 erschien ihr Buch «Kandinsky und ich», in dem sie ihren gemeinsamen Lebensweg beschrieb. Sie wurde 1982 in ihrem Ferienhaus in Gstaad/Schweiz ermordet.

Der Artikel erschien 1976 in *Die Welt*.

Hildegard Knef, deutsche Schauspielerin, Chansonsängerin und Autorin, geboren 1925 in Ulm, aufgewachsen in Berlin, beginnt mit fünfzehn Jahren ihre Schauspielausbildung. 1942 kommt sie als Zeichnerin zur Ufa und wird für den Film entdeckt. Die DEFA dreht 1946 den ersten deutschen Nachkriegsfilm mit ihr «Die Mörder sind unter uns». Sie ist auch bereits im Ausland berühmt, als sie 1947 für drei Jahre nach Amerika geht. 1950 dreht sie mit Willy Forst «Die Sünderin». In diesem Film ist die Knef für Sekunden nackt zu sehen, was einen Skandal auslöst. 1951 folgt «Entscheidung im Morgengrauen». Sie ist nun berühmt, geht nach Hollywood, spielt mit Gregory Peck 1953 «Schnee am Kilimandscharo». Der endgültige internationale Durchbruch gelingt ihr am New Yorker Broadway. 675mal spielt sie dort die Ninotschka in den «Seidenstrümpfen». 1963 beginnt sie mit großem Erfolg ihre zweite Karriere als Chansonsängerin, wofür sie 1968 die Auszeichnung als beste deutschsprachige Sängerin erhält. Ebenso erfolgreich ist sie als Schriftstellerin; ihr erstes Werk, die Autobiographie «Der geschenkte Gaul» (1970), erreicht hohe Auflagen und wird in neun Sprachen übersetzt. Nach Krebsoperationen und einer spektakulären Liftung versucht sie ein Comeback. Sie scheitert und flieht, wie sie sagt, ins Exil. Heute lebt Hildegard Knef in Los Angeles.

Der Artikel erschien 1982 im *stern*.

Reiner Kunze, deutscher Schriftsteller, geboren 1933 in Oelsnitz im Erzgebirge als Sohn eines Bergarbeiters. Nach dem Studium der Philosophie und Publizistik wird er wissenschaftlicher Assistent an der Karl-Marx-Universität in Leipzig. Der Einmarsch der Russen 1968 in die Tschechoslowakei veranlaßt ihn zum Austritt aus der SED. Gleichzeitig erscheinen seine ersten Gedichte in der Bundesrepublik. Als 1976 sein Prosaband «Die wunderbaren Jahre» im Westen erscheint, wird er aus dem Schriftstellerverband der DDR ausgeschlossen, was einem Publikationsverbot gleichkommt. Ein Jahr später verläßt Kunze die DDR und siedelt mit Frau und Tochter in die Bundesrepublik über. 1979 führt er Regie in dem Film «Die wunderbaren Jahre». Zu seinen jüngsten Veröffentlichungen gehören u. a. der Erzählband «Eine stadtbekannte Geschichte» (1982) und der Gedichtband «Gespräch mit der Amsel» (1984). Er erhielt zahlreiche Preise, darunter 1979 den Bayerischen Filmpreis und 1984 den Eichendorff-Preis. Kunze lebt heute im bayerischen Obernzell.

Der Artikel erschien 1979 im *stern*.

Gudrun Landgrebe, deutsche Schauspielerin, geboren 1950 in Göttingen, wächst in Bochum auf und besucht von 1968 bis 1971 die Schauspielschule in Köln. Darauf folgen Engagements an kleineren Bühnen wie Bruchsal, Hof, Detmold und Pforzheim. Dann wird sie für sechs Jahre Ensemblemitglied des Theaters in Dortmund. Ihre erste Filmrolle spielt sie 1981 in «Dabbel Trabbel». 1982 schafft sie den Durchbruch zu einem der wenigen Stars des Neuen Deutschen Films. Unter der Regie von Robert van Ackeren spielt sie «Die flambierte Frau». Nach diesem Erfolg übernimmt Gudrun Landgrebe 1983 die Hauptrolle in «Annas Mutter», 1984 in «Yerma», und zuletzt ist sie in dem Film «Oberst Redl» zu sehen. Sie lebt heute in München.

Der Artikel erschien 1984 im *stern*.

Alberto Moravia, italienischer Schriftsteller und Journalist, geboren 1907 in Rom als Alberto Pincherle, entstammt einer wohlhabenden Familie. Mit acht Jahren erkrankt er an Knochentuberkulose in den Beinen. Fünf Jahre ist er meist ans Bett gefesselt. Privatlehrer erziehen ihn. Mit sechzehn Jahren beginnt er seinen ersten Roman «Die Gleichgültigen». Während der Jahre des Faschismus ist er verfemt, seine Bücher werden vom Duce persönlich verboten. Moravia verläßt

Italien, reist nach Frankreich, England, Amerika und China – als Korrespondent. Nach der Befreiung Roms durch die Alliierten, kehrt er dorthin zurück. Moravia bricht in seinen Romanen mit allen sexuellen Tabus, was 1952 dazu führt, daß der Vatikan fast sein gesamtes Werk auf den Index setzt. Sein Roman «Die Verachtung» (1954) wird mit Brigitte Bardot verfilmt, sein Roman «La Ciociara» (1957) mit Sophia Loren. 1968 veröffentlicht er seinen Bericht über eine Chinareise «Die Kulturrevolution in China». 1971 erscheint der Bestseller-Roman «Ich und Er», 1978 der Roman «Desideria». Er wird wegen «sexueller Perversion» von der Staatsanwaltschaft beschlagnahmt. Moravia lebt heute in Rom.

Der Artikel erschien 1980 im *stern*.

Roman Polanski, polnisch-französischer Filmregisseur, geboren 1933 als Sohn polnischer Eltern in Paris, aufgewachsen in Krakau, entkommt dem Getto, während seine Mutter in Auschwitz ermordet wird. Er lebt bei verschiedenen polnischen Familien, bis sein Vater bei Kriegsende aus dem Konzentrationslager zurückkehrt. Nach dem Abitur studiert er Malerei, Bildhauerei und Grafik in Krakau. Von 1954 bis 1959 besucht er die Filmhochschule in Lodz, wo die Begegnung mit dem polnischen Regisseur Andrezej Wajda für ihn prägend wird. 1959 kehrt er nach Paris zurück. Sein erster abendfüllender Spielfilm «Das Messer im Wasser» (1961) wird für den Oscar nominiert. Die 1965 und 1966 in England gedrehten Filme «Ekel» und «Wenn Katelbach kommt» machen ihn weltbekannt. Die Hollywood-Filme «Tanz der Vampire» (1966), «Rosemary's Baby» (1969) und «Chinatown» (1974) festigen den Ruf. Daneben inszeniert er Opern, 1974 «Lulu» für das Festival in Spoleto, 1976 «Rigoletto» am Münchner Nationaltheater. 1984 schreibt er seine Memoiren «Roman Polanski von Roman Polanski», die in hoher Auflage erscheinen. Großes Aufsehen erregt 1969 der Mord an seiner hochschwangeren Frau Sharon Tate. Sie fiel der Kommune von Charles Manson zum Opfer. Neun Jahre später steht Polanski wegen der Verführung einer Minderjährigen vor Gericht. Kurz vor dem Urteilsspruch flieht er nach Frankreich.

Der Artikel erschien 1976 in *Die Welt*.

André Previn, amerikanischer Dirigent, Komponist und Pianist, geboren 1929 in Berlin als Sohn eines Musiklehrers französischer Herkunft, erhält seine Ausbildung am Konservatorium in Berlin und Paris. 1938 flüchtet die jüdische Familie aus Hitler-Deutschland nach Amerika, nimmt die amerikanische Staatsbürgerschaft an. Schon mit siebzehn ist er als Arrangeur von Filmmusiken bekannt. Mit einundzwanzig kommt er zur berühmten Metro-Goldwyn-Mayer-Filmgesellschaft (1950–1959). Mit dreißig erhält er für seine Musik zu «Gigi» seinen ersten Oscar. Er tritt als Jazzpianist auf und bespielt zahlreiche Schallplatten mit berühmten Interpreten wie Benny Goodman und Benny Carter. Dann wechselt Previn das Fach. Er ist von 1967 bis 1969 Chefdirigent und musikalischer Direktor der Houston Symphony in Texas, dann Chefdirigent des London Symphony Orchestra (bis 1984) und von 1976 bis 1984 zusätzlich Chef des Pittsburgh Symphony Orchestra. Außerdem gastiert er in vielen Städten wie Salzburg, London, Osaka. Seit 1985 ist André Previn musikalischer Direktor des Royal Philharmonic Orchestra und lebt – inzwischen getrennt von seiner Frau Mia Farrow – in London.

Der Artikel erschien 1978 in *Brigitte*.

Heinz Rühmann, deutscher Schauspieler, geboren 1902 in Essen, erhält seine schauspielerische Ausbildung in München und debütiert 1920 in Breslau. Dann spielt er in Hannover, Bremen und seit 1923 in München, wo er Max Reinhardt kennenlernt. Der große Impresario holt ihn nach Berlin. Seit 1926 arbeitet er auch für den Film. Berühmt und begehrt wird er nach «Drei von der Tankstelle» (1930). Er ist der neue Filmkomiker. Besondere Erfolge hatte er in «Bomben auf Monte Carlo» (1931), «So ein Flegel» (1934), «Der Mann der Sherlock Holmes war» (1937), «Quax, der Bruchpilot» (1941), «Die Feuerzangenbowle» (1944). Von 1938 bis 1945 ist er Ensemblemitglied des Preußischen Theaters Berlin, seit 1940 Staatsschauspieler. Auf Druck der Nazis läßt er sich vor dem Krieg von seiner jüdischen Frau scheiden. Sie darf dafür in die Schweiz emigrieren. Nach dem Krieg gründet er eine Filmfirma, die bald pleite geht. Sieben Jahre muß Rühmann Schulden tilgen. Dann spielt er wieder die typischen Rühmann-Rollen, die ihn erfolgreich machen wir vor 1945. «Briefträger Müller» und «Charleys Tante». Ein Jahr später folgt der Höhepunkt seiner Filmerfolge mit «Der Hauptmann von Köpenick». Neben seinen Theater- und Fernsehrollen entstehen noch viele Filme, darunter «Menschen im Hotel» (1959), «Der brave Soldat Schwejk»

(1966), «Grieche sucht Griechin» (1966). Und zweitausendmal sieht man ihn im Theater als «Mustergatte». Rühmann bekommt das Große Bundesverdienstkreuz, den Lubitsch-Preis und elfmal den Bambi. 1982 erscheinen seine Memoiren «Das war's».

Der Artikel erschien 1982 im *stern*.

Ernst Schröder, deutscher Schauspieler, Regisseur und Autor, geboren 1915 in Wanne-Eickel als Sohn eines Schneiders, studiert Germanistik und geht dann als Regieassistent zu Saladin Schmitt nach Bochum. Vom Berliner Schiller-Theater (1938–1945) wechselt er 1946 als Leiter zur Städtischen Hebbel-Theaterschule in Berlin. Seit 1949 arbeitet er als freier Schauspieler und Regisseur vor allem in Berlin, München und Zürich. Der junge Liebhaber wird bald zu einem der profiliertesten Charakterdarsteller. Schröders große Rollen sind Franz Moor, Tartuffe, Richard III., Macbeth. Doch neben der Klassik spielt er bald die modernen Theaterfiguren seiner Freunde Friedrich Dürrenmatt, Max Frisch und Samuel Beckett. 1975 nimmt er Abschied von der Bühne und zieht nach Montalto in sein Landhaus in der Toskana, wo er als Schriftsteller und Maler arbeitet. 1978 erscheint seine Autobiographie «Das Leben – verspielt». Schröder ist Mitglied der Akademie der Künste und Staatsschauspieler in Berlin. 1959 erhält er das Große Bundesverdienstkreuz.

Der Artikel erschien 1978 in der *Welt am Sonntag*.

Johannes Mario Simmel, österreichischer Schriftsteller, geboren 1924 in Wien, studiert zunächst Chemie und arbeitet nach Kriegsende als Dolmetscher für die amerikanische Militärregierung. 1950 zieht er in die Bundesrepublik, wo er bis 1962 vor allem Drehbücher für 36 Filme schreibt. Seinen Durchbruch erzielt er mit dem 1960 erschienenen Roman «Es muß nicht immer Kaviar sein», der später mit O. W. Fischer verfilmt wird, und mit dem Theaterstück «Der Schulfreund», dem eine Verfilmung mit Heinz Rühmann folgt. Er gilt derzeit als der erfolgreichste deutschsprachige Autor. Seine Bücher haben eine Weltauflage von knapp 60 Millionen Exemplaren erreicht und sind in 26 Sprachen übersetzt. Zu bekannten Romanen gehören u. a. «Liebe ist nur ein Wort» (1963), «Und Jimmy ging zum Regenbogen» (1969), «Der Stoff, aus dem die Träume sind» (1971), «Hurra, wir leben noch» (1978) und «Bitte laßt die Blumen leben» (1983). Simmel lebt heute in Zug/Schweiz.

Der Artikel erschien 1982 im *stern*.

Giorgio Strehler, italienischer Regisseur und Theaterleiter, geboren 1921 in Triest als Sohn eines Opern-Impresarios, geht nach dem Studium der Rechte zur Mailänder Theaterakademie. 1947 eröffnet er mit seinem Freund Paolo Grassi in einem Mailänder Kino das «Piccolo Teatro». Beide sind überzeugte Sozialisten und verstehen sich als Vorkämpfer einer proletarischen Kultur. Sie inszenieren Stücke von Gorki, Pirandello, Goldoni, Shakespeare und Brecht. Über Strehlers Version der «Dreigroschenoper» schreibt Brecht: «Sie haben mein Werk zum zweitenmal geschaffen.» 1968 trennt sich Strehler vom «Piccolo Teatro» und gründet eine eigene Schauspielgruppe «Gruppo Teatro e Azione». 1972 kehrt er als alleiniger Direktor ans «Piccolo Teatro» zurück und feiert mit seiner «König Lear»-Inszenierung internationale Triumphe. Daneben inszeniert er Aufführungen am Wiener Burgtheater (dessen Leitung er ablehnt) und der Mailänder Scala, wo er bis 1982 als künstlerischer Berater mitarbeitet. 1982 lehnt er auch die Leitung der Pariser «Comédie Française» ab, um das Pariser «Europatheater» zu übernehmen. Strehler ist mit der deutschen Schauspielerin Andrea Jonasson verheiratet.

Der Artikel erschien 1977 in der *Welt am Sonntag*.

Liv Ullmann, norwegische Schauspielerin, geboren 1939 in Tokio als Tochter eines norwegischen Luftfahrt-Ingenieurs. 1956 geht sie zur Ausbildung nach London, nachdem sie die Aufnahmeprüfung in die Nationale Theaterschule in Oslo nicht bestanden hat. Drei Jahre später tritt sie in das Ensemble des Nationaltheaters in Oslo ein. Seit 1959 ist sie in Filmen zu sehen. Ihre eigentliche Karriere aber beginnt nach der Begegnung mit Ingmar Bergman. Der erste gemeinsame Film heißt «Persona» (1966). Ein Jahr später wird ihre Tochter Linn geboren, deren Vater Ingmar Bergman ist. Internationale Berühmtheit erlangt sie mit den beiden 1975 gedrehten Bergman-Filmen «Szenen einer Ehe» und «Von Angesicht zu Angesicht», sowie mit «Das Schlangenei» (1977) und «Herbstsonate» (1978), dem letzten Film von Ingmar Bergman. Ihre 1976 erschienenen Memoiren «Wandlungen» werden ein Bestseller. Sie engagiert sich für den Frieden und den Hunger in der Dritten Welt. Seit 1980 ist Liv Ullmann Sonderbotschafterin des Kinderhilfswerks der Vereinten Nationen (UNICEF). 1985 erscheint ihr Buch «Gezeiten». Heute lebt Liv Ullmann in New York und Oslo.

Der Artikel erschien 1985 im *stern*.

Bildquellen

Hanns-Jörg Anders («stern»): 133
Rosemarie Clausen: 15
Marko Čolić: 126/127
Marcel Fugère: 153
Kai Greiser: 39
Volker Hinz («stern»): 104/105
Tom Jacobi («stern»): 54/55, 95
Jörg Jochmann: 71
Patrick La Banca: 211
Birgit Lahann («stern»): 66/67, 225
Robert Lebeck («stern»): 146/147, 224
Peter Lehner: 159
Klaus Mehner: 193
H. Meisert: 177
Michael Montfort: 43
Stefan Moses: 33
Tibor Pásztory: 185
Herbert Peterhofen («stern»): 22, 23, 29
Photoreporters: 119
Winfrid Rabanus: 89, 166/167, 169/170
Karin Rocholl: 204/205
Harald Schmitt («stern»): 112/113
Wilkinson: 139
Kurt Will («stern»): 81
Zeininger: 197

Sprich, Erinnerung, sprich

Hans Eppendorfer
Der Magnolienkaiser (5939)

Ida Ehre
Gott hat einen größeren Kopf mein Kind . . . (12160)

Graham Greene
Fluchtwege (5285)

George Grosz
Ein kleines Ja und ein großes Nein (1759)

Zarah Leander
Ein Kultbuch von Paul Seiler (5497)

Henry Miller
Die Welt des D. H. Lawrence (5140)

Axel Madsen
Jean-Paul Sartre und Simone de Beauvoir (4921)

Edith Piaf
Mein Leben (859)

Jean-Paul Sartre
Sartre über Sartre (4040)

Irving Stone
Vincent van Gogh (1099)

ro
ro
ro

C 2142/6